AMRA

LARS A. FISCHINGER

REBELLION der ASTRONAUTEN-WÄCHTER

GEFALLENE GÖTTERSÖHNE,
DIE SINTFLUT UND
VERSUNKENE UR-KULTUREN

AMRA

Brandheiße Infos finden Sie regelmäßig auf:
www.facebook.com/AMRAVerlag

Mehr vom Autor zum Thema:
www.YouTube.com/FischingerOnline
www.fischinger-blog.de

Besuchen Sie uns im Internet:
www.AmraVerlag.de

Eine Originalausgabe im AMRA Verlag
Auf der Reitbahn 8, D-63452 Hanau
Telefon: + 49 (0) 61 81 – 18 93 92
Kontakt: Info@AmraVerlag.de

Herausgeber	Michael Nagula
Lektorat	Ulrich Magin
Layout & Satz	Birgit Letsch
Einbandgestaltung	Murat Karaçay
Druck	Finidr, s.r.o.

ISBN Printausgabe 978-3-939373-46-9
ISBN eBook 978-3-95447-049-5

Inhalt

Teil IV – Anhang

In memoriam Siegfried Boer
(6. Januar 1941 – 29. Juli 2010)

Zum Gedenken an meinen guten Freund Michael Kran
(10. November 1958 – 13. März 2012)
in der Hoffung, dass er nun den »Ziegensauger« und all das Wissen, das wir viele Jahre gemeinsam suchten, gefunden hat

Und für Marie-Luise »Mimi« Sievers,
die sich die »Phantastischen Phänomene« 2011 nicht entgehen ließ.

* * *

Für die ewige Suche meiner Kollegen nach der *Wahrheit,*
für meine Tiere und für MANOWAR, Sodom und Rammstein /
Petra Frey, Jürgen Drews und Helene Fischer & Co.,
die mich bei der Arbeit begleiten und inspirieren.

* * *

»Legenden sind der symbolische Ausdruck
gewisser Urerlebnisse.«
Prof. John Jakob Bachofen – Ethnologe, Richter, Archäologe
(22. Dezember 1815 – 25. November 1887)

Einleitung

Kommen Sie mit, liebe Leserinnen und Leser!

Mythen sind cool – Henoch ist cool.

Ich meine Henoch, den Sohn des Jered, Vater des legendären Metuschelach, der mit Gott wandelte und einst in den Himmel aufstieg – »und er wurde nicht mehr gefunden, weil Gott ihn entrückt hatte«. So die Bibel ...

Das sind so ziemlich die einzigen Informationen, die das Alte und Neue Testament über den vorsintflutlichen Propheten und Patriarchen Henoch (= Enoch) bereithalten. Eine mythische Gestalt aus dem dunklen Nebel der sagenhaften Vergangenheit der Menschheit, die in der Bibel zur Ahnenreihe der Stammväter vor der großen Flut gezählt wird. Ein scheinbar belangloser Name in einer ganzen Liste von Patriarchen, der sich aber bei genauem Hinsehen erheblich von allen anderen genannten unterscheidet.

Henoch, so sagt die Bibel, »wandelte mit Gott« und starb nicht hochbetagt wie all die anderen Patriarchen vor der Flut. Während etwa Henochs Vater, der Erzvater Jered (Jared), nach der Bibel im greisen und sicher auch weisen Alter von 962 Jahren verschied, wird Henochs Alter mit »nur« 365 Jahren angegeben. Und er stieg auf in den Himmel Gottes und war von der Erde verschwunden »und wurde nicht mehr gefunden«. Von einem »normalen Tode« des Mannes keine Spur. Seltsam.

Durch seinen innigen Glauben habe es Henoch erreicht, vom Herrn in den Himmel aufgenommen zu werden. Das will uns die Bibel erzählen. Mehr indes nicht. Wie sollen wir das nun verstehen, deuten, interpretieren? Dringen wir tiefer in die Materie rund um Henoch & Co. ein, dann berichten unsere Ahnen über den Patriarchen und seine rätselhafte Epoche vor Jahrtausenden wahrhaft Sensationelles.

Wie das möglich ist? Weil neben dem Alten Testament noch zahlreiche andere uralte Schriften und Mythen existieren. Es sind die »verborgenen Bücher der Bibel« – Ergänzungen und weitere Ausführungen nicht nur alttestamentarischer Ereignisse, sondern auch solcher des Neuen Testaments. Unter diesen als Apokryphen bezeichneten Werken, die nicht in die Bibel aufgenommen wurden, finden sich auch Bücher, die Henoch als Autoren ausweisen. Und *sie* sind eine eingehende Lektüre wert. Sie schildern Ereignisse, die sich vor, während und nach der legendären Sintflut zugetragen haben sollen.

In den gängigen Ausgaben der Bibel finden sich die Schriften des Propheten bis heute eher »versteckt«: Im *1. Buch Moses* schildert das sechste Kapitel sehr merkwürdige Dinge. Dort findet sich nicht nur die Sintflut-Geschichte, das Alte Testament nennt in wenigen Worten auch den wahren Grund für den göttlichen Zorn, der sie ausgelöst haben soll. Die Menschen seien boshaft, sündig, verderbt und das »Gedankengebilde ihres Herzens allzeit nur auf das Böse gerichtet« gewesen, heißt es darin. Im Himmel entschloss sich Gott deshalb, seine Schöpfung durch eine große Flut zu vernichten.

Doch wie kam es zu dieser Verderbtheit der von Gott nach »seinem Ebenbilde« geschaffenen Menschheit? Was war geschehen, dass scheinbar nur der Ausweg der völligen Vernichtung blieb? Auch hierüber berichtet die *Genesis*: Wesen des Himmels – die Söhne der Götter, die in der Mythologie auch »Wächter« heißen – seien auf die Erde gekommen, hätten sich Menschenfrauen nach Belieben gewählt und mit diesen Riesen-

Kinder gezeugt. Die Menschheit sei durch diese Vermischung mit Wesen aus dem Himmel ihrem unausweichlichen Verderben entgegengerutscht. So sagt es die Bibel.

Ein mythischer, sehr kurzer biblischer Text, der sicher meist einfach überlesen wird und für sich genommen unverständlich bleibt. Bibeln mit unterschiedlichen Kommentaren und Anmerkungen moderner Theologen heben den Schleier leider auch nicht. Es klafft eine Lücke zwischen der erstaunlichen Feststellung über die vom Himmel gekommenen Gottessöhne oder Engel und dem Ausbruch der Sintflut.

Eben diese Lücke schließen die Schriften des Henoch und einige Überlieferungen des Nahen Ostens. Sie schildern umfassend, was vor der Sintflut auf der Erde geschehen war, wie die »Wächter« vom Himmelsgewölbe herniederstiegen, welche Namen sie trugen, was sie hier taten, was Gott darüber dachte und viele andere spannende Dinge mehr. Dabei berichten die *Bücher Henoch* nicht etwa aus Sicht einer dritten, unbeteiligten Person, sondern Henoch selbst soll aktiv an den Geschehnissen dieser Urzeit teilgehabt haben. Sie schildern sogar, wie der Patriarch als Vermittler der »gefallenen Engel« auf der Erde und im Himmelreich Gottes eingesetzt wurde. Henoch diente dem Herrn sprichwörtlich als Zwischenhändler zwischen ihm und seinem Hofstaat sowie den rebellierenden Wächtern auf der Erde.

Das Fazit: In den Zeiten vor der großen Flut brach eine Rebellion der Wächter oder Engel im Reich des Himmels, in den Gefilden der Glückseligkeit, aus. Einige Engel lehnten sich gegen Gott und seine Autorität auf, kamen auf die Erde und versündigten sich mit den Menschenfrauen. Im Himmelreich konnten Gott und seine treu gebliebenen Engelwesen dies nicht verhindern. Aus der Verbindung von Menschenfrauen und Engeln des Himmels entwickelte sich eine Art »Mischrasse«. Das sollen Riesen gewesen sein, so steht es zum Teil noch heute in einigen Bibel-Ausgaben. Und diese Riesen oder Giganten kamen (fast!) alle in den Wogen der gewaltigen Flut um ...

Schon seit Jahrhunderten suchen Menschen nach greifbaren, archäologischen Beweisen für eine solche Flutkatastrophe. Ob es diese gibt, soll hier ebenso diskutiert werden wie der überlieferte Hintergrund für die eigentliche Flut – nämlich der Fall einiger Wächter des Himmels und ihre Vermischung mit den Weibern der Menschenkinder.

Weibliche Engel gibt es nicht! Auch wenn das moderne Bild eines Engels gern mit einer Frau assoziiert wird, tragen doch alle Engelwesen in der Bibel und den außerbiblischen Apokryphen ausnahmslos männliche Namen. Engel sind auch nicht, wie es ungezählte Abbildungen und Figuren glauben machen wollen, asexuelle oder androgyne Wesen. Das beweisen ihre angeblichen Taten auf der Erde, wie wir sie in den heiligen Texten finden und in diesem Buch noch detailliert kennenlernen werden.

Die Rebellion der Astronautengötter ist zeitlich vor, während und nach der Sintflut anzusiedeln, und hier – im fast gleichnamigen Buch – wird die Geschichte *hinter* der Geschichte analysiert. Kamen Wesen aus dem Himmel auf die Erde, wie es nicht nur Henoch und die *Genesis* sagen, sondern verschmolzen sie weltweit mit Völkern aller Religionen? Wer waren sie? Ging tatsächlich eine Kultur *vor* den uns bekannten Zivilisationen unter, etwa durch eine Flut? Wo sind gegebenenfalls deren Spuren zu finden? Gab es die legendären Riesen wirklich, von denen die Überlieferungen weltweit erzählen?

Zahlreiche Fragen leiten sich aus wenigen Versen im Buch *Genesis* ab – und ergeben ebenso zahlreiche erstaunliche Antworten und eine Flut an neuen Fragen.

Kommen Sie mit, liebe Leserinnen und Leser, und begleiten Sie mich auf eine unglaubliche Reise ...

Lars A. Fischinger
Nordenham und Lette

TEIL I

Ungöttliche Zeiten

TEIL I

1 Sündenpfuhl Erde – Noah betritt die Bühne

Das Buch *Genesis*, das erste Buch der Bibel, beginnt mit dem Anfang allen Seins der Welt. In der *Genesis* steht an erster Stelle die Erschaffung der Welt und der Erde, gefolgt von der »Krone der Schöpfung« – dem Menschen als Mann und Frau. Nach der Geschichte über Adam, Eva, dem Garten Eden und dem vermeintlichen »Sündenfall« mit anschließender Vertreibung listet die Bibel zehn vorsintflutliche Patriarchen auf, an deren letzter Stelle der berühmte Held Noah (= Noe) zu finden ist.[1]

Diesen Patriarchen ist allesamt zueigen, dass sie wahrhaft göttlich-gewaltige Lebensalter erreichten. Der älteste von Adams Nachkommen war dabei Methusalem mit angeblichen 969 Jahren. Das ist eine deutliche Parallele zu den babylonisch-sumerischen Königslisten, die ebenfalls zehn Herrscher mit »biblischen Altern« vor der Sintflut anführen. Und in dieser Königsliste hieß der letzte Herrscher dieser Art Ziusudra (= Utanapisti/Utnapischtim) – er war der Held der Sintflut-Erzählung des sumerischen Volkes.[2] Wie im Alten Testament sanken die stattlichen Lebens- oder Regierungsjahre auch in den Königslisten der Sumerer nach der Sintflut.[3]

Hier liegt klar eine Parallele zum biblischen Geschehen des Buches *Genesis* vor. Die Theologen streiten schon lange nicht mehr ab, dass die zehn alttestamentarischen Patriarchen starke Ähnlichkeit mit den Königen Mesopotamiens vor der Flut aufweisen. Dasselbe gilt für die Sintflut-Überlieferung selbst.[4]

Am Ende des fünften Kapitels der *Genesis*[5] wird es spannend, denn dort treten der »gottgefällige« Noah und seine Familie in Erscheinung. Schon Noah selbst war ein ganz außergewöhnlicher Mensch, sagen alte Legenden. In der *Genesis* heißt es, dass Noah von den »Wächtern des Himmels« (= Engeln) abstammte. Lamech, der biblische Vater Noahs, hegte einst Zweifel, ob er wirklich der Erzeuger seines sonderbaren Sohnes Noah war. Die Bibel lässt indes keinen Zweifel, wer der Vater Noahs war:

»Lamech war hunderzweiundachzig Jahre alt, da zeugte er einen Sohn. Er gab ihm den Namen Noach; denn, sagte er, dieser wird uns Trost verschaffen in unserer Arbeit und der Mühsal unserer Hände aus dem Ackerboden, den Gott verflucht hat.«[6]

Das äthiopische *Buch Henoch* weiß zu Noahs Herkunft wesendlich mehr. Dort steht eine seltsame Geschichte niedergeschrieben:

»Nach einigen Tagen nahm mein (Henochs, L.A.F.) *Sohn Metusala ein Weib für seinen Sohn Lamech; sie ward von ihm guter Hoffnung und gebar einen Sohn. Sein Leib war weiß wie Schnee und rot wie eine Rose, sein Haupthaar weiß wie Wolle und seine Augen wie Sonnenstrahlen. Wenn er seine Augen öffnet, dann erleuchtet er gleich der Sonne das ganze Haus, und das ganze Haus ward sehr hell.«*[7]

Lamech war entsetzt über das Aussehen seines angeblich eigenen Sohnes. Auf der Suche nach einem Rat wandte er sich an Metusala/Metuschalech und berichtete über seinen sonderbaren Sohn Folgendes:

»Ich habe einen merkwürdigen Sohn; er gleicht nicht einem Menschen, sondern den Gottessöhnen des Himmels und seine Natur ist verschieden; er ist nicht wie wir; seine Augen gleichen Sonnenstrahlen und sein Antlitz ist majestätisch.«[8]

Lamech bat Metuschalech, seinen Vater, er möge zu Henoch gehen, »er wohnt ja bei den Engeln«. Dieser wüsste sicher eine Erklärung für die Geburt des Noah. Und tatsächlich: Als Henoch über die »beängstigende Sache« unterrichtet wurde, dass Noahs »Gestalt und Natur nicht der eines Menschen gleicht«[9], sondern »ein Abbild der Engel des Himmels sei«[10], wusste er mehr: Er prophezeite seinem Sohn Metuschalech die kommenden Sintflut und dass Gottessöhne des Himmels Kinder mit Menschenfrauen zeugten.[11] Erstaunlich.

Ein Frevel in Gottes Augen, keine Frage! Aber der junge Noah sei dennoch der Auserwählte, der die kommende Flut überlebten werde. Auch im Islam wird Noah (dort Nûh) als ein »Gesandter« (rasûl), ein Auserwählter und sogar als »zweiter Adam« angesehen, der von Gott mit besonderen Aufgaben betreut wurde.[12]

Henoch, und das ist nebenher sicher interessant, erzählte auch, dass die Sünde durch die Flut vertilgt werden solle. Aber »danach wird die Gottlosigkeit noch weit größer werden als die, die zuerst auf Erden begonnen ward«. Folgerichtig war die Flut völlig überflüssig, denn sie bewirkte schlichtweg nichts …

Noah – das lässt sich zweifelsfrei aus diesen Versen entnehmen – war ein Mensch mit ganz außergewöhnlichen Eigenschaften, die ihn nicht als richtigen Menschen erscheinen ließen. Er soll den himmlischen Engeln (Söhnen Gottes) geglichen haben. Dennoch wies Henoch seinen Sohn an, Lamech auszurichten, Noah sei »wirklich sein Sohn«. Wie konnten aber Lamech und seine Frau ein derart sonderbares Kind bekommen? Eine Erklärung ist ähnlich gelagert wie bei der Zeugung von Adams und Evas Sohn Seth (= der »Eingesetzte«), bei der Eva fremder Samen eingesetzt wurde, was als künstliche Befruchtung interpretiert werden könnte.[13]

Wie im Schulunterricht den staunenden Kindern gern erzählt wird und wie es bibelkonforme Bücher herrlich-naiv illustrieren, war Noah einst ein friedliebender und gerechter Mann. In den unterschiedlichen Bibel-Übersetzungen wird er als »gerechter und ordentlicher Mann«, als »untadelig« oder Mann mit »ordentlicher Lebensweise« beschrieben und gelobt. Noah allein sollte mit seiner Verwandtschaft die angeblich von Gott zur Bestrafung aller Menschen *und* der rebellierenden Wächter herbeigeführte katastrophale Flut überleben. Aber es ist schon seltsam, dass der »gütige Herr« seine Geschöpfe allesamt vernichtet haben wollte. Die Sünde, die Bosheit der Menschen, sah »Gott« als Anlass, einen jeden zu töten, außer Noah natürlich, da er mit ihm Kontakt pflegte.[14] Schon hier scheinen die Überlieferung der Bibel und ihre Deutung als »Strafgericht« äußerst fraglich zu sein.

Die *Genesis* beschreibt den Verfall der Menschheit auf Erden kurz und knapp. Abkömmlinge aus Gottes *eigenem* Reich, die »Göttersöhne«, machten sich über die irdischen Frauen her, zeugten Kinder und gingen Mischehen mit ihnen ein. Die Erde wurde zum Sündenpfuhl.

Der kurze Text des Buches *Genesis*[15], der diese Geschehnisse sehr komprimiert und meiner Meinung nach ganz und gar unverständlich überliefert, ist den Theologen schon lange ein »Dorn im Auge«. Warum? Weil das Alte Testament behauptet, »Söhne Gottes« – »benej ha'elohim«, »Söhne der Götter« im Hebräischen – seien einst vom Himmel herabgestiegen, um Sex mit Menschenfrauen zu haben und sie zu schwängern. Oder, wie der Kritiker Prof. Ken Feder in der Sendung *Astronauten aus dem All, eine Spurensuche* (in Deutschland mehrfach auf N24 gesendet und auch im Internet zu sehen), spöttisch sagte: »Ich nenne das die Hypothese der geilen Raumfahrer. (...) Die Erde wird zum Party-Planeten ...«

In Kapitel sechs der *Genesis* ist diese berühmte Überlieferung der Sintflut zu finden. Generationen von Theologen, gläubigen Bibel-Lesern, Abenteurern und Archäologen ließen sich von dieser biblischen Darstellung faszinieren. Besonders bemerkenswert an dieser »göttlichen« Todesstrafe für den Menschen ist die Tatsache, dass in der Mythologie zahlreicher Völker und Kulturen von einer Flut berichtet wird – weltweit, überall. Nur die Japaner, Ägypter und einige Völker aus Afrika kennen in ihren Mythen scheinbar keine solche Sintflut.[16] Und die Vermutung, dass der Herr die Mischwesen aus Menschen und Himmelssöhnen, die als »unreine«, abnorme Wesen betrachtet wurden, von der Erde vertilgen wollte, findet sich sogar in einem Mythos der Wyot-Indianer aus Kalifornien, weit entfernt vom Nahen Osten. In deren Überlieferung heißt es:

»Als die ersten Menschen geboren waren, konnten sie nicht richtig sprechen. Es war gar nicht richtig, was sie sprechen. Auch waren sie behaart. Da hörte er sie, der Alte-Mann-Droben. Er dachte: Wie kann ich sie wieder loswerden? Schließlich wusste er es. (...) Wasser würde kommen.«[17]

Auch bei den Wyot überlebte natürlich jemand die Katastrophe. Zwar wird gefolgert, dass Missionare hier christliches Glaubensgut eingebracht hätten, doch ist das reine Vermutung. Später werden wir diese weltweite Flut-Spurensuche detailliert aufnehmen.

Die alttestamentarische Sintflut-Überlieferung hat augenscheinlich zwei »Einleitungen« zur eigentlichen Fluterzählung. Hierbei ist die erste ganz besonders interessant für uns:

»Als die Menschen anfingen, sich auf der Erde zu vermehren, und ihnen Töchter geboren wurden, sahen die Göttersöhne (»bənê ha'älohîm«, L.A.F.), *dass die Menschentöchter zu ihnen passten, und sie nahmen sich Frauen aus allen, die ihnen gefielen.«*[18]

Wenn das nicht erstaunlich ist! Diese zwei (sicher unliebsamen) Verse gehören zu den umstrittensten des Alten Testaments. Wer waren diese »Göttersöhne«, »Söhne der Götter«, »Kinder der Götter« oder, wie sie im apokryphen *Buch der Jubiläen*[19] genannt werden, »Gottes Engel«? Konnten wirklich zu »Gottes Zeiten« auf der Erde Wesen aus dem Himmel Kinder mit Menschen zeugen? Glauben wir der biblischen Überlieferung, dann war es so. »Tatsächlich wird benej ha'elohim«, schreiben etwa die Bibelforscher John F. Walvoord und Roy B. Zuck, »im Ugaritischen für die Mitglieder des Pantheons ebenso wie für die großen Könige der Erde gebraucht.«[20] Professor Zuck und Professor Walvood wagen sogar die Vermutung, dass in dieser Vielweiberei der Himmlischen auf der Erde vielleicht der »Ursprung des Harems« liegen könnte.

Der Höchste jedenfalls sah diese Entwicklung mit äußersten Missfallen, so dass er eine harte Strafe aussprach. Aber zuerst war nicht eine Sintflut, sondern etwas anderes geplant:

»Da sprach der Herr: Ich lasse meinen Lebensgeist nur eine Zeitlang im Menschen wohnen, denn der Mensch ist schwach und anfällig für das Böse. Ich begrenze seine Lebenszeit auf 120 Jahre.«[21]

Der biblische »Herr« verkürzte die Lebensspanne des Menschen auf 120 Jahre, da seine Geschöpfe sündig geworden waren. Konnte »Gott« diese unliebsame Entwicklung nicht früher erkennen und entsprechend handeln? War er nicht allwissend und zeitlos, so dass er eigentlich schon bei der Erschaffung Adams diese Möglichkeit vorhergesehen haben sollte?

Die Patriarchen vor der Flut erreichten, jeder kann es nachlesen, ein Alter von fast 1.000 Jahren (Adam zum Beispiel wurde 930), aber selbst noch nach dem Urteil des »Herrn« lebten einige Menschen beachtlich lange. Noah, der vor der Flut geboren wurde, brachte es auf 950 Jahre, und die Auflistung der »Patriarchen nach der Sintflut«[22] erwähnt noch immer biblische Alter. Der Vater Abrams (Abrahams), Terach, der letzte der nachsintflutlichen Patriarchenfolge, wurde zum Beispiel 205 Jahre alt – älter als laut Bibel die Menschen nach der Flut überhaupt werden sollten.[23] Das Alter Noahs wird im Koran allerdings anders angegeben, denn dort wird überliefert, er sei 950 Jahre alt gewesen, als die Flut hereinbrach.[24]

Dennoch: Gott wollte die Menschen für ihre verderbliche Lebensweise bestrafen. Er setzte die maximale Lebensdauer auf 120 Jahre an, und auch wenn nachfolgende Patriarchen sein Wort missachteten und um einiges länger lebten, sind die hohen Alter der vorsintflutlichen Stammväter nie wieder erreicht worden. Selbst die mythischen Herrscher der Sumerer aus Mesopotamien lebten kürzer nach der Flut, »als das Königtum vom Himmel herabgekommen« war, wie es überliefert ist.[25]

Interessanterweise fährt der Bericht der Bibel damit fort, dass die Kinder der »Göttersöhne«, die von irdischen Weibern geboren wurden, ganz »besondere« Kreaturen waren:

»Die Nephilim lebten damals auf Erden und auch später noch, als die Göttersöhne mit den Menschentöchtern verkehrten und diese ihnen Kinder gebaren. Jene Helden der Vorzeit, die berühmten.«[26]

Wieder wird klar benannt, dass himmlische Wesen auf der Erde weilten und Sex mit Menschen hatten. Die Kinder waren die »Helden«, »Tyrannen« (bei Martin Luther) oder »Riesen« der Vorzeit, wie es in den unterschiedlichen Bibel-Übersetzungen heißt. In der Luther-Übersetzung von 1521 bis 1534 steht deutlich: »... wurden daraus Gewaltige in der Welt und berühmte Leute«. Die Luther-Revision von 1984 schreibt hier indes ebenfalls von Riesen, die die »Helden der Vorzeit« wurden.

Diese Stelle in der Bibel ist sehr geheimnisvoll. Und doch ist sie der wichtigste biblische Hinweis auf die Rebellion der Astronautengötter im Reich Gottes. Das sonderbare Wort Nephilim (oder auch Nefilim) ist kaum oder nur sehr schwer zu deuten. In einer mir vorliegenden Bibel[27] waren es die Übersetzer oder Herausgeber sogar leid, sich damit auseinanderzusetzen. Sie ließen das hebräische Wort Nephilim einfach stehen und den aufmerksamen Bibel-Leser damit völlig im Unklaren.

Überlieferungen über himmlische und *körperliche* »Liebe« werden in der modernen Theologie gern übergangen – dies zeigt auch das umfangreiche Standardwerk *Handbuch der Bibelkunde*.[28] Darin ist nichts von solchen vorsintflutlichen Geschehnissen zu erfahren, und die entsprechenden Abschnitte der *Genesis* werden gar nicht erwähnt. Und die über 80 Jahre alte *Herder-Laien-Bibel*[29] als letztes Beispiel lässt diese Verse einfach komplett aus und beginnt erst mit Vers fünf.

Lediglich in der Bibelwissenschaft findet sich eine Vielzahl von Arbeiten, Interpretationen und Analysen zu diesen Versen und ähnlichen Überlieferungen. Aber sie dürften dem frommen Bibel-Leser von nebenan wohl kaum bekannt sein.[30]

Im *4. Buch Moses* kommen die Nephilim ein zweites Mal vor. Dort wird berichtet, dass Moses' Kundschafter im Lande Kanaan solche Riesen sahen.[31] Ansonsten spielen sie nur noch in den Texten Henochs und dem *Buch der Jubiläen* (ab ca. 135 vor Christus) eine Rolle. In ihnen taucht auch die Bezeichnung der Himmelswesen als »Wächter« (»Egregoroi«) auf. Dabei ist es interessant, dass die Schriften von Qumran am Toten Meer beweisen, dass das *Buch der Jubiläen* den Schreibern dieser Texte vor rund 2.000 Jahren von großer Bedeutung war. Wir kommen auf diese erstaunliche Schriftquelle noch zurück.

Der Begriff Nephilim leitet sich etymologisch angeblich aus dem Semitischen »NFL« ab und kann als »Hinabgeworfene« übersetzt werden. Auch eine Ableitung von dem hebräischen Wort »Nephal« (»fallen«) wird immer wieder angeführt, wobei Nephilim demzufolge auch als »die Gefallenen« übersetzt werden kann. Diese fraglos reizvoll erscheinende Herleitung von

Nephal in der Bibel-Forschung gilt allerdings als sehr unwahrscheinlich. In seiner jeweiligen Aussage ist dies praktisch identisch, und natürlich wird Nephilim bis heute auch einfach als »Riese« übersetzt.[32] Selbst in der Septuaginta, der ältesten vollständigen Übersetzung der jüdischen Heiligen Schriften ins Griechische (ab etwa 250 vor bis 100 nach Christus) heißt es an dieser Stelle schlicht »Riesen«.

Im theologischen Standardwerk *Jerusalemer Bibellexikon* findet sich eine weitere interessante Erläuterung des Wortstammes. Demnach könnte sich das Wort von »nephel« herleiten, was »Missgeburt« oder »Fehlgeburt« bedeutet.[33] Mit Blick auf die Tatsache, dass die Bibel die Nephilim als Abkömmlinge von Menschenfrauen und himmlischen, außerirdischen und fremden Wächtern oder Engeln bezeichnet, ist diese Interpretation äußerst interessant.

Allerdings schreibt die Theologin Dr. Claudia Losekam von der Ruhr-Universität in Bochum dazu 2010 in ihrer umfangreichen Analyse *Die Sünde der Engel, die Engelfalltradition in frühjüdischen und gnostischen Texten*:

»Die Nephilim sind nach dem Midrasch nicht identisch mit den Fehlgeburten, sondern die Verursacher derselben.«[34]

Das »Nephilim-Problem« behandelte schon 1857 Professor Dr. Johann Heinrich Kurtz in seiner Untersuchung *Die Ehen der Söhne Gottes mit den Töchtern der Menschen*. Bereits damals wurde über diese Zusammenhänge hitzig und leidenschaftlich gefochten. So rätselte Kurtz – um nur ein Beispiel zu nenenn – auch darüber, ob es sich bei den Nefilim um »Söhne Gottes« oder »Satans Engel« handelte.[35]

Es wird aber noch interessanter: Der sehr umstrittene Autor Zecharia Sitchin (USA) setzte die Nephilim mit den Anunnaki-Göttern des babylonisch-assyrischen Kulturraums gleich. Anunnaki heißt (nach Sitchin) »Die vom Himmel auf die Erde kamen«. Es handelt sich um eine Art Götterrat im Himmel, dem der oberste (sumerische) Gott An in seiner Funktion als Gott des Himmels vorsteht. Seine Gemahlin war ursprünglich die sumerische Erdgöttin Urasch (= »Erde«), die in altbabylonischer Zeit in der Göttin Ki aufging. An ist auch das sumerische Wort für »Himmel«; er war der Gott der legendären Stadt Uruk (Erech in der Bibel) im Süden des heutigen Irak, eines sehr bedeutenden Zentrums der Sumerer, das bereits im vierten Jahrtausend vor Christus existierte. Legendär ist der mythische König Gilgamesch von Uruk, ein berühmter Herrscher, der eine Mischung aus Gott und Mensch gewesen sein soll und nach der Königsliste der Sumerer von 2652 bis 2602 vor Christus herrschte.[36] In der Keilschrift dieses Kulturraumes war sein Symbol ein Stern mit acht Zacken, und ein Teil des Himmelsäquators wird als sein Weg durchs All bezeichnet. Er war also ein Gott in den Sternen – so nachzulesen in der babylonischen astronomischen Sammlung *Enuma Anu Enlil* (ab etwa 1670 vor Christus), die in Babylon ausgegraben wurde. Diese Sammlung umfasst 7.000 Texte und fand sogar bis nach Indien Verbreitung.[37]

Die Göttersammlung der Anunnaki ist inzwischen aus den Grenzwissenschaften nicht mehr wegzudenken.[38] Und diese Götterwesen werden auch im vielzitierten und ebenso oft interpretierten Gilgamesch-Epos[39] genannt, einem Epos, das zu den ältesten Mythen der Menschheit zählt und aus dem babylonischen Raum stammt (bis ins 24. Jahrhundert vor Christus). Die Sintflut der Bibel ist diesem Text entnommen, weshalb er später für uns noch von Interesse sein wird.

Der Autor Werner Papke, der das Epos astronomisch deutet, hält fest:

»Die Anunnaki-Götter, deren Zahl öfter mit 600 angegeben wird, sind Geistwesen, die zwischen Himmel und Erde (und Unterwelt) pendeln, im Unterschied zu den 300 Igigi-Göttern, den höheren Geistwesen, die sich ständig im Himmel aufhalten.«[40]

Interessant ist hierbei, dass im Epos des Gilgamesch die sumerisch-akkadischen Igigi-Götter und die Anunnaki in Streit geraten. Die Igigi bleiben im Himmel, die Anunnaki kommen auf die Erde. Das erinnert stark an die spätere Mythologie des Nahen Ostens über die »gefallenen Engel«, von denen ebenfalls welche im Himmel blieben und andere auf die Erde kamen – und Henoch wurde, wie wir noch sehen werden, zum Vermittler ...

Auch im weltberühmten Schöpfungsepos *Enûma elîsch*[41] (ca. 8. Jahrhundert vor Christus) der Babylonier aus Mesopotamien lesen wir auf der VI. Tafel:

»Marduk, der König der Götter, teilte darauf die Götter: Eine Schar oben, die andere unten. 300 oben als Wächter des Himmels, Hüter von Anus Befehl, fünf mal sechzig unten als Wächter der Erde: 600 Götter zwischen Himmel und Erde.«[42]

Im *Enûma elîsch* liegt noch eine weitere Parallele zu den vom Himmel gekommenen »Göttersöhnen« und den Anunnaki verborgen. Die VI. Tafel bemerkt nach den oben wiedergegebenen Aussagen unmissverständlich, dass die Anunnaki die »einst Gefallenen« sind. Ein Vergleich der Anunnaki mit den biblischen Söhnen der Götter oder Gottessöhnen oder gar ihre Gleichsetzung liegt demnach durchaus nahe.

Allerdings ist der in der Grenzwissenschaft so beliebte Begriff »Anunnaki« nicht sumerisch, wie es seit Zecharia Sitchin immer heißt. Damit bezeichneten die späteren Völker des Zweistromlandes eine Schar fremder, namenloser Götter auf der Erde. Die Sumerer kannten den Begriff »Anunna«, der fraglos sehr stark an »Anunna-ki« anklingt, und er bezeichnete Götter im Himmel, die eine Art Beraterstab der obersten Götter bildeten. Sie waren Richter, bei himmlischen Versammlungen zur Entscheidungsfindung anwesend und somit auch bei der Erschaffung des Menschen durch die Götter beteiligt. Rangmäßig unter den »Anunna« standen in der Hierarchie die Igigu-Götter. Sie leisteten für sie Frondienste und zettelten deshalb nach einiger Zeit eine Rebellion an, an dessen Ende die Erschaffung der Menschheit beschlossen wurde. Bei den Überlieferungen der Anunnaki als Götter der Unterwelt wird Ähnliches berichtet, auch hier müssen die Igigu arbeiten, nur eben für die Anunnaki.

Dass den himmlischen »Anunna« der Sumerer später die Silbe »KI« für »Erde« oder »Unterwelt« angehängt wurde, beweist zweifelsfrei, dass sie nicht direkt mit den Anunnaki identisch sind. Die »Anunna« trugen bei den Sumerern den Zusatz »Große der großen Götter«, während die Anunnaki der Akkader »Götter der Erde« oder »Götter der Unterwelt« waren und demnach eindeutig einen niederen Rang im Pantheon einnahmen. Aber es steht außer Frage, dass die sumerischen »Anunna«-Gottheiten für die Anunnaki Pate standen. Der Begriff ist an sie angelehnt, aber eben nicht gleichzusetzen. Verschmelzungen, Veränderungen und auch Übernahmen von Göttern mit ihren Funktionen waren bei den Zivilisationen im Nahen Osten üblich. Am Bekanntesten dürfte sicher die Geschichte von der großen Flut aus dem Alten Testament sein, von denen wir einige frühere und auch abweichende Versionen anderer Völker des Zweistromlandes kennen.

Datieren lässt sich die Herkunft solcher Mythologien und Zusammenhänge natürlich nicht. Die ursprüngliche Quelle ist unbekannt, ebenso unbekannt wie der Grad der Wahrheit des Kerns solcher Mythen. Interessant ist allerdings eine neue These des Archäologen Klaus Schmidt vom Deutschen Archäologischen Institut in Berlin, Orient-Abteilung. Schmidt erlangte Weltruhm durch seine seit 1995 stattfindenden Ausgrabungen am Göbekli Tepe (»Hügel mit Nabel«) im Südosten der Türkei. In Archäologenkreisen gilt dieses Heiligtum mit einem Alter von bis zu 12.000 Jahren als ältester Tempel der Menschheit. In seinem Buch *Sie bauten die ersten Tempel*[43] spekuliert der geachtete Archäologe, dass die Anunnaki eine Art Zusammenfassung jener unbekannten Götter sind, die vor 12.000 Jahre am

Göbekli Tepe von den ersten sesshaften Menschen verehrt wurden. Beweisen lässt sich so eine Spekulation aber wohl nicht, und sei sie auch noch so schlüssig.

Es bleibt sonderbar: Wer stieg vom Himmel hernieder und nahm sich Menschentöchter nach Belieben? Waren es wirklich die leibhaftigen »Söhne Gottes« oder nur vergeistigte Engel aus seinem himmlischen Reich, wie es die Bibel behauptet? Sind es rein metaphorische Gestalten? Oder echte »Wächter«, wie sie in Mesopotamien, den Qumran-Texten und bei Henoch genannt werden?

Band 9 des katholischen *Lexikon für Theologie und Kirche* von Michael Buchberger erklärt den Begriff »Söhne Gottes« damit, dass »Sohn auch lediglich das einzelne Individuum einer Gattung meinen« könne, was laut Buchberger »ursprünglich einfach ›Götter‹ bedeuten« würde. Tatsächlich: Eine sehr interessante Bestätigung für diese Interpretation liegt in den biblischen Psalmen verborgen. Wir lesen:

»Wohl habe ich gesagt: Ihr seid Götter, / ihr alle seid Söhne des Höchsten.«[44]

Deutlich liegt hier ein Textbeweis verborgen, dass die »Söhne Gottes« *auch* als »Götter« angesehen wurden. Nach dem entsprechenden Verskommentar zu diesem Psalm handelt es sich bei diesen Söhnen eindeutig um die Mitglieder des himmlischen Hofstaates Gottes, also um Engel im modernen Sinne.

Erstaunlich klingt ein Kommentar der »Deutschen Bischofskonferenz« zum Buch *Genesis* und seinen herabgekommenen Engel. Nachdem 1996 von der NASA die mutmaßliche Entdeckung einstigen Lebens auf dem Planeten Mars anhand des Meteoriten ALH 84001 bekannt gegeben wurde, schlug diese Meldung weltweit sintflutartige Wogen. Das Nachrichtenmagazin *Spiegel*[45] veröffentlichte daraufhin den Artikel »Auch Mars-Bakterien sind Gottes Werk / Apfel vom Mars«, in dem Rudolf Hammerschmidt, der Sprecher der Deutschen Bischofskonferenz, mitteilte, dass

»die Erde (...) nicht der Mittelpunkt des Weltalls« sei. Der Autor des Beitrags im *Spiegel* fasste folgerichtig zusammen:

»Im 6. Kapitel des Buches Genesis, der Schöpfungsgeschichte, ist von ›Gottessöhnen‹ die Rede, ›die mit den Menschentöchtern verkehrten‹ – nach Ansicht der Bibeldeuter sind mit den Gottessöhnen Abgesandte aus einer anderen Welt gemeint.«[46]

Außerirdische in der Bibel? Hierzu ist kein Kommentar nötig. Auch Professor Herbert Haag, der Herausgeber eines umfangreichen Bibellexikons, stellt eindeutig fest:

»Im Alten Testament bedeutet Söhne Gottes immer die Wesen, die zum Hof oder Heer Jahwes gehören, ihm dienen und seine Boten sind.«[47]

Dass die katholische Kirche der Existenz von intelligenten Außerirdischen in den Tiefen des Alls nicht ablehnend gegenübersteht, wurde 2008 erneut deutlich. Vom Chefastronomen des Vatikans hieß es da in den Medien:

»Der Glaube an Gott schließt nach Einschätzung des vatikanischen Chefastronomen Pater José Gabriel Funes nicht aus, auch an die Existenz außerirdischer Wesen zu glauben. Auch wer davon ausgehe, dass es andere Welten und Lebewesen, auch höher entwickelte als den Menschen gebe, könne dies tun, ohne damit den Glauben an die Schöpfung und die Erlösung infrage zu stellen.«[48]

Im Hebräischen heißt der Schlüsselbegriff »b'nei da elohim«, schlicht übersetzt: »Göttersöhne«. Elohim ist eine Pluralform von El, »Gott«. Es sind eindeutig nicht Söhne oder Kinder von Menschen gemeint. Auf Hebräisch bezeichnet man diese als »b'nei adam« (»Söhne Adams«) und »b'enoth adam« (»Töchter

Adams«), wie man etwa beim Stammbaum Jesu im Lukas-Evangelium lesen kann. Adam ist in biblischen Schriften außerdem eine einfache Bezeichnung für den Mensch an sich.

Das bedeutet, dass die himmlischen Wesen aus dem Buch *Genesis* die »Engel« Gottes waren, die bei oder nach einer Rebellion im Himmelreich auf die Erde kamen. In der Tat lehrt die christliche Theologie eine Art »Revolte« – eine Rebellion der Engel – im Reich Gottes. Diverse Engel sollen einst durch den Herrn von dort verbannt worden sein. Der Anführer der »gefallenen Engel«, der es wagte, sich im glückseligen Reich gegen seinen Meister aufzulehnen, war (nach christlicher Tradition!) der Engel Luzifer. Er wird heute von der Kirche als Teufel, Satan oder gern auch als Beelzebub bezeichnet – nach üblicher Vorstellung ein rotes Wesen mit Hörnern, einem Schwanz und Tierbeinen das Symbol für das Böse schlechthin ... Das ist ein verfälschtes Bild, aber bei all den Geschehnissen, die hier analysiert werden, derart wichtig, dass in Kapitel I.7 noch genauer auf den Satan eingegangen werden wird.

Bei einer »himmlischen Ratsversammlung«, die im Buch *Hiob* und auch anderswo beschrieben wird, taucht Satan selbst als Mitglied des Hofstaates unter den erschienenen Gottessöhnen auf:

»Nun geschah es eines Tages, da kamen die Gottessöhne, um vor den Herrn hinzutreten; unter ihnen kam auch der Satan.«[49]

Die hier erwähnten »Söhne« gehörten angeblich ebenfalls zu den gefallenen Engeln, »die sich – ihre himmlische Herkunft vergessend – mit den ›Töchtern der Menschen‹ verbanden«.[50]

Kein Zweifel:

»Bei den ›Gottessöhnen‹ handelt es sich um Himmelswesen, die dem Menschen überlegen sind; sie bilden den Hofstaat Jahwes, seinen Kronrat. Sie werden mit den Engeln gleichgesetzt.«[51]

Der »Fall der Engel« ist auch und vor allem in den außerbiblischen Büchern und jüdischen Sagen überliefert worden. Der Prophet Henoch, der bekanntlich enge Beziehungen zu »Gott« und seiner Engelschar unterhielt, hat die meisten Informationen darüber aufgeschrieben – detaillierte Angaben über die Herabkunft und Absichten der außerirdischen »Himmelssöhne« und »Wächter«. Auch Bibelkommentatoren plagen sich bekanntlich mühselig ab, die entsprechenden Verse in der *Genesis*[52] zu kommentieren. Jedoch haben die meisten Bibelexegeten und Theologen eines gemeinsam: Sie gestehen ein, dass die Überlieferung der Engelbeziehungen starke, teilweise unverständliche Kürzungen aufweisen und auf steinaltes Sagengut zurückzuführen sind. Das erklärt auch, warum diese Überlieferung scheinbar zusammenhangslos und »sinnlos« im laufenden Bibeltext steht.

Überdies soll durch die Aufnahme dieser unheiligen Berichte in das Alte Testament der Sittenverfall des Menschen verdeutlicht und unterstrichen werden, der letzten Endes angeblich Grund für die Sintflut war. Oder, »dass sich der Mensch vom göttlichen Leben mehr und mehr entfernt hat«.[53] Eine symbolhafte Erzählung demnach.

Das nichtbiblische äthiopische *Buch Henoch* enthält sehr interessante Aussagen über den Fall der Engel oder den Abstieg der »Söhne Gottes« zwecks Vermischung mit den Menschen. Bei der ebenfalls außerbiblischen slawischen Henoch-Schrift ist es nicht anders. Und als »Wächter« werden die Engel Gottes nicht nur in den Schriften des Propheten Henochs bezeichnet, sondern auch – im Alten Testament selbst:

»Während ich auf meinem Lager noch das Traumbild sah, stieg ein Wächter, ein Heiliger, vom Himmel herab.«[54]

Der Prophet Henoch wird später noch ausführlich zu Wort kommen, um wertvolle Ergänzungen zu liefern und den Text der *Genesis* erheblich aufzuhellen. Allerdings zeichnet sich bereits jetzt deutlich ab, dass Anunnaki-Götter, Wächter des Himmels und »Göttersöhne« beziehungsweise »Söhne Gottes« identisch gewesen sein dürften – Wesen, die vom Himmel kamen, nachdem sie dort eine Revolte angezettelt hatten. Davon spricht auch das alte Sagengut der Menschheit. Und inzwischen gehören die Nephilim, selbst wenn sie in der Bibel nur selten vorkommen, sogar zum Repertoire der modernen Popkultur: In dem Kinofilm *Gefallene Engel*, der es immerhin auf zwei Fortsetzungen brachte (2006–2008), firmieren sie ausdrücklich als Mischwesen aus Mensch und Engel.

Doch folgen wir vorerst weiter den biblischen Spuren ...

TEIL I

2 Himmel, hilf!

Der Sittenverfall, die Lossagung des Menschen von Gott, die Revolte und der Herabstieg der Gottessöhne konnte natürlich nicht ungesühnt bleiben. Schlechte Menschenwesen, Kinder von Menschen und Gottessöhnen lebte auf der Erde und machten den Planeten zu einem einzigen »Sündenbabel«. Hier fängt die Geschichte des Flut-Helden Noah an, des letzten der vorsintflutlichen Patriarchen und dem Mann der Tat bei der »göttlichen« Vernichtungsflut.

Die *zweite* Einleitung zum Sintflutbericht beginnt damit, dass Gott es bereute, dass er einst den Menschen nach seinem Bilde geschaffen hatte. Seine mit »Liebe« und »Güte« geformten Geschöpfe sind schlecht und boshaft geworden:

»... da reute es den Herrn, dass er die Menschen auf Erden geschaffen hatte, und er grämte sich in seinem Herzen.«[55]

Schon erstaunlich, dass es dem biblischen »Gott« reute, jemals den Menschen geformt zu haben – er sah ein, dass es ein Fehler gewesen war. Niemand ist bekanntlich perfekt; auch nicht jene im vermeintlichen Himmelreich.

Doch eine Lösung war schnell gefunden: Alle Menschen mussten sterben. Gott verschonte nicht etwa die Guten, die es mit Sicherheit neben Noah auch gab. Er ist radikal: Alle sollen umkommen, ohne Ausnahme:

»Und Gott sprach: Ich will die Menschen, die ich auf Erden geschaffen habe, vom Erdboden hinweg vertilgen, die Menschen samt den Vieh, dem Gewürm und den Vögeln des Himmels. Denn es reut mich, dass ich sie gemacht habe.«[56]

Ein Massenmord kündigt sich also an. Selbst die Tiere, die für die schlechte Menschheit wohl doch sicherlich nichts konnten, wurden nicht verschont.

Wie aber kann der laut der Bibel vermeintlich »gütige Gott« eine derart barbarische Entscheidung treffen? Wieso diese *Selektion*, da nur Noah »in den Augen Gottes Gnade gefunden«[57] hatte?

Im weiteren Verlauf dieser Erzählung wird immer wieder betont, wie schlecht und verdorben die Erde wegen der Menschen doch gewesen sei. Dann aber wendete sich Gott direkt an seinen auserwählten Schützling Noah und unterrichtete ihn über seinen Plan, die Menschheit zu vernichten:

»Das Ende allen Fleisches ist bei mir beschlossen; denn die Erde ist voller Gewalttat wegen der Menschen. So will ich sie denn von der Erde vernichten.«[58]

Nachdem der auserwählte Noah in die Pläne der himmlischen Wesen eingeweiht wurde, erteilte ihm der Herr den Auftrag, ein Schiff zu bauen, um Tiere und einige Menschen zu retten. Die genauen Bauanweisungen der Arche Noah finden sich in der Bibel und sollen hier nicht umfangreich zitiert werden.[59] Die Maße des Riesenschiffes wurden von Gott selbst wie folgt festgelegt: 300 Ellen lang, 50 Ellen breit und 30 Ellen in der Höhe. Es ist heute äußerst schwierig, die genannten biblischen Ellenangaben in heute geläufige Meter und Zentimeter umzurechnen. Eine Elle misst die Länge zwischen der Spitze des Ellenbogens und der Mittelfingerkuppel, beträgt also etwa 45 bis 46 Zentimeter. Die sogenannte Königselle entspricht sogar 52,5 Zentimetern. Folglich könnte die Arche zwischen 137 Metern und rund 157 Metern lang gewesen sein. Ihre Breite betrug runde 25 Meter und die Höhe etwa sechs Meter. Alle genannten Angaben sind sehr zweifelhaft, aber wir können uns so eine ungefähre Vorstellung von den Proportionen der in der Bibel geschilderten Arche machen.

Demnach war das biblische Schiff fraglos gigantisch und überstieg bei weitem die im alten Mesopotamien gebräuchlichen Boote. Innen und außen, so wurde es Noah aufgetragen, solle er die Arche mit Pech bestreichen. Eine logische und heute noch alltägliche Methode, um ein Boot abzudichten. Vor allem auch in Mesopotamien (Irak), denn dort trat und tritt Rohöl in Pfützen an die Oberfläche und kann so abgeschöpft werden. Gott hatte mit dieser Arche natürlich einen besonderen Plan, denn sie sollte die Menschheit vor dem von ihn gewünschten Untergang bewahren. Und selbst die Tiere, die er ebenfalls töten wollte, sollten jetzt in der Arche Rettung finden ...

Es ist verwirrend: Erst machte »Gott« seine Absichten, dass er Mensch und Tier »von der Erde vertilgen« will, überdeutlich, dann aber sollen sie in der Arche Noah doch noch überleben, um die Erde neu zu bevölkern. Quasi ein zweiter Versuch des »Projektes Mensch«. Was mag Gott dazu bewogen haben, diese Flut kommen zu lassen? Der Prä-Astronautik-Forscher und Theologe Walter-Jörg Langbein bezeichnet die Sintflut »Stufe II der Labortests« (von Außerirdischen).[60] Schlechte Menschen, wenn man so will »Fehlprodukte« der Astronautengötter, wurden ausgelöscht und der Held Noah begründete eine neue (aber dennoch nicht besser) Welt 2.0.

Doch dabei weiß heute niemand, ob die oder eine Flut jemals stattgefunden hat. Trotz, wie sich noch zeigen wird, deutlicher Indizien. Aber Gott war zum Handeln gezwungen.

TEIL I

3 Die Arche Noah

Die Arche wurde zu einem ganz bestimmten Zweck konstruiert. Nämlich als Rettungsboot allen irdischen Lebens, eingeschlossen der Menschheit. Die Geschichte der »Sündenflut« ist eine der beliebtesten der *Genesis* oder des Alten Testamentes schlechthin. Es mutet dabei immer wieder sehr verlockend an, diese »Sintflut« als »Sünd«- oder »Sündenflut« zu interpretieren.[61] Selbst manche deutschsprachigen Koran-Ausgaben übersetzen das Wort mit »Sündflut«, da Allah sie nach dem heiligen Buch des Islam aufgrund sündiger Götzenanbetung schickte. Trotzdem hat sie mit Sünde oder besser dem biblischen Namen eigentlich nur wenig zu tun. Nur in der deutschsprachigen Bibel findet sich diese Bezeichnung. Englische Übersetzungen zum Beispiel nennen sie schlicht »the flood« – »Die Flut«. Die Vorsilbe »Sint« hat nichts Sünde zu tun – sie stammt aus dem Althochdeutschen (»sinvluot«/»sintvluot«) und heißt einfach »weite« oder »große Flut«.[62] Abgeleitet ist das Kernwort (מורזל) von der hebräischen und kanaanitischen Wurzel für »fließen« oder »strömen«.

So weiß denn beispielsweise auch die »Deutsche Bibelgesellschaft« in Stuttgart:

»Herausgehört wird bisweilen das Wort Sünde: ›Sündflut‹. Diese Tendenz setzte im 15. Jh. n. Chr. ein (z.B. ›sunden vlute‹) und

stellte eine sog. volksetymologische Umdeutung dar. So wurde bei der biblischen Flut zuerst an das Anschwellen der Sünde oder an eine Strafe für Sünden gedacht. Im Zuge sprachwissenschaftlicher Erkenntnisse des 19. Jh. setzte sich wieder die Form ›Sintflut‹ durch.«[63]

Der Name des Rettungsschiffes Arche stammt vom Lateinischen »arca« und bedeutet schlicht »Kasten« (wie die Bundeslade aus dem Buch *Exodus*). Ihre hebräische Bezeichnung lautet »tēbāh« (= הבת), was ebenfalls »Kasten« bedeutet. Das ist mit Blick auf das Gilgamesch-Epos und die dortige Arche sehr spannend. Auf der XI. Tafel, der Quelle des biblischen Arche-Berichtes, ist ab Vers 57 davon die Rede, dass die Arche die Form eines *Würfels* von etwa 60 x 60 x 60 Metern hatte, sieben Etagen (inklusive Deck) hoch war, und insgesamt 63 Kammern zu je 20 x 20 Quadratmetern hatte[64]. Das ergibt ein riesiges Volumen von 216.000 Kubikmetern und ein vollkommen anderes Bild als das, welches fromme Künstler seit Jahrhunderten von ihr zeichnen. Auch Vers 30 besagt auf Tafel XI. im Epos, »gleichgemessen seien ihm Breite und Länge«.[65]

Als die Sintflut über die Welt hereinbrach, hatte dieser Kasten allerlei Getier an Bord, da Gott höchstpersönlich Noah den Auftrag gegeben hatte, die Tiere in sein Schiff zu treiben:

»Von allen lebenden Wesen, von allem Fleisch, sollst du zwei von allen in die Arche aufnehmen, damit sie mit dir am Leben bleiben, ein Männchen und ein Weibchen soll es sein. Von jeder Art der Vögel, von jeder Art des Viehs und von jeder Art des Gewürms am Boden sollen je zwei von allem mit dir hineingehen, damit sie am Leben bleiben.«[66]

Eine sehr bemerkenswerte Leistung, die das Buch *Genesis* hier behauptet. Noahs Familie und alle Tiere der Welt sollten in der Arche Schutz und Rettung finden? Jeder kennt sicherlich die niedlich-kitschigen Bilder, die den Einzug der Tiere in Noahs Arche veranschaulichen sollen. Eine schier endlose Schlange von Tierpaaren steht brav am Eingang der Arche und wartet darauf, von einem langbärtigen Noah eingelassen zu werden. Dass die Beschreibung des alttestamentarischen Sintflutberichtes so nicht stimmt und nicht stimmen kann, erschließt sich sofort. Allein die bei aller Größe doch zu kleinen Maße der (Holz-)Arche Noah lassen ein derartiges Projekt wohl kaum zu. Auch wird Noah wohl kaum mit seiner Familie auf die Jagd gegangen sein, um die benötigten Tiere zu fangen und das Gewürm zu sammeln.

Später heißt es im Buch *Genesis* erhellend aber:

»Von allen reinen Tieren nimm dir je sieben, Männchen und Weibchen, und von den unreinen Tieren zwei, Männchen und Weibchen auch von den Vögeln je sieben, Männchen und Weibchen, damit Nachwuchs auf der ganzen Erde am Leben bleibt.«[67]

Spätestens jetzt wird dem aufmerksamen Bibel-Leser aufgehen, dass die Überlieferung in dieser Form erfunden ist. Theologische Deutungen erkennen in diesen Tieren auch gern reine Nahrungsmittel für die Familie Noah während ihres Törns. Auch als tierische Opfergaben werden sie interpretiert. Es ist allerdings wohl nicht vorstellbar, dass Gott Noah exakte Anweisungen gab, welche Tiere in welcher Anzahl er zu retten habe, und diese dann nur als Opfergaben und Nahrungsmittel dienten. Er sagt auch, dass die Nachkommen die Erde wieder bevölkern sollten und werden. Die Flut darf folgerichtig nicht als vollkommene Vernichtung allen Lebens betrachtet werden, denn, so will es die Bibel, schließlich bemühte sich »Gott« selbst um den Fortbestand des Lebens. Auch weiß uns das Gilgamesch-Epos von dem Flut-Helden zu berichten:

»Rinder schlachtete ich für den Proviant, Schafe tötete ich alltäglich ...«[68]

Ebenso gab es Suppe, Mehl, Bier, Öl, Wein und Most an Bord (Verse 68, 72 und 73). Kurzum, die biblische Erzählung vom tierischen »Inventar« der Arche ist eine reine Erfindung. Es ist schlicht und einfach unmöglich, was uns der Bericht da glauben machen will.

Nun erlaube ich mir das berühmte »Aber«:

Das Bild von den paarweise in eine gewaltige Holzarche einziehenden Tieren aus allen Herrenländern ist Erfindung. Selbst wenn sogar die legendäre Spielzeugfirma »PLAYMOBIL« für die Kleinen zwischen vier und zehn Jahren zum Preis von rund 50 Euro eine Spielzeug-Arche nach diesem Schema anbietet. Die Bibel enthält ein signifikantes Detail über die Anzahl der zu befördernden Tiere, das bisher übersehen wurde. Im Buch *Genesis* heißt es[69], dass Noah von allen »reinen Tieren« je sieben Paare und von allen »unreinen Tieren« je ein Paar mit auf die Arche nehmen sollte.

Was sind das für Tiere?

Sie sind tatsächlich im Buch *Deuteronomium*[70] aufgelistet. Demnach gibt es zehn Arten von reinen und 24 Arten von unreinen Tieren. Somit erhält man nach dem Gottesbefehl im Buch *Genesis* eine Gesamtzahl von 188 Tieren. Dazu kommen Noah, seine Frau und seine drei Söhne mit ihren Frauen. Die Passagierliste der Arche bestünde folglich aus acht Menschen und 188 Tieren (plus »die Vögel des Himmels«). Und in der biblischen Ur-Quelle *Gilgamesch-Epos* ist auf der XI. Tafel in Vers 83 sogar nur von »bring allerlei Lebendes in das Schiff hinein«, »lud ich darein an allerlei Lebenssamen« oder auch von »Samen all dessen, das atmet« die Rede.

Zwar wird noch heute immer mal wieder versucht zu berechnen, wie viel an Tieren tatsächlich in das kastenförmige Schiff geladen werden konnte. Oder auch, wie realistisch die Angaben der Bibel zu dem Boot sind, ob die Arche »ökonomisch« erdacht war und welche Kräfte bei der Flut auf das Schiff einwirkten usw.[71] Solche Autoren haben fast alle einen religiösen Hintergrund und konzentrieren sich ausschließlich auf den Text der Bibel.

Andere Völker, und zwar auf der ganzen Welt, berichten über eine Flutkatastrophe im Kern ähnliche Details. Der Mythos von Jima (Persien) besagt etwa, dass die Gottheit Ahura Masda vor dem Untergang warnt. Ein Gehege nach göttlichen Plan solle erbaut werden und darin »der Same aller Art gesammelt und erhalten werden«.[72]

Recht interessant ist aber auch, dass das *Gilgamesch-Epos* (Verse 81 und 82) berichtet, dass Noah/Utnapischtim zusätzlich Gold und Silber in sein Schiff brachte und »alle die Meistersöhne hab ich hineinsteigen lassen« (Vers 86). Also fuhren neben der Familie (»Sippe« im Epos) auch die Schiffsbauer selbst mit. Der Kapitän wird sogar namentlich genannt und hieß Urschanabi (zum Beispiel in Vers 234). Selbst Bestien waren an Bord, denn der Riese Og fuhr auf dem Dach der Arche mit, wie wir noch sehen werden.

Hat es so ein Boot gegeben? Einen Holzkasten oder Würfel als Rettung vor dem Untergang? Oder aber war alles völlig anders – und die Arche Noah kreisrund? Diese Idee kursierte zumindest Anfang 2010 in den Medien. So etwa berichtete zum Beispiel *Die Welt*:

»Der Nahost-Experte Irving Finkel vom British Museum in London hat jetzt die Schrift auf einer 3700 Jahre alten Tonplatte übersetzt. Dort habe ein – nicht identifizierter – Gott befohlen: ›Konstruiere das Boot kreisförmig, Länge und Breite sei dasselbe.‹ Ein britischer Soldat hatte die Platte in den 40er-Jahren bei Bagdad gefunden. Sein Sohn übergab sie dieser Tage an Finkel, und der findet die Anweisung darauf nur logisch. Schließlich habe Noah die Arche nicht steuern müssen, sie sollte ja nur aufschwimmen, damit ihre vielen Insassen trockenen Fußes und Hufes überleben. Noch heute gebe es im Irak solche Flöße zum Tiertransport über Flüsse.«[73]

Die renommierte Tageszeitung *The Guardian* aus Großbritannien ergänzte 2010, dass der Fund der Tafel von einem Leonard Simmons im Nahen Osten gemacht wurde und sein Sohn Douglas Simmons sie dem Kenner Dr. Finkel in London übergab. Dr. Finkel bemerkte dazu auch, dass noch heute (viel kleinere) runde Boote im Iran und Irak verwendet werden. Etwa um Habseligkeiten vor Hochwasser zu retten oder natürlich, um Tiere zu transportieren. Sollten diese Vorbild für Noahs Boot gewesen sein?[74]

Das sehen viele Menschen klar anders, die sich seit Jahrzehnten auf die Suche nach der »klassischen Arche Noah« begeben und sie zum Teil nach eigenem Bekunden auch gefunden haben wollen. Am Berg Ararat in der Osttürkei soll sie liegen und als archäologisches Relikt noch heute zu sehen sein. Diesen Hinweisen wird weiter unten umfangreich in Kapitel III nachgegangen.

Die Geschichte der Bibel ist also eine veränderte und sicherlich angepasste Nacherzählung viel älterer Berichte, Legenden, Mythen oder Erzählelemente aus Mesopotamien. Die Story im *Gilgamesch-Epos* zum Beispiel gleicht der der Bibel auffallend (inklusive der Tauben) und zeigt dabei doch klare Unterschiede. Und die Frage, ob man die Arche Noah tatsächlich noch heute finden kann, wird sich noch stellen ...

TEIL I

4 Sintflut-Mythen – Urquellen und Fragen

Kein Theologe der Welt mit klarem Verstand bestreitet heute noch ernsthaft, dass die mesopotamischen Völker Sintflut-Epen besaßen, die teilweise der biblischen Geschichte ähneln. Auch die Griechen etwa kannten eine solche Tradition: Sie erzählten sich die Überlieferung von Deukalion und Pyrrha, die dank der Warnung des bekannten Prometheus die Flut überlebten. Prometheus hatte sie angewiesen, einen Kasten zu bauen, mit dem sie nach Rückgang der Flut am Parnass strandeten.[75]

Heute liegt ein sumerisches Epos auf einer fragmentarischen Tafel aus Nippur (Süd-Mesopotamien) vor, das bereits im zweiten Jahrtausend vor Christus niedergeschrieben wurde.[76] Hier wird der Mann, der in einem Schiff die Sintflut überlebte, Ziusudra genannt. Auch dieser Held opferte nach der Flut-Katastrophe seinem Erretter, dem Gott Utu. Ein Detail, wie man es bei der Noah-Überlieferung im alttestamentarischen Bericht ebenfalls findet. Kein Zweifel.

Ein etwas älteres Epos als das Gesamt-Epos über Gilgamesch, jedoch nicht so alt wie die sumerische Fassung, nennt sich *Atrachasis-Epos* (etwa 18. Jahrhundert vor Christus) und wurde erst vor nicht allzu langer Zeit entdeckt. Auch in dieser Schrift wird die Menschheit von den Göttern vertilgt, weil sie angeblich den Schlaf der wichtigen und vielerorts verehrten Gottheit Enlil (»Herr Wind«) stört. Im Mythos über Atrachasis (»der sehr Weise«) berichtet die dritte Tafel auch, dass der Held von dem Gott Ea/Enki (»Herr der Erde«), dem Sohn des bereits erwähnten Gottes An/Anu, vor dem großen Wasser gewarnt wurde. Daraufhin ließ er ein Rettungsboot in Form eines Würfels bauen, um mit Tieren und anderen Menschen die Flut zu überleben.[77]

Atrachasis findet sich auch in den Königslisten der Sumerer als letzter König der schon vor rund 5.500 Jahren besiedelten Stadt Schuruppak im heutigen Zentral-Irak unter dem Namen Ziusudra.

Recht interessant ist auch, dass vor der Flut der Wettergott Adad, der Unterweltgott Namtar und die Göttin der Fruchtbarkeit Nisaba Dürren und Fieber schickten, um der lärmenden Menschheit den Garaus zu machen. Ea/Enki war dabei jedoch ein göttlicher Verräter, da er sämtliche Versuche, die Menschheit zu vernichten, verriet (natürlich auch die Flut) und Tipps zum Überleben gab. Der Verrat des Gottes Ea/Enki soll und hier jedoch nicht weiter wundern, denn Atrachasis war sein treuer und ergebener Priester.

Den ganzen Radau machte die Menschheit auf der Erde angeblich laut Tafel I und II bereits 1.200 Jahre nach ihrer Schöpfung. Aus Lehm und dem Blut eines Gottes (hier der Gott Geštue) wurden sie von den Göttern geformt und als ihre Arbeitssklaven eingesetzt. Ein sehr bekanntes Motiv der Mythologie des Nahen Ostens, mit dem ich mich schon 1997 befasste.[78] Und warum das Alles? Auch dieses Epos berichtet auf der I. Tafel von einer Rebellion der Götter – der Astronautengötter –, von einem Zank zwischen den Anunnaki und den Igigu-Göttern. »Kreaturen«, denen wir bis zum Ende des Buches noch oft begegnen werden.

Zu guter Letzt liegt beim Thema Flut-Erzählung natürlich das zwölf Tafeln umfassende Epos des »Gottmenschen« Gilgamesch vor, das in seinen ersten Zügen vor etwa 4.400 Jahren niedergeschrieben wurde.[79] Der babylonische Noah wird hier auf der XI. Tafel des Gilgamesch-Textes mit variierenden Schreibweisen Utnapischtim genannt. Auf dieser Tafel des *Gilgamesch-Epos* erfahren wir eine Geschichte der Sintflut, die stark an die biblische Noah-Erzählung anklingt:

»[Ea/Enki spricht:] *Reiß nieder dein Haus, bau dir ein Schiff! Lass fallen alle deine Habe, dein Leben suche zu retten! Schwör ab dem Besitz und gewinne das Leben!*«[80]

Utnapischtim wurde von dem »Gott« Enki/Ea vor der Flut gewarnt. Das Epos weiß davon, dass inmitten der sumerischen Stadt Schuruppak (oder Shurupak) im heutigen Irak die Gottheiten Anu, Enlil, Ninurta, Ennugi und Enki zu einer wichtigen Tagung zusammenkamen.[81] Schuruppak war die Heimat des Noahs der Sumerer. Diese Götter trafen auf ihrem Meeting die folgenschwere Entscheidung, eine Sintflut kommen zu lassen, um mit ihrer Hilfe die Menschheit zu vertilgen.

Der Bauhergang dieses Schiffes ist im *Gilgamesch-Epos* bemerkenswert genau überliefert. Wie wir sahen, mit dem spannenden Detail: »Nimm allerlei lebend'gen Samen in dein Schiff hinein!«[82] Auch wenn der Gedanke, dass Utnapischtim sein Schiff mit tierischen Samen (DNA?) belud, recht sonderbar anmuten mag, so ist er doch weitaus sinnvoller als die biblische Überlieferung von Tierpaaren. Woher er den Samen erhielt, wird nicht überliefert. Es könnte sein, dass er ihn von den »Göttern« erhielt ... Wir wissen es schlicht nicht.

Die mesopotamische Sintflutlegende ist von den Schreibern der *Genesis* übernommen worden, was verschiedene, charakteristische Aussagen klar belegen. Die im *Gilgamesch-Epos* erwähnten »Götter« haben die *Genesis*-Autoren ignoriert. Sie verpackten diese in ihren einen Gott, was aber nichts an der Tatsache ändert, dass die Flutsage guttenberg-mäßig stibitzt wurde. Als 1872 der 1853 gefundene Flut-Text von dem Assyriologen George Smith (1840–1876) im Britischen Museum übersetzt wurde, überschlugen sich die Medien. Weil damit erstens eine weitere Quelle zu einer Geschichte aus dem Alten Testament zur Verfügung stand und zweites aufgrund der Parallelen die Einmaligkeit des Wort Gottes der Bibel ins Wanken geriet. Vor bald 150 Jahren kam die Erkenntnis, dass ganze Bibeltexte abgeschrieben waren, einer religiösen Katastrophe gleich.[83]

Eine ganz erstaunliche Ähnlichkeit lässt sich auch im Flutbericht über Ziusudra erkennen. Diesen darf man keinesfalls übersehen.

Der Held und letzte König von Schuruppak regierte nach den alten Königslisten sage und schreibe 36.000 himmlische Jahre. Wie kann so etwas möglich sein? Irgendwie liebten es wohl unsere Vorfahren, in Texten über die unbekannte Vorzeit mit gewaltigen Zeitangaben oder Lebensaltern um sich zu werfen. Etwa bei den Patriarchen der *Genesis*, den besagten Königslisten, den altägyptischen »Vorzeitherrschern« oder bei den Maya aus Mexiko mit ihren riesigen Kalender-Zyklen. Was mit dieser seltsamen Regierungszeit des Flut-Helden genau gemeint ist, ist heute ein Rätsel.[84] Nach der Flut lebten die meisten in den Königslisten aufgeführten Herrscher kürzer, was Parallelen zur biblischen Genealogie vor und nach der Sintflut aufweist.[85] Auch das Alte Ägypten kannte eine Zeit göttlicher Herrscher mit gewaltigen Lebensaltern und Regierungszeiten, bevor die Menschen (Pharaonen) selbst die Herrschaft übernahmen. Parallelen? Zweifellos. Doch eindeutig in Zusammenhang – quasi »synchron« – stehen alle die inzwischen bekannten Königslisten nicht.

Diese 36.000 Jahre des letzten Königs von Schuruppak sind aber auch sehr spannend. Es sind 600 nâr/schàr »in der Schreibweise mesopotamischer Zahlen«[86] (Sumerer), was wiederum dem angeblichen Alter Noahs von 600 Jahren zu Beginn der großen Sintflut in der Bibel und im Qumran-Text 4Q252 entspricht.[87] Genauer gesagt: 600 gesch-u (60 x 10), von da weiter in 600er-Schritten bis 3600. 3600 hieß schàr und wurde wiederum mit 10 hochgerechnet (3600 x 10) zu 36.000 schàr-u. Die eindeutigen Parallelen zwischen Noah und den Sintflut-Helden Mesopotamiens ist unstrittig. Auch der Koran macht hier keine Ausnahme, der die Flut unter anderem in der 11. Sure »Hud« beschreibt. Die Schriftrollen von Qumran geben Noah ebenfalls ein Alter von 600 Jahren bei der Flutkatastrophe.[88]

Über die Ursachen der einstigen Flut und ob sie sich tatsächlich ereignet hat, soll an dieser Stelle (noch) nicht spekuliert werden. Inzwischen scheint es aber nachweisbar, dass derartige Mythen reale Geschehnisse beschreiben *könnten*. Die Autoren Edith und Alexander Tollmann haben sich beispielsweise die Arbeit gemacht, die weltweiten Sagen genau zu analysieren.[89] Ihre bemerkenswerten und umstrittenen Ergebnisse zeigen, dass auch heute noch die Sintflut – oder meiner Meinung nach wahrscheinlicher: Sintflut*en* – in weltweiter Mythologie nachgewiesen werden könnten. Anerkennung verdienen die Tollmanns vor allem für die Fahndung nach globalen Mythen – doch ihre These und ihre erstaunliche Datierung der Flut auf einen »23. September vor 9545 +/- weniger Jahren bei Neumond«[90] um 3 Uhr morgens ist schon längst aufgrund neuer Forschungen an Asteroidenkratern kaum mehr haltbar.[91] Was natürlich auch wieder umstritten ist.

Weil man die Flut weltweit kennt, scheint ein nicht realer Mythos kaum denkbar. Das trotz des Bibelexperten und mehrfach ausgezeichneten Historikers Professor Robin Lane Fox, Oxford, der über die mesopotamischen Sintflutberichte schon vor über 15 Jahren lapidar schrieb: »Sie sind Dichtung, nicht Geschichte.«[92]

Als Beispiel für die teilweise globale Ähnlichkeit diverser Sintflut-Geschichten sei hier der indische Bericht über den Gott Vishnu angeführt, der sich im *Satapatha-Brahmana*, einer alten (um 100 vor Christus) Schrift aus Indien findet. Da

Parallelen zwischen den Überlieferungen des Nahen Ostens aufgrund der sich berührenden Kulturgebiete geradezu erwartet werden dürfen, ist der indische Mythos sehr bedeutend; auch aus dem Grunde, da hier erneut verbindende Ähnlichkeiten herausklingen.

Die Überlieferung über Vishnu und die Flut beginnt damit, dass sich ein Manu die Hände waschen wollte. Im Wasser jedoch traf er einen Fisch, der die Gottheit Vischnu/Vishnu verkörpert[93], und der den Manu auffordert, ihn aufzuziehen, da er so gerettet werde würde. Auf die Frage, wovor er gerettet werden soll, antwortet der Fisch:

»Eine Flut wird alle diese Wesen fortreißen, davor will ich dich retten. [...] In dem und dem Jahr wird die Flut kommen. Du musst dann auf mich hören und ein Schiff bauen, und wenn die Flut gestiegen ist, sollst du in das Schiff gehen, und ich will dich vor ihr retten.«[94]

Manu tat, was ihm aufgetragen wurde »und baute ein Schiff«, mit dem er im »nördlichen Gebirge« strandete. Auch der eigentliche Name des Helden ist erstaunlich: »Manu« = »Wasser-Noah«, zusammengesetzt aus »Me« (»Ma«, »Wasser«) und »Nu«, »Noah«.[95] Das »nördliche Gebirge«, auf dem Manu gelandet sein soll, wird in dem altindischen Mythos als »Manus Niedergang« bezeichnet. Das entspricht dem Ararat, dem biblischen Rettungsberg des Noah, da dieser als »Berg des Abstiegs« (hebräisch »Har Jored«) bezeichnet wird. Bezeichnend ist auch die Tatsache, dass der indische Manu und der biblische Noah beide als Stammväter der Menschheit gelten. Das ist aber eigentlich allen Flut-Helden zueigen, da die Menschheit ja durch die Katastrophe vernichtet worden sein soll, und dennoch noch existiert.

Auch das Königtum ging zugrunde, das einst vom Himmel auf die Erde kam und nun wieder erneuert werden musste. So die

Überlieferungen der alten Kulturen des Nahen Ostens.[96] Für viele Prä-Astronautik-Autoren sind solche Schilderungen klare Hinweise auf die Götter aus dem Kosmos – auf Außerirdische.

Es gibt noch weitere Ähnlichkeiten zwischen diesen Berichten: Vishnu warnte den Erdling Manu in Gastalt eines Fisches vor der kommenden Katastrophe. Im *Gilgamesch-Epos*[97] ist es der Gott Enki beziehungsweise Ea, der seinem treuen Priester Utnapischtim die nahende Flut indirekt verkündet. Die Parallelen zwischen diesem Epos und der Bibel sind deutlich. Eine Beziehung zu dem Vishnu-Bericht klingt hingegen nicht direkt heraus. Wenn wir jedoch einigen Vermutungen der Geschichtsforscher beipflichten, so ist Enki/Ea identisch mit der babylonischen Gottheit Oannes. Dieser ist uns heute vor allem durch den babylonischen Geschichtsschreiber und Marduk-Priester Berossus (um 250 vor Christus) bekannt. Dieses Wesen soll einst aus dem Meer gekommen sein und Landwirtschaft, Kultur, Schrift, Gesetze, Tempelbau, Architektur und allerlei Künste der Wissenschaften zu den Menschen gebracht haben. Dieser (oder diese) Oannes stellten sich die Babylonier laut dem *1. Buch der Chroniken* des Berossus als »Fischmenschen« vor, was heute durch zahlreiche Siegelabrollungen und anderer Darstellung hinreichend belegt ist.[98] »Aus dem rothen Meere an der Babylonischen Küste« sei Oannes einst gekommen. »Und dies Thier habe am Tage im Umgang mit den Menschen gelebt, ohne jedoch Nahrung zu sich zu nehmen«.[99]

Schon vor Jahrzehnten wurde auch vermutet, dass Oannes mit den »Fischmenschen« Kulullu U-An des uralten Volkes der Sumerer aus dem (heutigen) Süd-Irak in Verbindung stehe.[100] Es wird in der indischen Theologie auch ...

»... ausführlich erzählt, wie der Gott Vischnu als Fisch die verlorenen Vedas aus der Tiefe des Meeres wieder heraufholte, und dadurch den Menschen das Gesetz aufs Neue offenbart habe ...«[101]

Lässt sich nun die Gestalt des Vishnu als Fisch bei der Sintflut also mit Enki und/oder den Kulturbringer Oannes vergleichen? Denkbar ist es, auch wenn bereits 1974 im *Journal of Near Eastern Studies* klare Zweifel an der Gleichsetzung Enki = Oannes dokumentiert wurden.[102]

Der Gott Enki ist in der mesopotamischen Mythologie oft mit dem Symbol der Schlange identifiziert worden. Bemerkenswert sind hier Überlieferungen diverser Indianervölker Amerikas.[103] Die Azteken aus Mexiko glaubten etwa, dass die schlangengestaltige Wassergöttin Chalchiuhtlicue (das Gegenstück zum Regengott Tlaloc) für die Flut verantwortlich sei. Die Schöpfungsmythologie der Azteken erzählt, dass es bereits vier Welten oder »Sonnen« gab, die durch verschiedene Vernichtungen untergingen. Eine Sintflut vertilgte die vierte Welt »Vier-Wasser«; heute leben wir in der fünften »Sonne«, die »Vier-Bewegung« genannt wurde. Unsere jetzige Welt wird einst durch Erdbeben vernichtet, wollen die Azteken gewusst haben. Wann sagten sie allerdings nicht. Doch schon die vierte Welt soll nur 676 Jahren existiert haben. Der berühmte Sonnenstein der Azteken aus dem Jahre 1479 im Anthropologischen Museum von Mexiko-Stadt kündet bis heute von diesen Welten. Es ist am Rande interessant, dass die Azteken (wie andere Völker auch) ein Zeitalter der Riesen kannten, das in einer »göttlichen« Katastrophe unterging.[104]

Ganz erstaunlich ist ein Mythos der *Walam-Olum-Chronik* der Delawaren (1836 publiziert), einem Algonkin-Stamm vom Atlantik, der hier in Kürze erwähnt werden soll.[105] Dort heißt es, dass sich die »große Schlange entschloß, (...) die Menschen zu vernichten«. Mit viel rauschendem Wasser brach daraufhin die Flut herein. Auf einer Bilderserie der Delawaren, die 1820 von dem französischen Wissenschaftler Constantin Samuel Rafinesque-Schmaltz gefunden wurde, ist das Ereignis bis heute zu sehen. So etwa zeigten diese Zeichnungen, wie die »Himmelsschlange« mit dem »Sonnengott« kämpft, dann die

Flut losbricht und am Ende die letzten Menschen wieder das Festland betreten können.

Nach dieser Erzählung war eine »Schlange« ein wichtiger Bestandteil der verheerenden Sintflut. Diese Tatsache verbindet den Mythos durchaus mit Enki – der mesopotamischen Schlange, die im *Gilgamesch-Epos* den Menschen warnt. Auch meine Spekulation von 1997 in dem Buch *Götter der Sterne*, dass Enki – zweifellos in diversen Überlieferungen auch als (Menschen)Schöpfer identifiziert – einst Adam und Eva »Erkenntnis« oder »Weisheit« verliehen haben könnte, ist spannend. Denn bei den Delawaren lässt sich die Schlange als »Menschenbeschützer« erkennen, da im Rumpf der Arche dieses Volkes (bei ihnen eine Schildkröte) eine Schlage abgebildet wurde. Jener Gott also, der die Menschen einst »erleuchtete«, schützte sie auch während der Flut.

Flutmythen, bei denen eine Familie oder ein Mann und seine Frau die Katastrophe überleben, sind aus der ganzen Welt bekannt.[106] Selbst dort liegen Parallelen zu den biblischen, mesopotamischen oder griechischen Überlieferungen vor. Auch die Ansicht, die Flut sei eine »Strafe« gewesen und Menschenpaare oder Familien hätten in Booten überlebt und die Welt von einem Berg aus erneut besiedelt, ist in diesen weit entfernten Berichten zu finden. Dieses »Boot« muss in den Mythen nicht immer ein Schiff im eigentlichen Sinn sein. Auch andere Motive wie hohle Baumstämme, Flöße oder sogar hohlwandige Kürbisse wie bei den Bison-Horn-Murias (Zentralindien)[107] kommen als Rettungsmittel vor.

Treffend fasste Professor Pierre Grimal dies schon 1963 zusammen:

»In kaum einer Mythensammlung fehlt die Erzählung von der Vernichtung der Menschheit durch Sturmfluten des Meeres oder durch Überschwemmungen infolge übermäßiger Regenfälle. Dieses Unheil wird häufig dem Zorn des Kulturheros zuge-

schrieben und seiner Unzufrieden mit den von ihm geschaffenen Menschen (Peru), weil sie seine Gesetze nicht befolgen oder sonst wie erzürnen.«[108]

Im Alten Testament wird die große Flut als Strafgericht für böse Menschen und/oder Mischwesen wie Riesen angesehen. Mythen anderer Völker sehen das teilweise ähnlich, um diese Vernichtung irgendwie zu deuten. Hätten sich die Erdlinge mehr nach Gottes Willen gerichtet, wäre die Flut nie gekommen, besagt die theologische Bibelinterpretation. Oder, wenn wir noch mal den Koran in die Hand nehmen wollen, wäre der Mensch nicht ungläubig geworden und hätte sich den Götzen zugewandt. Aber die Bosheit der Menschen als Grund für die Flut zu betrachten, wie es die bibeltreuen Theologen oder christlichen Fundamentalisten mit erhobenen Zeigefingern gern sehen würden, ist schlichtweg *falsch.* In den ersten vier Versen des *1. Buch Moses* (Kapitel 6) ist keine Schuld der Menschheit an der folgenden Vernichtung zu erkennen.[109] Zweifellos ist es ein Einschub; eben basierend auf einer bestimmten, uralten Mythologie des Nahen Ostens[110] – die wir noch nicht kennen. Noch nicht: der Rebellion der Wächter des Himmels.

Es ist mir unverständlich, warum hin und wieder von bibeltreuen Theologen bestritten wird, dass der biblische Mythos seine Wurzeln in Mesopotamien hat. Fehlt es denen am eingangs erwähnten »klaren Verstand«, um es boshaft auszudrücken? In einem der von mir seit Jahren genutzten Bibel-Lexika wird etwa klar auf Parallelen hingewiesen – um gleichzeitig deutlich herauszustreichen, dass die Story der Bibel »in einer ganz anderen Theologie neu durchdacht wurde und einen völlig neuen ethischen Sinn erhalten hat«. Das ist klar, aber, so weiter zu den mesopotamischen Quellen, »die Sintflut hat nicht ihre Ursache in der Sündigkeit der Menschen, sondern in der Willkür der Götter«.[111]

Ist das so? Was sagen denn die ersten vier Verse in der Sintflut-Einleitung in der *Genesis* anderes? Kreaturen von Gott persönlich im Himmel stürzten die Erde in die Sünde! Auch Noah selbst, so jüdische Überlieferungen, predigte verzweifelt zu seinen verdorbenen Mitmenschen, dass sie Buße tun und den Weg Gottes gehen sollten. »Dient dem Herrn«, warnte er sie, »so tut ihr Gutes an Euch«. Doch er fand kein Gehört bei den Menschen. Im Gegenteil: »Was ist das für einer?«, spotteten sie über den Höchsten. 120 Jahre gab der Herr der Menschheit nach jüdischen Sagen Zeit, den Weg des Untergangs zu verlassen. »Tag für Tag, morgens und abends, allezeit« predigten Noah (und Methusalem) in diesen Jahren Buße.[112] Wie wir wissen, hätten sie es sich sparen können.

Irgendwer sah also die Flut kommen, war aber nicht in der Lage, sie aufzuhalten. Bevor es jedoch zu diesem gigantischen Schreckensereignis kommen sollte, wurden ausgesuchte Menschen auf eine Rettung vorbereitet. »Vor dieser Sintflut erschraken die Götter«, weiß denn schon Gilgamesch zu berichten. Die Götter im Epos »entwichen hinauf zum Himmel des Anu«[113], um zu überleben. Im Himmel bei An/Anu, den obersten aller Götter, war man sicher.

Im christlichen Fundamentalismus und auch im Kreationismus ist die Deutung der Ereignisse ein Kinderspiel: Es gibt keinen Zweifel, dass Gott allein Ursache der Katastrophe war. Gegenteilige Meinungen galten oder gelten als Blasphemie; die Menschen, die es wagten, den »göttlichen« Ursprung der Sintflut zu bezweifeln, betrachtete man als Ketzer. Auch die Kirche hatte und hat weder Grund noch Interesse daran, die Flutsage durch naturwissenschaftliche Analysen der Ereignisse zu untermauern. Allein die biblische Erzählung zählt. Und wenn schon die Überlieferung so nicht den Tatsachen entsprechen kann und soll, ist sie nicht falsch, sondern einfach ein Gleichnis oder ein Allegorie. Eine uralte Fabel Mesopotamiens, der die Autoren der Bibel dort begegnen, die sie übernahmen und nach ihren religiösen Anschauungen umdeuteten. Etwa im Sinne einer Taufe für die gesamte Menschheit, wie es die späteren Christen sahen. In dieser Hinsicht wird gern davon gesprochen, dass die Flut eine Art Abbild des chaotischen »Urwassers« der Schöpfung sei und Noah mit seiner Arche eine Art Miniausgabe der Welt an sich, aus der das Leben dann (neu) hervorgeht.[114] Eine winzige Aussage im 1. Petrus-Brief des Neuen Testaments dient hier als Beleg:

»... die einst ungehorsam waren, als Gott harrte und Geduld hatte zur Zeit Noahs, als man die Arche baute, in der wenige, nämlich acht Seelen, gerettet wurden durchs Wasser hindurch. Das ist ein Vorbild der Taufe, die jetzt auch euch rettet ...«[115]

Folgen wir aber weiter der Bibel. Was geschah alles angeblich im Verlaufe der Flut?

TEIL I

5 Die neue Weltordnung

Die Flut vernichtete (fast) alles und eine neue Welt stieg aus den Wassern auf. In der *Genesis* findet sich die entsprechende Überlieferung. Wie auch bei der Schöpfungslegende sind hier offensichtlich zwei Flutlegenden ineinander verschachtelt worden. So erfahren wir etwa in der Bibel, dass »die Flut vierzig Tage lang über die Erde«[116] kam. Doch an anderer Stelle[117] wird von 150 Tagen Flut berichtet. Bei den Griechen sind es neun Tage und bei wieder anderen Völkern sieben Tage. ... Ich denke, dass keine dieser Angaben – egal von wo auf der Welt – korrekt ist.

Noah war 600 Jahre alt, als die Sintflut hereinbrach[118] und seine ganze Familie überlebte die Katastrophe nur Dank göttlicher Hilfe. Sie verließ glücklich das Schiff ihres Schicksals, als die Erde – wenn wir die Angaben des biblischen Mondkalenders der Anschaulichkeit halber einfach mit unseren Kalendermonaten gleichsetzen – Ende Februar endlich getrocknet war:

»Im zweiten Monat, am siebenundzwanzigsten Tag des Monats, war die Erde trocken.«[119]

Auch andere Angaben und Daten finden sich zu den Flutereignissen. Etwa bei den Qumran-Schriften (4Q252, Fragment 1,

Kolumne 1), wo die Flut – als modernes Kalenderdatum anschaulich gemacht – an einem Sonntag, den 17. Februar losbrach und ein Jahr dauerte. Diese Datenverwirrung soll jedoch hier nicht weiter von Interesse sein.[120]

Noah und sein Geschlecht erhielt das himmlische Gebot, fruchtbar zu sein und die Erde neu zu bevölkern. Das sollte man auch meinen, denn immerhin können wir heute schließlich in den Mythen unserer Ahnen über diese Storys nachdenken. Der Held Noah war beglückt über sein Heil und dankbar angesichts dieser Güte. Er baute einen Altar, um ein Brandopfer darzubringen. Interessanterweise soll Noah hierbei »von allen reinen Tieren und von allen reinen Vögeln«[121] genommen haben. Wenn wir uns aber noch einmal ins Gedächtnis rufen, dass er von den »reinen« Tieren je sieben mit in die Arche nahm, so stellt sich die Frage, wie viele Tiere er denn nun opferte? Etwa alle?

Das Dankopfer von Noah »roch« der Herr hoch in seinem Himmelreich, so dass ihn die Bestrafung der Menschheit reute. Der »liebliche« oder »beruhigende« Duft, je nach Bibel-Übersetzung, stimmte ihn jedenfalls milde. Im Buch *Exodus* und im Buch *Leviticus* ist an verschiedenen Stellen ebenfalls zu erfahren, dass Gott durch den Duft von Brandopfern »beruhigt« werden konnte.[122] Ein Kult, der sich durch die gesamte Bibel zieht.

Bibelkommentare sehen in diesem Opfer Noahs ein »vorausweisendes Schattenbild« auf die Opferung Jesu Christi, was wiederum bedeuten soll, dass der Herr Noahs Gabe als ein »Schattenbild« gelten gelassen habe. Das erinnert wiederum an die Interpretation der Flut als eine Art »Vorzeichen der Taufe« und Erlösung durch Jesus Christus.

Da aber die Berichte anderer Flut-Texte mit der in der *Genesis* Ähnlichkeiten aufweisen, ist es nicht allzu verwunderlich, wenn auch hier der Sintflutheld ein Brandopfer darbringt. Bei Gilgamesch heißt es:

»Ich brachte ein Räucheropfer auf dem Gipfel
des Berges dar. [...]
Die Götter rochen den Duft,
Die Götter rochen den süßen Duft,
Die Götter versammelten wie Fliegen sich
über dem Opfernden.«[123]

Quizfrage: Sollte auch im sumerisch-babylonischen (polytheistischen) Epos des Gilgamesch dieses Opfer ein Hinweis auf den Jahrtausende später lebenden Jesus Christus sein?

Die Schreiber der Bibel und des *Gilgamesch-Epos* haben dabei die Ur-Überlieferung ihrer Glaubensrichtung einfach angepasst. Doch auch im Alten Testament findet sich der Begriff »Götter«. Denn die dort verwendete Bezeichnung Elohim (*'älohîm)*, die von dem sogenannten Elohisten stammt, ist die Pluralform von El, Gott. Sprachwissenschaftlich allerdings bleibt die Bedeutung von Elohim unklar und sehr vage. Auch eine Reihe von Bibelversen im Buch *Genesis* bestätigt diese Annahme, dass von Göttern, »göttlichen Wesen« oder Gottheiten gesprochen wird. 2602-mal kommt die Bezeichnung im Alten Testament vor. Dennoch wird Elohim meist noch immer schlicht als ein Gott übersetzt.[124] Für die UFO-Sekte der RAEL-Bewegung bedeutet Elohim selbst sogar »die vom Himmel Gekommenen«.[125] Belegt ist diese Aussage ihres Gründers RAEL natürlich nicht.

Die Vermutung, dass biblische Autoren ältere Texte des Zweistromlandes ihren Ansichten anpassten, bestätigen auch namhafte Mitglieder der »Biblischen Arbeitsgemeinschaft Sankt Hieronymos«. In einem von ihnen herausgegebenen theologischen Werk zum Alten Testament heißt es:

»Es lässt sich kaum leugnen, dass beide Erzählungen [der Flut, L.A.F.] *aus einer gemeinsamen literarischen Überlieferung stammen, die jedoch jeweils auf besondere Weise ausgelegt wurde.«*[126]

Zurück zu Noah: Nach dieser ehrfürchtigen Opferung soll die Erde nicht wieder verflucht werden, heißt es in der *Genesis* weiter. Auch sollen in Zukunft alle Lebewesen der Erde am Leben bleiben und nicht wieder wegen der Boshaftigkeit der Menschen »vertilgt« werden.[127] Die Verse der *Genesis* machen deutlich, *warum* der »allwissende Herr« fortan die Menschen verschonen wollte: Er hatte nach der Sintflut eingesehen, dass der Mensch nun einmal schlecht ist und so bleiben wird. Er ist – forsch ausgedrückt – ein Sünder und damit basta. Auch die fast vollständige Ermordung der Menschheit kann daran nichts ändern. Unmissverständlich berichtet die Bibel:

»[Und Gott sprach:] *denn das Gedankenbilde des Menschenherzens ist böse von Jugend an.«*[128]

Erst jetzt, nach der Erschaffung des Menschen, nach dem »Sündenfall« in Eden und der angeblichen »Erbsünde«, den »ungöttlichen« Mischehen von Engelwesen und Menschenfrauen und der vernichtenden Flut – erst jetzt sieht der Höchste ein, dass der Mensch böse ist und bleibt. Zuvor wusste er augenscheinlich nichts von der zukünftigen Entwicklung seiner Geschöpfe, die auch noch nach seinem Bilde gestaltet sein sollen, wie es die Schöpfungsgeschichte im Plural erzählt: »Lasset uns den Menschen machen, nach unserem Bilde, uns ähnlich.«[129]

Ohne Frage widersprechen solche Berichte meiner Überzeugung nach dem »klassischen Gottesbild« eines allwissenden und allmächtigen Herrn ohne Zeit und Raum. In den Versen fünf bis acht zur Sintflut-Einleitung in der *Genesis* hat der Herr *vor* der Vernichtung an dem Menschen dasselbe bereits festgestellt. Es folgte die »Reinigung« durch die Flut und was brachte es? Nichts, wie der Höchste nun selbst feststellen musste. Erstaunlich. Wenn wir hier nicht einen wahren Kern in den Mythen über eine reale Flut vor uns haben ...

Im 12. Jahrhundert fasste der Religionsphilosoph Maimonides die 13 Glaubensartikel des Judentums zusammen. Sieben davon beschreiben die Attribute Gottes. Zum Beispiel, dass er der »alleinig-einzig Einer« (Artikel 2) sei oder dass er »alle Gedanken und Taten des Menschen« kenne (Artikel 10).[130] Schon die biblischen Überlieferungen selbst widersprechen offenkundig diesen religiösen Dogmen.

Die Übergebenen wurden gesegnet und alles, die gesamte Welt, sollte ihnen (dem Menschen) fortan unterworfen sein. Eine Art Neuanfang, den wir ja global in der Welt der Mythologie kennen. »Die neue Ordnung der Welt« wird der entsprechende Bibelabschnitt meist überschrieben; darin verbirgt sich ein erstaunliches Gebot des Herrn an die Menschheit:

»Auch euer Blut, das Blut eures Lebens, werde ich fordern; ich werde es fordern von jedem Tier und von dem Menschen. Von einem jeden, selbst von seinem Bruder werde ich das Leben des Menschen fordern. Wer Menschenblut vergießt, durch Menschen soll sein Blut vergossen werden.«[131]

Hier wird die Blutrache, die Ahndung für einen Mord durch einen »Bluträcher« (hebräisch »go'el«), legitimiert.[132] Im Buch *Numeri* ist dieses Gesetz detailliert beschrieben, wo es etwa heißt, »der Bluträcher darf den Mörder töten«.[133] Durch den »Noah-Bund« hatte der Mensch von nun an einen Vertrag mit dem Herrn geschlossen. Um diesen Bund symbolisch zu verdeutlichen, verwendet das Alte Testament den Regenbogen, das sinnbildliche Zeichen für ein beendetes Unwetter, für die nun regelmäßig verlaufende Weltordnung. Er ist die Brücke zum Himmel. Ebenso steht der Regenbogen durch seine drei Grundfarben in der (späteren) christlichen Symbolik als Sinnbild für die Dreifaltigkeit Gottes.[134]

Noah pflanze daraufhin Weinreben an, von deren Wein er sich betrank. Er lag nackt in seinem Zelt und sein Sohn Cham

(Ham), der angebliche Stammvater Kanaans, sah ihn dort. Als seine Söhne ihm einen Mantel überlegten, um so seine Blöße zu bedecken, wachte er schließlich auf. Unverständlicherweise war der Trunkenbold sehr zornig über die Hilfsbereitschaft seines Sohns; er verfluchte ihn sogar, fortan solle er der »niedrigste Knecht« seiner Brüder sein. Jüdische Sagen ergänzen hier noch, dass der Satan persönlich Noah den Weinanbau lehrte. »Ich bin bereit, dich den Weinbau zu lehren«, soll der Satan ihm gesagt und die Hälfte der Ernte gefordert haben.[135] »Satan« lernen wir in Teil II dieses Buches noch sehr gut kennen.

Angeblich starb Noah im gesegneten Alter von 950 Jahren, und seine Söhne bevölkerten die Erde. Das zehnte Kapitel der *Genesis* nennt die Stammfolge von Sem, Cham und Japhet (Jafet). Cham, der von seinem Vater verflucht wurde, zeugte Kusch, und dieser wiederum unter anderem den bekannten Nimrod, den »ersten Machthaber auf Erden«.[136] Nimrod wird als Herrscher über Babel (Babylon), Akkad und Erech (= Uruk) genannt, alles Orte in Sumer (Schinear) im heutigen (Süd)Irak, wie die Bibel richtig weiß.[137] Auch erbaute er angeblich die berühmte Stadt Ninive. Einige Forscher sehen in diesem Herrscher König Sargon von Akkad (2334 bis 2279 vor Christus), der als großer Krieger galt.[138] Ob dem so war, ist ungewiss. Nimrod wird als Herrscher über Babylon natürlich auch mit dem legendären Turm zu Babel in Verbindung gebracht.

Nimrod in seiner Eigenschaft als gewaltiger Jäger und Herrscher weist auch Parallelen zum Titanen Orion aus der griechischen Mythologie auf. Dieser Orion, Sohn des Poseidon und der Euryale, soll ebenfalls ein gewaltiger Jäger gewesen sein.[139] Doch die Mythologie des alten Griechenland kennt auch eine Person mit dem Namen Nimrod, die wesentlich mehr Ähnlichkeit mit der Person in der Bibel aufweist. Der griechische Nimrod ist der Sage nach der Erbauer eines gewaltigen Turmes. Mit diesem Turm wollten die Giganten oder auch Titanen den Olymp der Götter und des Göttervaters Zeus angreifen.[140] Wenn Nimrod den Turm zu Babel errichtete, wie die Riesen in der Mythologie der Griechen, ist die Deutung von Nimrod als Riesen, die der heilige Augustinus vornahm, eine weitere Verbindung.[141]

Der sumerisch-akkadische-assyrische (Wasser- und Kriegs-) Gottkönig Ninurta, ein göttlicher Krieger, bewaffnet mit einem Bogen, vergifteten Pfeilen und Keule, der etwa in der Stadt Nimrud am Ostufer des Tigris (heute Kalach) verehrt wurde, scheint ebenso an den biblischen Nachfahren Noahs zu erinnern. Ninurta wird in den Hymnen des Zweistromlandes oft erwähnt. Als Begründer vieler Städte, Erbauer von Bewässerungskanälen und Urbarmacher der Region, wie ihn beispielsweise der *Hymnus an Ninurta als dem Gott der Vegetation* preist.[142] Und beide, der biblische Nimrod und der Gottkönig Ninurta traten nach der Sintflut in den Zeiten des Neuanfangs auf. Man mag geneigt sein, in Ninurta als Ahnherrn der babylonischen und assyrischen Hochkulturen eine geschichtlich reale Person zu sehen, identisch mit dem biblischen Urenkel des Noah, dem gewaltigen Nimrod. Er wurde im mesopotamischen Kulturraum erst später aufgrund seiner enormen und schier unmenschlichen Leistungen zu einem Gott erhoben.[143]

Ungewöhnlich und beispiellos ist so eine Entwicklung in der menschlichen Kultur- und Religionsgeschichte keineswegs. Das beste Beispiel ist der Architekt Imhotep aus dem Alten Ägypten. Er war der Baumeister der Stufenpyramide des Pharaos Djoser (2630 bis 2611 vor Christus) der III. Dynastie in Sakkara und leitete damit das Zeitalter der Pyramiden ein. Er revolutionierte die Architektur im Alten Ägypten und war Hohenpriester und Kanzler seines Pharaos. Schon zu Lebzeiten eine Legende.[144] Mit dem Bau einer derart neuen Grabanlage für den Pharao schrieb sich Imhotep für immer in den Analen der Weltgeschichte ein.[145] Lange Zeit glaubte man, dass Imhotep nur eine Sagengestalt und keine reale Person sei. Zumal spätestens in der ägyptischen Spätzeit der Baummeister als »Sohn des Ptah« (= Gottheit) in Theben, aber auch Memphis vergöttlicht wurde.[146]

Diese Ansicht ist unlängst revidiert worden, sein Name findet sich nämlich in Sakkara eingemeißelt. Noch die Griechen verehrten ihn als Gott, »als mächtigen Magier, geschickten Arzt, Erfinder des Steinbaus und als göttlich verehrten Schutzherrn der Schreiber«.[147]

Doch auch unser König Sargon von Akkad wurde nach seinem Tode vergöttlicht und der ägyptische König Amenhotep I. (1514 bis 1493 vor Christus) wurde später zum Schutzgott der Totenstadt von Theben erhoben. Sogar Karl der Große als »Gründer« Deutschlands und Frankreichs könnte man zu diesen »vergöttlichten« Personen zählen. Weltweit kennt man das Phänomen der »Vergöttlichung«. So bei Herrschern in Mittel- und Südamerika oder in China, die schon Zeitlebens »Söhne der Sonne«, Götter & Co. waren. Beispiele sollen hier aber außen vor gelassen werden. Folglich ist denkbar, dass Ninurta alias Nimrod eine geschichtliche Person war. Natürlich gibt es dafür (bisher) keine archäologischen Belege, doch schließt das keinesfalls eine reale Person als Vorlage aus.

Hierbei ist wieder König Sargon von Akkad spannend. Und zwar sehr spannend. Bibel-Leser wissen, dass Moses als Erretter des Volkes der Hebräer aus der ägyptischen Knechtschaft einst aus dem Nil gerettet worden sein soll. Er trieb dort in einem mit Pech abgedichteten Korb und entkam so dem Tode. Er wuchs 40 Jahre am Hofe des mächtigen Pharao auf, wurde dort »in aller Weisheit der Ägypter unterwiesen und war mächtig in Wort und Tat«. So weiß es das Neue Testament.[148] Und Sargon aus Mesopotamien? Er wird in einem Text aus der Stadt Ninive wie folgt gepriesen:

»Scharrukin [Sargon, L.A.F.], *der starke König, der König von Akkade* [Akkad, L.A.F.] *bin ich. Meine Mutter war eine Verstoßene, meinen Vater kannte ich nicht. Die Verwandtschaft meines*

Vaters wohnt im Gebirge. Meine Geburtsstadt ist die Stadt Safran, die am Ufer des Euphrat liegt. Es empfing mich die Mutter, die Verstoßene gebar mich heimlich. Sie legte mich in einen Korb aus Schilf, mit Asphalt verschloss sie meine Öffnungen. Sie ließ mich auf dem Fluss nieder, aus dem ich nicht mehr selbst emporsteigen konnte. Der Fluss trug mich, zu Aqqi dem Wasserschöpfer brachte er mich. Aqqi der Wasserschöpfer holte mich wahrlich durch ein Eintauchen des Eimers herauf. Aqqi der Wasserschöpfer nahm mich zu seiner Sohnschaft an, er zog mich wahrlich groß. Aqqi der Wasserschöpfer setzte mich wahrlich in seine Gärtnerarbeit ein. Bei meiner Gärtnerarbeit gewann mich die Ischtar [eine Göttin, L.A.F.] *wahrlich lieb. Jahre übte ich wahrlich die Königsherrschaft aus. Die schwarzköpfigen Menschen beherrschte und regierte ich wahrlich.«*[149]

Das klingt klar nach einer Übertragung der Errettungsgeschichte des Sargon auf die Figur Moses durch die Autoren des Alten Testamentes. Der Fortgang der Moses-Story ist dann allerdings ein vollkommen anderer. Vor allem, als er mit 40 Jahren einen Ägypter erschlägt und die Seiten wechselt. Der Theologe Dr. Christoph Berner schreibt in einer Analyse der Exodus- und Moses-Geschichte dazu treffend:

»Bereits bei seinem ersten Kontakt mit den Volksgenossen gerät Mose in eine Situation, die ihm eine eindeutige Entscheidung zwischen Ägyptern und Hebräern abverlangt. Mit der Tötung des Ägypters fällt diese Entscheidung überdeutlich aus, und alle Zeichen stehen bereits jetzt auf Exodus.«[150]

Recht interessant ist am Rande noch das Körbchen, in dem das Moses-Baby den Wassern des Nils übergeben wurde. Auch hier steht im Buch *Exodus* wieder im Hebräischen »tēbāh« (= הבת), also »Kasten«. Exakt das Wort, das auch für die Arche verwendet wurde.

Sind also solche Ähnlichkeiten und Parallelen auch auf den biblischen Nimrod und den Gottkönig Ninurta anwendbar? Nach der verheerenden Flut baute zumindest dieser im Zweistromland neue Städte und verhalf der Zivilisation zu neuer Blüte. Und genau in diese Epoche fällt die Geschichte des biblischen Turmbaus zu Babel (Babylon). Babylon, ebenfalls Nimrod zugesprochen,[151] existiert noch heute. Dort, beim »Tor der Götter« (sumerisch »KĀ.DINGIR^{KI}), was Babylon übersetzt bedeutet, soll sich auch die legendäre Sprachverwirrung als erneute Strafe Gottes für die abermals sündigen Menschen ereignet haben.

6 Neuer Ärger: Das »Gottestor« KÄ.DINGIR[KI]

»Überall im Land sprach man damals nur eine Sprache und brauchte einerlei Worte.«[152]

So beginnt die Überlieferung vom Turmbau zu Babel. Die Menschen sollen auf der Erde eine Sprache besessen haben, wobei sich die Bibel bereits bei dieser Aussage wieder einmal widerspricht. In der Generationsfolge der Söhne Noahs erfahren wir, dass die Menschen sehr wohl unterschiedliche Sprachen nutzten. So heißt es bei den Nachkommen von Cham (Ham), dass sie nach ihren »Stämmen und Sprachen« aufgelistet worden seien.[153]

Babylon, dort wo der nachsintflutliche Mensch einen Turm errichtete, ist ein geschichtlich exakt belegbarer Ort. Er liegt, wie es die alttestamentarische Überlieferung richtig weiß, im Lande Schinear (Sumer) in Mesopotamien, am Ostufer des Euphrat, nahe der Stadt Kisch. Eine Megacity der Antike, die heute vor allem durch die Deportation der Jerusalemer Bevölkerung durch König Nebukadnezzar II. (604 bis 562 vor Christus) im sechsten Jahrhundert vor Christus bekannt ist. Das legendäre Ischtartor aus dieser Epoche kann heute in Berlin bewundert werden und machte die Stadt Babylon weltberühmt.

Die Geschichtsforschung rätselt schon lange, von wo einst die ersten Siedler nach Mesopotamien kamen, die das Land urbar machten. Die Kultur der Sumerer, die bisher älteste Hochkultur dieser Region im Süden des Zweistromlandes, blühte vor Jahrtausenden auf und wanderte vermutlich aus dem Osten ein.[154] Die Bibel ist mit ihren Angaben hier erstaunlich genau:

»Als sie von Osten aufbrachen, fanden sie eine Ebene im Lande Schinear und ließen sich dort nieder.«[155]

In dieser Ebene, dem fruchtbaren Gebiet zwischen Euphrat und Tigris, wollten sie »Backsteine backen und brandhart brennen«, um eine Stadt zu errichten. Der Mensch hatte sich Großes vorgenommen. Sie planten eine Stadt mit einem Turm, dessen »Spitze bis an den Himmel reicht«. Den Grund für ihr Vorhaben war laut Altem Testament ganz einfach. Sie wollten zusammenhalten und berühmt werden, da sie befürchteten, dass sie »zerstreut werden über alle Lande«.[156] »Zikkurat« nennt man heute diese Tempeltürme in Mesopotamien, die nicht nur in Babylon standen. Sie wurden ab etwa dem 3. Jahrtausend vor Christus erbaut, wobei zum Beispiel der Zikkurat der Stadt Ur im Süden des Landes ebenso berühmt war. Eigentlich steht im Hebräischen an dieser Stelle nicht Turm: »מגדל« bezeichnet eine Zitadelle und das »ומגדל עיר« der oben zitierten Verse damit eine »Stadt der Zitadelle«.

Doch es gibt mehr Quellen zu dieser Geschichte. Auch das altjüdische, fälschlich dem Philosophen Philo von Alexandrien zugeschriebene *Buch der biblischen Altertümer* schildert den Turmbau zu Babel, jedoch in zwei Kapiteln mit umfangreicheren Aussagen als die Bibel. Auch der Bericht des Pseudo-Philo nennt einen recht friedlichen Grund für die Stadtgründung und ihr gigantisches Bauvorhaben. Zu Beginn der Babel-Erzählung heißt es dort, dass die Menschen einst »alle getrennt ihr eigenes Land« bewohnten und erst dann zusammen »von Osten« nach Babel zogen.[157] Als nun die neuen Einwohner Mesopotamiens für ihren Plan einen günstigen Platz »im Lande Babel« gefunden hatten, fürchteten auch sie sich vor der Zukunft, denn sie »sprachen zueinander«:

»Wir werden noch, jeder vom anderen, losgetrennt werden und uns in den letzten Zeiten bekämpfen.«[158]

Und in der *Genesis*:

»Wir wollen uns einen Namen machen, damit wir uns nicht über die ganze Erde zerstreuen.«[159]

Um das zu vermeiden, sollte der Turm gebaut werden, durch ihn wollten sich die Bewohner »Ruhm auf Erden verschaffen«. Jeden einzelnen Ziegel des Turmes, so plante es das Volk, werde jeweils einer mit seinem Namen beschriften, um so den Zusammenhalt symbolisch zu festigen.

Das *Liber Antiquitatum Biblicarum* des Pseudo-Philo erzählt nun von weiteren Geschehnissen im Zusammenhang mit dem Plan, einen Turm in den Himmel zu bauen. Zwölf namentlich genannte Männer[160] des Volkes wollten sich nicht an dem Bauvorhaben beteiligen. Sie wurden eingesperrt und sollten nach sieben Tagen im Ziegelofen verbrannt werden. Ein hoher und mächtiger Fürst jedoch ließ elf von ihnen frei und belog sein Volk daraufhin, sie hätten aus dem Kerker fliehen können.

Der bekannte Abrahm (der spätere Abraham) war angeblich unter diesen inhaftierten Widersachern. Allerdings wird sein Name in der *Genesis* erst nach dem Turmbau als Sohn des Terach erwähnt.[161] Zeitlich ist er demnach also völlig anders angesiedelt. Nach Pseudo-Philo jedenfalls blieb er in der Stadt, um sich nach Ablauf der sieben Tage freiwillig in den Ofen schleudern zu lassen.

Ein vom Höchsten ausgelöstes »großes Erdbeben« brach herein, als der Stammvater Abraham in den Ofen geworfen wurde. Der Ofen wurde zerschmettert oder beschädigt, so dass sich das Feuer rasend schnell ausbreiten konnte. Im Verlauf dieser katastrophalen Feuersbrunst sollen 83.500 Menschen umgekommen sein, die »um den Ofen herum«[162] standen. Abraham aber stieg unbeschadet wieder aus den Flammen heraus und zog in ein anderes Land. Im Koran[163] war es der mächtige Herrscher Nimrod (Namrūd), der Abraham (im Koran Ibrahim) in das Feuer warf. Die jüdische Tradition teilt diese Aussagen. Der Pionier der Assyriologie Georg Smith, der Übersetzer des *Gilgamesch-Epos*, vermutete sogar, dass Nimrod und Gilgamesch eine Person waren.

Wie konnte Abraham – oder wer auch immer – ein Ofenfeuer, das weit über 80.000 Menschen getötet hatte, unbeschadet überstehen?

Der fromme Abraham war kein gewöhnlicher Mann, denn er war von den Himmlischen auserwählt worden. Er stammte aus dem Geschlecht von Sem, einem Sohn Noahs, und hatte durch Gott ganz besondere Eigenschaften erlangt – er war ein Schützling des Herrn. Durch seine Hilfe überlebte er angeblich den Zorn der Bevölkerung. Die Sagen und Mythen erzählen uns also bereits kurz nach der Flut von einem erneuten Eingreifen himmlischer Mächte in die Geschickte der Menschheit.

Auch nach dieser Katastrophe, die in der alttestamentarischen Erzählung keine Erwähnung findet, ließ das Volk nicht von seinem Vorhaben ab. Im *Buch der Jubiläen*, der »Kleinen Genesis«, finden wir den Turmbau ebenfalls.[164] Die Menschen sollen demnach sogar 43 Jahre an ihm gewerkelt haben, bis er unglaubliche 5.433 Ellen hoch in den Himmel ragte.[165] Sicherlich eine symbolisch zu verstehende Zahl, die die Überheblichkeit unterstreicht. Archäologisch nimmt man heute für den

Turm von Babylon eine Höhe von etwa 90 Metern an. »Haus zwischen Himmel und Erde« (»Etemenanki«) nannten die Erbauer ihren Tempelturm.

Die griechische *Apokalypse des Baruch*, ein weiteres Buch außerhalb der Bibel, enthält ebenfalls einen Bericht über den Turmbau. Dort erfährt der Leser, dass der Turm zu Babel 363 Ellen (immerhin etwa 160 Meter) in der Höhe maß und Gott die Menschen für diese Tat mit Blindheit und Sprachverwirrung strafte.[166] Interessant ist, dass diese 363 Ellen Höhe des babylonischen Turmes je nach verwendetem Ellenmaß der Höhe der Cheops-Pyramide in Gizeh sehr nahe kommen. Obwohl die Turm-Geschichte in der Bibel keine zehn Verse umfasst, war und ist sie weltberühmt und wird vielfach gedeutet. Athanasius Kircher, ein deutscher Jesuit, der in der Grenzwissenschaft vor allem durch seine Karte von Atlantis (1665) bekannt ist, war dabei ein sehr Gewiefter. Er meinte 1679, dass der Turm, da er »bis zum Himmel« reichte, 265.380 Kilometer hoch gewesen sein musste. Das war nach seiner Meinung die Entfernung Erde-Himmel. 3.400 Jahre müssten 4,5 Millionen Bauarbeiter an diesem Turm geschuftet haben; er wäre dadurch schwerer als die Erde selbst geworden. Also, so Kirchers logische Schlussfolgerung, da das Turm-Gewicht die Erde aus dem Kosmos gekippt hätte, habe es den Bau zu Babel nie gegeben.

Diesen gewaltigen Turm (der sicherlich weder 363 Ellen, noch 5.433 Ellen oder X Kilometer hoch war) nun sahen Gott und seine Wächter im Himmel, wie es auch die *Genesis* berichtet. Der Höchste stieg hinab, um das Werk des Menschen in Augenschein zu nehmen:

»Da stieg Gott herab, um die Stadt und den Turm anzusehen, den die Menschen gebaut hatten.«[167]

Er begutachtete die Aktivitäten seiner irdischen Geschöpfe, um dann festzustellen:

»Sieh da, das ist einerlei Volk, und eine Sprache sprechen alle; was sie da tun, ist bloß der Anfang; nichts wäre ihnen weiter unmöglich, was immer sie planen würden. Wohlan, lassen wir uns hernieder und verwirren wir dort ihre Sprache, dass kein Mensch mehr des anderen Sprache versteht!«[168]

Der »Herr« steigt mit einigen anderen außerirdischen Wesen (»lassen *wir uns*«) vom Himmel, um die einheitliche Sprache der Menschheit zu verwirren. Fortan durfte niemand mehr des anderen Worte verstehen. Der Zorn des gütigen »Gottes« scheint doch recht unverständlich, bizarr und seltsam. Die Menschen bauen sich nach der Vernichtung durch die (von Gott gewollte) Flut eine Stadt mit einem Turm, um, wie weiter oben gezeigt, berühmt zu werden, sich nicht zu trennen und keine Kriege gegeneinander zu führen. Das einheitliche Volk zerbrach durch den himmlischen Eingriff und wurde so über die ganze Erde zerstreut. Schon komisch.

Das *Liber Antiquitatum Biblicarum* nennt noch einige weitere Einzelheiten über die »Große Sprachverwirrung« oder »Völkerzerstreuung«. Laut *Genesis* wird von dem Höchsten die »Zunge« der Menschen verwirrt, aber gemäß Pseudo-Philo veränderte er auch das *Aussehen* des Babel-Volkes:

»Und Gott teilte die Zungen der Völker, die das Land bewohnten, [...] und änderte ihr Aussehen. Und keiner erkannte mehr seinen Bruder.«[169]

Manipulierte »Gott« tatsächlich an der Gestalt des Menschen herum? Warum sollte er dem Volk derartiges antun und so sein unausweichliches Auseinanderbrechen in Kauf nehmen? Pseudo-Philo weiß auch davon, dass er den Menschen durch seine unverständliche Tat auf den Stand von »Primitiven« zurückschlagen wollte. Die Einwohner sollten sich fortan »Hütten aus Stoppeln von Stroh erbauen« und »sich Höhlen ausgraben und darin wie wilde Tiere hausen«. Für »alle Zeiten« werde das so bleiben, wird prophezeit.[170]

Es wird immer verwirrender, ich gebe es gern zu. Die ersichtlichen Anfänge einer Zivilisation nach der großen Flutkatastrophe (Städtebau), wurden nicht geduldet. Der Höchste wollte seine Menschenkinder, so die klare Aussage, primitiv haben. Der Mensch war in den Augen der Himmlischen schlicht verachtenswert:

»Ich werde sie wie Wassertropfen erachten und sie mit Speichel vergleichen. Für die einen kommt das Ende im Wasser, und die anderen werden durch Durst ausgetrocknet.«[171]

Kann so der tatsächliche Schöpfer des Universums, der unfassbare *Gott* sprechen? Aus diesen Textstellen klingt Hass heraus. Hass auf die Menschen. Theologisch wird der Turmbau immer als Sinnbild für die Überheblichkeit der Menschen und »eine Verurteilung der städtischen Kultur« durch die Bibel interpretiert.[172] Die mesopotamischen Pyramiden, die Zikkurat, galten den Bibelautoren als Sinnbild des heiligen Berges (Urhügels) und natürlich in ihrer Funktion als Begegnungsstätte und Tempel ihrer Gottheiten als verblendeter Hochmut.

Die Verwirrung der einheitlichen Sprache sollte auch nicht unbedingt wörtlich verstanden werden. Zumal »Babel« (»bābæl«) dabei mit dem sehr ähnlich klingenden »vermengen« (»bālal«) verbunden wird. Daher »babbeln« wir heute noch dann und wann Unverständliches. Wir sahen aber, dass die Himmlischen angeblich das Aussehen der Menschen ebenfalls änderten. Des Weiteren ist es vielleicht ganz interessant, dass die Werbwurzel »bll« (בלל) von Babylon/Babel auch die Wurzel des hebräischen Wortes »Mabūl« (מַבוּל) ist. Und das ist das hebräische Wort für die Sintflut. Auch sahen wir weiter oben ja schon, dass es nach der Bibel längst vor der »Babylon-Affäre« verschiedenen Sprachen gegeben hat. Es ist durchaus denkbar, dass mit »Sprache« eine gemeinsame Politik gemeint war. Politische Verständigung ist für den Zusammenhalt eines Volkes, das nach Pseudo-Philo ein Zusammenschluss aus verschiedenen Völkern war, unverzichtbar.[173] Nach dem *Buch der Jubiläen* wollten die Herabgestiegenen mit dieser Aktion erreichen, dass die Menschheit »bis zum Gerichtstag« niemals mehr einheitlich denkt, handelt und lebt.[174] Auch waren, wie in ungezählten Passagen der Bibel ebenso, hier wieder unterschiedliche Autoren und Redakteure am Werk. Diese wiederum hatten jeweils ihre eigene Ansichten, Deutungen und Interpretationen.[175] Auch liegt der Gedanke nahe, dass hier eine Art Ur-Erinnerung an eine gemeinsame Ur-Sprache der gesamten Ur-Menschheit vorliegt, die immer wieder vermutet wird. Und um die Angelegenheit noch weiter zu erschweren, berichtet auch die Maya-Schrift *Popul Vuh* aus Mexiko von einer urzeitlichen Sprachverwirrung. Dass die Maya und die Bibel damit nicht allein waren, belegte 1999 Fred Hartmann. Hartmann konnte weltweit rund 60 (!) derartige Überlieferungen aufspüren und schon der legendäre Sumerologe Professor Samuel Noah Kramer konnte vor 50 Jahren eine sumerische Version der Sprachverwirrung belegen.[176]

Aber auch wenn die Annahme zutrifft, dass das Alten Testament mit dieser gemeinsamen »Sprache« Politik und Religion meint, ist die Vorstellung der *Genesis* vom Eingreifen Gottes auch für die Theologie überaus sonderbar.[177]

TEIL I

7 Der Satan ist an allem schuld!

Die Schriften der Bibel gehen nach der Erzählung von Babel zu einem neuen Abschnitt über. Erst folgen eine Zusammenstellung der nachsintflutlichen Patriarchen und dann die Überlieferungen über Abraham. Abraham alias Abrahm soll, so sagt es ja das Philo zugeschriebene Buch *Liber Antiquitatum Biblicarum*, zur Zeit des Turmbaus ebenfalls in Babel anwesend gewesen sein. Durch seine Entscheidung, sich nicht an dem ehrgeizigen Vorhaben der Bevölkerung zu beteiligen, wurde er auserwählt. Seine Nachkommen wurden gesegnet und mit einem Bund belegt. Auch beschloss der Herr, von nun an Abrahams »Schutzgott« zu sein.[178]

Abraham dufte, so der Plan der Himmlischen, der Stammvater des großen Volkes Israel werden. Er allein wurde aus der Menschheit auserwählt. Dass Abraham als Stammvater angesehen wird, deuten die Theologen natürlich als religiösen Stammvater und nicht als biologischen Grundstein eines großen Volkes. Abraham war Sumerer und lebte bis zu seiner Berufung unter den Namen Abrahm mit seinem Vater Terach in der Stadt Ur zusammen. Ur gab es tatsächlich, es wurde 1854 im heutigen Süd-Irak entdeckt. Dort verdiente Terach als Götzenschnitzer seinen Unterhalt. Beide, Vater und Sohn, waren also dem Vielgötterglauben ergeben.

Die rund 2.000 Jahre alte *Apokalypse des Abraham* erzählt Interessantes: »Die Stimme eines Starken vom Himmel in einem Feuerwolkenbruch« berief eines Tages den Stammvater. Um gleich darauf mit »großen Donners Schall« seinen Vater Terach zu ermorden. »Und Feuer fiel von Himmel« und verbrannte Terach mitsamt Haus und Hof.[179] Der Sumerer Abrahm scheint aber tatsächlich mit dem Turmbau zu Babel in Verbindung zu stehen. Das *Buch des Artapanus*, eines jüdischen Historikers und Geschichtsschreibers, der im ersten Jahrhundert vor Christus in Alexandria (Ägypten) lebte, ist ebenso erstaunlich. Artapanus beruft sich in seiner Schrift auf scheinbar verschollene Bücher, die er angeblich persönlich einsehen konnte. So erfahren wir bei Artapanus zu der Figur Abraham und dem Babel-Turm gleich zu Beginn folgendes:

»In namenlosen Schriften finden wir Abraham in Beziehung zu den Riesen gesetzt; diese wohnten in Babylonien, wurden aber wegen der Gottlosigkeit von den Göttern vernichtet. Einer davon, Bel, sei dem Tod entflohen und habe sich in Babylon angesiedelt, dort einen Turm gebaut und darin gewohnt; dieser wurde dann von seinem Erbauer Bel Belon genannt.«[180]

Diese beiden Verse beinhalten – genau besehen – wesentlich mehr. Dass die Götter die Riesen (durch die Flut) vertilgen wollten, wissen wir. Aber wer ist dieser »Bel«, der dem Tode entrinnen konnte? Bēl ist nur eine Bezeichnung unter einer Vielzahl an Namen unterschiedlicher Völker und Kulturen für ebenso unterschiedliche Götter. Bekannt ist er vor allem als der Baal (לְעַב) der Bibel. Doch auch in Ägypten finden wir ihn und im Königreich Ugarit im nördlichen Syrien, wo erste Siedlungen bereits vor 9.000 Jahren entstanden. Für uns ist interessant, dass der Kult des biblischen Baal in seiner Funktion als Gottheit der Fruchtbarkeit und des Wetters quasi als Sinnbild der Vielgötterei gilt. Baal verwandelte sich dadurch in einen Götzen, der später im Christentum sogar zum Dämonen wurde.

Aus der Stadt Sechem ist bekannt, dass Baal in diesem 4.000 Jahre alten Handelszentrum »Baal-Zebub« (»Herr der Fliegen«) genannt wurde. Oder besser, dass der christliche Aberglaube daraus den berühmten Beelzebub (בובז לעב)[181] machte. Obwohl das eigentlich der Gott der Stadt Ekron war. So sagt die Bibel im *2. Buch der Könige*:

»Doch der Engel des Herrn sprach zu Elija aus Tischbe: Mach dich auf, geh den Boten des Königs von Samaria entgegen und sag zu ihnen: Gibt es denn keinen Gott in Israel, sodass ihr fortgehen müsst, um Beelzebul, den Gott von Ekron, zu befragen?«[182]

»Herr der Fliegen«? Gibt es da auch irgendeinen Zusammenhang, eine Vermischung oder verspielte Verballhornung mit dem *Gilgamesch-Epos*? »Die Götter versammelten sich wie Fliegen über dem Opfernden«[183] nach der Flut, heißt es darin. Ganz interessant ist ebenso, dass Gilgamesch nach dem Qumran-Text 4Q531, Fragment 1, oder auch 4Q530, Kolumne 2, als einer der Giganten zu finden ist, die vor der Flut versuchten, über Henoch Gnade bei dem Höchsten zu finden.

Die Verse aus dem *Buch des Artapanus* sagen abseits der zahllosen Erwähnungen[184] des Baal und seiner Kulte in der Bibel auch, dass er ein *Riese* war und Baal den Turm zu Babel errichtete. Die Sintflut habe ihn nicht getötet, also machte sich dieser Titan oder welche seines Geschlechtes an das Werk, sich neu zu entfalten. Das sollte beim Studium der Bibel nicht unbedingt verwundern. Riesen überlebten zumindest auch nach ihr die Flut. Zum Beispiel berichtet das *5. Buch Moses*:

»Denn allein der König Og von Baschan war noch übrig von den Riesen. Siehe, in Rabba, der Stadt der Ammoniter, ist sein

steinerner Sarg, neun Ellen lang und vier Ellen breit nach gewöhnlicher Elle.«[185]

Wie kann das sein? Die jüdische Mythologie erklärt uns, warum es angeblich auch nach der Sintflut Riesen/gefallenen Göttersöhne gab, obwohl sie ja eigentlich alle ermordetet werden sollten. Aber Noah, der »Gerechte« und »Gute«, übte Verrat an dem Höchsten. So kann man es guten Gewissens sagen.

Die Sage erzählt:

»Auch der Riese Og, einer von dem Heere der gefallenen Engel, kam herbei und setzte sich auf eine Sprosse der Leiter, die zur Arche führte; er gelobte Noah und seinen Söhnen in Ewigkeit ein Knecht zu sein. Was tat Noah? Er machte ein Loch in der Arche und reichte ihm so seine Speise; so blieb Og am Leben.

Andere wiederum sagen: Og rettete sich allein von den Menschen, die in der Sintflut umgekommen waren; er setzte sich rittlings auf das Dach der Arche. [...] Doch nicht um seiner Verdienste willen ist er gerettet worden, sondern um darzutun die Größe des Herrn vor den späteren Bewohnern der Erde. Die sollen sagen: Dies ist ein Überlebender von denen, die vor der Sintflut waren, die Aufruhr stifteten wider den Herrn und die ertrunken sind.«[186]

Das *Buch der Jubiläen* geht noch einen gewagten Schritt weiter, wenn es behauptet, dass der Herr persönlich (!) gefallene Engel (böse Geister darin) am Leben ließ. Es heißt dort[187] zum Beispiel, dass »der Fürst, der Meister« Mastema (= Satan) Gott dreist bat:

»Lass einige von ihnen vor mir übrig, dass sie auf meine Stimme hören und alles tun, was ich ihnen sage!«

Auf diesen Deal mit dem Satan ließ sich Gott im *Buch der Jubiläen* tatsächlich ein, ein Zehntel der Rebellen blieb am Leben.

Außerdem steht in der Bibel in der Sintfluteinleitung klipp und klar, dass es sie in den Tagen vor der Flut *»und auch später noch«* gab. Das wird ganz gern übersehen.

Beelzebub, Satan, Diabolo(s), Teufel, Luzifer ... – all das ist heute in der Moderne Eins. Im Alten Testament findet sich *śāṭān* (שׂטן) nur an 27 Stellen, die exakte Bedeutung des Namens Satan ist unbekannt. Im Angebot haben wir: »umherschweifen«, »sich aufbegehren«, »revoltieren«, »ungerecht sein«, »brennen«, »verfolgen«. Satan ist jedoch in der Bibel[188] eindeutig ein Mitglied des oft vorkommen himmlischen Hofstaates des Höchsten. Er ist also einer der Engel, der Wächter, der »Söhne des Höchsten« oder Göttersöhne (בני האלהים, bənêj hā'ælohîm). Eben jener Kreaturen, die laut Flut-Einleitung in der *Genesis* das Verderben über die Menschen brachten. Zum Beispiel heißt es im Buch *Hiob* in der Bibel:

»Es begab sich aber eines Tages, da die Gottessöhne kamen und vor den Herrn traten, dass auch der Satan unter ihnen kam und vor den Herrn trat.«[189]

Das spätere Christentum machte den »Luzifer« aus ihm, da der Satan im *Lukas-Evangelium*[190] wie ein Blitz vom Himmel gefallen sein soll. Luzifer ist der »Lichtbringer«. Und den »Fall der Engel« haben wir natürlich und vor allem in der christlichen *Offenbarung des Johannes* stehen, die über Satan berichtet:

»Und es wurde hinausgeworfen der große Drache, die alte Schlange, die da heißt: Teufel und Satan, der die ganze Welt verführt, und er wurde auf die Erde geworfen, und seine Engel wurden mit ihm dahin geworfen.«[191]

Die Rebellion der Astronautengötter, da ist sie wieder. Die christliche Mystik verbindet diese Sagen später mit den Dämonen Incubus und Succubus. Jene Kreaturen, die der fanatische Hexenhasser und Hexenjäger Heinrich Kramer 1486 in seinem Pamphlet *Hexenhammer*[192] für Hexerei und Unzucht verantwortlich machte. Der Glaube an den Teufel und seine Dämonen, sein angeblich böses Wirken hier auf Erden, entwickelte im Laufe der Jahrhunderte ein Eigenleben. Quasi als eine Art Erklärung für das Böse auf der Erde baute das Christentum durch das Mittelalter hinweg das Bild eines Satans immer weiter aus. Sehr oft natürlich auch fern von den ursprünglichen Mythologien über diese Kreatur. Der deutsche Theologe und Professor für die Exegese des Alten Testamentes, Georg Gustav Roskoff, hat hierzu vor fast 150 Jahren bereits sein umfassendes Standardwerk *Geschichte des Teufels* vorgelegt. Roskoff zeigt darin sehr anschaulich die Entwicklung der Satans-Vorstellungen des Christentums.[193] Dr. Roskoff schrieb zum Beispiel 1869 treffend:

»Bei einer Studie über die Vorstellung vom christlichen Teufel, der im Mittelalter den kirchlichen Glaubenskreis ausfüllt, wird der unbefangene Forscher zunächst in die ersten christlichen Jahrhunderte zurückblicken müssen und, indem er dem Ursprünge dieser Vorstellung nachspürt, führt ihn der Weg durch das Neue Testament zu den Hebräern und denjenigen Völkern, mit welchen jene in Berührung gekommen sind. Der Dualismus von guten und bösen Wesen, der bei den Parsen, deren Verwandten, bei den Aegyptern in die Augen fällt, die dualistische Anschauung, die in den Mythologien aller Cultur-Völker mehr oder weniger entschieden auftritt, muss die Aufmerksamkeit auf sich ziehen und zum weitern Rückschreiten auf der Stufenleiter der verschiedenen Religionen nöthigen.«[194]

Im Klartext heißt das, dass man sich nicht auf den »klassischen Vorstellungen« des Christentums über den Satan ausruhen darf, die wir wohl alle seit Kindertagen in unseren Köpfen haben.

Auch der Islam kennt natürlich eine derartige Kreatur. Im heiligen Koran finden wir den Satan unter anderem mit den Namen Iblīs (= »Enttäuschter«) vor, der sich auch hier gegen den Höchsten, Allah, auflehnte. Er weigerte sich, Adam zu ehren und »frevelte so gegen den Befehl seines Herrn«.[195] Identisches sagen auch die älteren jüdischen Märchen.

Hier schließt sich nun ein Kreis: Ein weiterer Name im Islam für den Satan ist Azazīl. Wer das nun wieder ist? Es ist einer der Chefs der Rebellion der Wächter gegen ihren Höchsten im Himmel. Der Name Asasel (לזאזע, ʿăzā'zel) und seine Bedeutung ist umstritten beziehungsweise noch unbekannt. Bekannt ist sicherlich die Form und Interpretation als »Sündenbock« durch biblische Texte, welches man gern vom »Bock für Asasel« (לזאזעל, laʿăzā'zel) des Asasel-Kultrituals im Buch *Leviticus*[196] herleitet.[197] Doch andere uralte Texte klären uns unmissverständlich auf, um wen es sich bei Asasel handelt. Er war es, der die Rebellion anzettelte, die zu den ersten vier Versen in der Flut-Einleitung der Bibel führte. Das *Äthiopische Buch des Henoch* listet ihn klar auf und schildert auch seine Taten und Funktionen bei dem Aufstand der Wächter des Himmels. Er hat den Menschen sogar »die ewigen Geheimnisse des Himmels geoffenbart«.[198] Auch die weltberühmten Texte aus Qumran bestätigen das.[199] Und die *Apokalypse des Abraham* schildert, dass es dieser Asasel war, der Adam und Eva im Garten Eden zur Sünde verleitete.[200]

Das alles ist überaus erstaunlich, verworren und verlangt demnach nach einem zusammenfassenden Resümee:

Die Bibel sagt, dass die Menschheit sich vom rechten Wege entfernte und so in Bosheit und Chaos versank.

In vier winzigen Versen im Buch *Genesis* steht zusammenhangslos, dass in den Tagen vor der Flut die Himmlischen (Engel, Wächter, Göttersöhne, Söhne des Höchsten ...) auf die Erde kamen und der Menschheit Verderben brachten.

Dabei entstanden durch »Mischehen« – sprich: Sex – Riesen, Titanen, Gewaltige, die dem Höchsten ebenso missfielen.

Eine Flut und/oder Katastrophe solle kommen, um dieser »Hurerei« (so nennen es jüdische Sagen tatsächlich) ein Ende zu setzen und die verdorbene Menschheit inklusive Riesen und Wächter zu vertilgen.

Noah und seine Familie – oder wer auch immer – fand Gnade und Gott oder die Götter unterwiesen ihn dahingehend, wie die (gute) Menschheit das alles überleben könne.

Dieses Erzählmotiv ist weltweit zu finden.

Die Katastrophe kam, die Menschen starben, Millionen Riesen ertranken (das sehen wir noch genauer) und Noah & Co. fanden eine »frische« Welt für einen Neuanfang vor.

Dieser Neuanfang ging böse nach hinten los. Nicht nur, dass der Herr sich eingestehen musste, dass der Mensch nun einmal schlecht ist und auch bleiben wird, sondern es überstanden auch Riesen und/oder gefallenen Wächter die Vernichtung. Angeblich sogar dadurch, dass Noah höchst selbst für ihre Errettung sorgte. Oder, dass der Höchste sich mit dem Satan auf einen Deal einließ.

Der »Neuanfang« im Zeichen des Turmbaus zu Babel war erneut nicht nach dem Willen der Himmlischen. Da nach der Flut eine derartige Vernichtung laut Bibel nie wieder kommen sollte, so der Höchste, griff er mit »Sprachverwirrung«, »Zerstreuung« und dergleichen mehr abermals ein.

Trauen wir alten Texten, hatten auch hier wieder die Riesen und/oder gefallenen Wächter ihre Finger im Spiel.

Alle diese Ereignisse und Berichte wurzeln in der und um die Sintflut. Und als Ursache für all das werden im Buch *Genesis* die herabgestiegenen Wächter benannt. Die Söhne der Götter, die eine Rebellion der Engel anzettelten und den göttlichen Hofstaat verließen und zur Erde kamen. Und genau hier ist der nebulöse Prophet Henoch Kronzeuge der Ereignisse.

Was weiß er zu berichten?

TEIL II

Kronzeuge Henoch

TEIL II

1 Henoch, »Schreiber der Gerechtigkeit«

Ein kleiner Blick in das Inhaltsverzeichnis einer x-beliebigen Bibel zeigt sofort: Henochs Schriftgut ist nicht Teil des Kanons des Buches der Bücher. Seine Texte gehören, wie zahllose andere auch, zu den außerbiblischen, verborgenen Texten der altjüdischen Literatur und Religionsanschauung.

Da Henoch aber im Alten und Neuen Testament eindeutig namentlich erwähnt wird, waren den Autoren und Redakteuren der heutigen Bücher der Bibel seine Schriften bekannt. Die rätselhafte Lücke in der *Genesis*[201] wird durch diese geschlossen, erweitert, interpretiert und erklärt.

Die Inhalte aus dem *1. Buch Henoch* (dem äthiopischen) machen deutlich, warum es nicht in den Kanon des Alten Testaments eingegliedert wurde. Die endgültige Festlegung des Kanons unserer katholischen Bibel geschah erst durch das Konzil von Trient[202] im Jahre 1546, wodurch deutlich wird, dass Henochs Bücher ebenso »heilig« sind wie der eigentlich alttestamentarische Kanon.

Der uns heute vorliegende Kanon darf auch nicht als global gültig betrachtet werden. Zum Beispiel erkennt die Syrisch-Orthodoxe Kirche bis heute nur 22 unserer insgesamt 27 Schriften des Neuen Testaments an.

Ebenso sprechen die Jahrhunderte langen Streitigkeiten über die Festlegung eines einheitlichen Bibelbuches Bände.[203]

Das erste vatikanische Konzil war am 24. April 1870 von den damals beschlossenen Geboten über die kanonische Identität verschiedener Texte derart überzeugt, dass jegliche Kritik direkt ausgemerzt wurde. So sollte jeder Zweifel an der Unfehlbarkeit des Kanons eliminiert werden. Das Konzil stellte in drastischen Worten nämlich fest:

»Wenn einer die Bücher der Heiligen Schrift, vollständig mit all ihren Teilen, wie sie die heilige Kirchenversammlung von Trient aufgezählt hat, als heilig und kanonisch nicht annimmt oder wenn er leugnet, dass sie göttlich inspiriert sind (divinitus inspiratos esse), *so sei er im Banne!«*[204]

Gut, aber sind die Bücher außerhalb der Bibel damit wertlos? Etwa das im ersten Kapitel bereits zitierte *Buch der Jubiläen* oder das *Liber Antiquitatum Biblicarum*? Sind die Bücher von Henoch und seinen Kollegen damit nichts weiter als altertümliche Trivial-Belletristik? Darauf hatte der Orientalist und Übersetzer Paul Rießler (1868 bis 1935), Professor für alttestamentarische Exegese, schon 1928 eine glasklare Antwort:

»Mit vollem Recht wird heutzutage diesen außerkonischen Schriften des Judentums weit mehr Beachtung geschenkt als früher; denn sie gewähren vor allem einen Einblick in die Geistesströmungen und Anschauungen der Juden vor und nach Christi Geburt. Sie sind außerordentlich wichtig für das Studium des Alten und Neuen Testamentes sowie der neutestamentlichen Zeitgeschichte und sind eine große Hilfe für die Bibelexegese.«[205]

Ungeachtet der biblischen Ausgliederung der Henoch-Texte genossen sie in der Vergangenheit sehr großes Ansehen bei der breiten Bevölkerung.[206] Auch gehört das äthiopische *Buch Henoch* zu den sehr alten Texten, denn die ältesten Teile entstanden bereits vor 167 vor Christus, und der jüngste noch vor 64 vor Christus. Als ziemlich sicher darf angenommen werden, dass die gesamte Schrift aus Palästina stammt, und um 70 vor Christus ihre endgültige Gliederung erhielt.[207] Auch aus den Höhlen von Qumran sind uns Henoch-Texte bekannt.

Henoch wird in der vorsintflutlichen Patriarchenchronologie im Buch *Genesis* erstmalig erwähnt. Dort erfahren wir, dass er der Sohn Jareds aus der Geschlechterfolge des Seth gewesen sei, und Jared ihn mit 162 Jahren zeugte.[208] Auch Henoch selbst hatte einen Sohn, der durch sein wahrhaft »biblisches Alter« bekannt wurde: Metuschelach, der als Hochbetagter Mann mit 969 Jahren starb und der Großvater Noahs war.[209]

In den Reihen der Patriarchen vor der Flut nimmt Henoch eine besondere Stellung ein, da er als einziger nicht (auf der Erde) starb. Er wurde in den Himmel entrückt. Ein Privileg, das sonst nur einige Propheten wie Elija[210] bis einschließlich Jesus Christus hatten. Das Buch *Genesis* erzählt eher lapidar, dass Henoch Umgang mit Gott pflegte und im Vergleich zu den anderen Patriarchen im jungen aber »perfekten« Alter von 365 Jahren die Erde verließ:

»Nach der Geburt Metuschelach ging Henoch seinen Weg mit Gott noch dreihundert Jahre lang und zeugte Söhne und Töchter. Die gesamte Lebenszeit Henochs betrug dreihundertfünfundsechzig Jahre. Henoch war seinen Weg mit Gott gegangen, dann war er nicht mehr da; denn Gott hatte ihn aufgenommen.«[211]

Wie auch Stammvater Noah »seinen Weg mit Gott« ging[212], war auch Henoch ein besonderer »Schützling Gottes«. Sein in der Bibel genanntes Lebensalter von 365 Jahren entspricht den Tagen des Sonnenjahres und »er wurde zu einer bedeutsamen Gestalt in der jüdischen Tradition, die seine Frömmigkeit als Vorbild hinstellte«.[213] Auch im über 2.000 Jahre alten Buch *Jesus Sirach* wird lobend über den Patriarchen festgehalten:

»Henoch ging seinen Weg mit dem Herrn und wurde entrückt: / ein Beispiel der Gotteserkenntnis für alle Zeiten.«[214]

Und später wird ruhmreich gepriesen:

»Kaum einer auf Erden kommt Henoch gleich, / darum wurde er auch lebend entrückt.«[215]

Auch der *Brief an die Hebräer* im Neuen Testament widmet dem frommen Henoch einige huldigende Worte:

»Aufgrund des Glaubens wurde Henoch entrückt und musste nicht sterben; er wurde nicht mehr gefunden, weil Gott ihn entrückt hatte; vor der Entrückung erhielt er das Zeugnis, dass er Gott gefiel.«[216]

Zwar haben die Schreiber der Bibel Henoch großen Respekt entgegengebracht – auch, oder gerade weil er von Gott in den Himmel »entrückt« wurde –, aber seine Bücher sind nicht Teil der Bibel. Die oben zitierten Textstellen beweisen aber meiner Meinung nach, dass Henoch ein sehr gottesfürchtiger Mensch war, der ganz zum Willen seines »Herrn« lebte und handelte. Darum war er vor Jahrtausenden im Nahen Osten sehr weit bekannt. Anhand der Bibel können die Lobpreisungen an den Patriarchen allerdings nicht verstanden werden, da er darin sonst nirgends umfangreich namentlich erwähnt wird. Der Bibel-Leser wird in diesem Zusammenhang schlicht (wieder einmal) allein gelassen.

Doch Zitate des Propheten oder seiner Schriften sind in der aktuellen Bibel noch enthalten. Die *Offenbarung des Johan-*

nes beinhaltet etwa 21 Zitate aus den Henoch-Schriften und selbst in den Evangelien findet sich noch ein Dutzend Henoch-Zitate.[217] Auch der *Judasbrief* im Neuen Testament zitiert Henoch.[218] Aus diesem Grund müssen die Verfasser der biblischen Bücher und Schriften Henochs Werke und Taten zumindest durch mündliche Überlieferungen gekannt und auch geachtet haben. Die Tradition von den aus dem Himmel geworfenen Engeln hat ihre ursprünglichen Quellen in diesen Texten. Das Alte Testament nennt insgesamt nur drei Engel mit Namen,[219] was doch sehr erstaunlich ist. Dazu sind die Erzählungen über den eigentlichen »Fall der Engel« in mindestens sieben widersprüchlichen Berichten erhalten geblieben.[220] Die drei Bücher Henochs, des »Schreiber der Gerechtigkeit«, wie er genannt wird, entstammen wahrscheinlich alle aus einer heute verschollenen Urquelle. Fragmente von Henoch haben die Forscher auch in den Texten von Qumran entdeckt. Ebenso ein *Buch der Giganten*, das zweifellos mit den Henoch-Schriften und *Genesis* 6 in Zusammenhang steht.[221] Bei der orthodoxen Kirche Äthiopiens ist das *1. Henochbuch* sogar Bestandteil des Kanons der Bibel. Ihnen verdanken wir auch die vollständige Übersetzung, die heute vorliegt.

Da Henoch in den wilden Zeiten der Flut gelebt haben soll, laufen eine ganze Reihe Kritiker Sturm gegen seine Schriften. Natürlich und vor allem Skeptiker der Astronautengötter-Spekulationen. Ihre Argumente: Erstens hat Henoch diese Texte niemals selbst geschrieben und zweitens waren diese nichts weiter als frühzeitliche Unterhaltung für unsere Vorfahren. Na und? Natürlich sind es keine Bücher, die Henoch persönlich verfasste. Natürlich sind sie tief in den Mythen und Sagen des Nahen Ostens (Juden) verwurzelt. Natürlich folgen sie den dortigen Überlieferungen und Erzählungen, die ja nicht nur in Henoch vorkommen. Henoch muss sie damit gar nicht persönlich in seinem Kämmerlein oder sonst wo auf Erden (oder darüber) geschrieben haben. Schon die Bibel-Exegese sagt ja auch klar:

»Es lässt sich aber dennoch nicht leugnen, dass es auch in der Bibel ›mythische Reste‹ gibt.«[222]

Und diese »Mythen« ergeben einen ganz erstaunlichen Aufschluss über die Rebellion der himmlischen Gottessöhne. Sie zeigen bei genauer Analyse und moderner Interpretation ein klares, logisches, schlüssiges und rundes Bild der grauen Vorzeit der Götter.

TEIL II

2 Rebellion der Astronautengötter

Dass sonderbare »Söhne der Götter« einst vom Himmel stiegen, weiß schon die Bibel. In der hebräischen Bibel werden ihre Nachkommen, wie wir bereits gesehen haben, auch Nefilim (Nephilim) genannt. Und die mesopotamischen Kulturen kannten den Sammelbegriff Anunnaki und auch Anunna für ihre Götter, die zwischen Himmel und Erde pendelten. Ausnahmslos alle Bibelkommentatoren stimmen darin überein, dass diese Erzählungen starken Kürzungen unterworfen und einzig allein als Sinnbild der wachsenden Verderbnis der Menschheit eingeführt wurden, um die göttliche Sintflut zu rechtfertigen.

So klingt es auch zu Beginn des sogenannten *Buches der Engel* von Henoch sehr ähnlich wie im Buch *Genesis*:[223]

»Als sich die Menschenkinder vermehrten, wurden ihnen damals schöne und liebliche Töchter geboren. Als die Engel, die Himmelssöhne, sie erblickten, gelüstete es sie nach ihnen, und sie sprachen zueinander: Wir wollen uns Weiber aus den Menschenkindern wählen und uns Kinder erzeugen!«[224]

Schon an dieser Stelle wird wohl mehr als klar, dass die Interpretation von Engelwesen als kindliche, asexuelle Trompetenbläser mit Pausbäckchen und Flügeln nicht stimmen kann und ganz einfach auch nicht stimmt. Warum die Kirche und die gläubigen Ikonenmaler des Mittelalters den Engelstaat (Hofstaat) Gottes mit derartigen Attributen versehen haben und wir diese zu Weihnachten noch immer gern in die Fenster stellen – ist eigentlich sehr unverständlich.

Die Erzählung Henochs hält fest, dass sich die Engel von den Menschentöchtern *sexuell* angezogen fühlten. Tatsächliche Diener des tatsächlichen *Gottes* werden kaum solch menschlichen Gefühlen und Verlangen erlegen sein. Einen derartigen Plan – Kinder mit Menschen zu zeugen – konnte der oberste Anführer der rebellierenden Engelsschar, hier Semjasa genannt, natürlich nicht gutheißen. Er fürchte eine schwerwiegende Bestrafung der Rebellen.[225] Er behielt ja auch letztlich Recht. Aber seine untergebenen Engelsscharen waren von ihrem Vorhaben überzeugt und sie schworen bei sich, »diesen Plan nicht aufzugeben, sondern ihn auszuführen«.[226] Ihr sündiges Vergehen sollte eine geheime Aktion hinter dem Rücken Gottes sein. Man verschwor sich untereinander, um darüber Stillschweigen zu wahren.

Hier sollte und muss man aufhorchen, geradezu hinterfragen. Die christliche Tradition sagt bis heute, dass der »Fall der Engel« von Gott ausgegangen sei. Das heißt, dass der Höchste selbst aufgrund des Verhaltens seiner abtrünnigen Engel diese aus dem Himmel geworfen habe. Aber, das lesen wir ganz klar, die Wächter selbst planten es und führten es aus. Sie kamen aus freiem Willen hernieder. Doch, so sehen wir es bald, sie durften tatsächlich nicht mehr rückkehren.

Dr. Gustav Roskoff analysierte in seiner spannenden Satans-Untersuchung von 1869 die Angelegenheit (mit Blick auf das *1. Buch Moses*) wie folgt:

»Auf den Fall der übrigen bösen Engel wurde schon von jüdischen Schriftstellern die Stelle 1 Mos. 6,2 [...] bezüglich der Vermischung derselben mit den Töchtern der Menschen ange-

wendet, und die meisten Kirchenlehrer [...] theilen die Ansicht, dass die Engel durch den Umgang mit Weibern schuldig und deshalb aus dem Himmel gestoßen worden seien. Nach der hergebrachten Deutung dieser Stelle war also die Ursache des Falls der Engel in die selbst höhere Geister nach unten ziehende Fleischeslust gesetzt, oder tiefer gefasst, in den unerklärlichen Zug des Geistes zur Materie. Clemens Alexandrinus sieht daher den Grund des Engelfalls in der Lüsternheit, die sie nicht überwinden konnten, oder weil sie nicht nach Vollkommenheit strebten und demzufolge aus dem Himmel geworfen wurden. Aus der Vermischung der Engel mit den Weibern auf der Erde sind jene, des Himmels unwürdig, zu Genossen des Teufels geworden [...]. Im Zusammenhange mit der Vorstellung von der Vermischung der Dämonen mit den Weibern steht die Ansicht vom heidnischen Cultus und der Verführung zur Wollust.«[227]

Dr. Roskoff sah also bei solchen Überlieferungen durchaus Parallelen zu »heidnischen Kulten«. Dem stimme ich widerspruchslos zu. Vermischungen von Kulten, Anschauungen, Religionen und dergleichen sind in der Menschheitsgeschichte mehr als eindeutig belegt. Wobei ich – wie viele andere Querdenker auch – solche Vermischungen in der grauen Urzeit aber auch global betrachte.

Was sich die Engel in den Kopf setzten, wurde auch durchgeführt. In einer geheimen Mission hinter dem Rücken Gottes war es dann soweit:

»Es waren in allem zweihundert, die in Jareds Tagen zum Gipfel des Hermonsberges herabstiegen.«[228]

Das *1. Buch Henoch* hält penibel genau fest, was sich in da abgespielt haben soll. Eindeutig besagt die apokryphe Überlieferung, dass diese Wesen vom Himmel kamen, da sie auf einem Berg »herabstiegen«. »Zum« Berg kamen sie hernieder und nicht »vom« Berg. Der oben angeführte Vers lässt aber auch vermuten, dass Henoch die Herniederkunft der Engel nicht selbst miterlebt hat, da sie sich zur Zeit seines Vaters Jared ereignete. Vielleicht war Henoch in diesen Tagen zwar schon geboren, aber noch ein Kleinkind. Erst später wurde er direkt in die Geschehnisse im Himmel und auf der Erde verwickelt.

Laut dem *Buch Henoch*[229] wurden die 200 Engel umfassenden Rebellen von 19 namentlich genannten Anführern befehligt, wobei sich ihnen trotz anfänglicher Bedenken auch »Semjasa, ihr Oberster«, anschloss. Natürlich stiegen nicht alle Wächter auf die Erde, einige blieben im Himmel. Interessanterweise wissen mesopotamische Mythen ebenfalls, dass die akkadischen Anunnaki zur Erde stiegen (ihre Anzahl wird aber öfters mit 300 oder 600 angegeben) und die sogenannten Igigi-Götter (oder Igigū) in ihrem himmlischen Bereich blieben.

Henoch:

»So hießen ihre Anführer:
Semjasa, ihr Oberster, Urakiba, Arameel, Akibeel, Tamiel, Ramuel, Danjal, Ezekeel, Saraqujal, Asael, Armaros, Batarel, Ananel, Gakiel, Samsaueel, Satarel, Turel, Jomajael und Gariel. Dies sind ihre Vorsteher über zehn.«[230]

Semjasa war folglich der Anführer der gefallenen Engel und der Anstifter der himmlischen Rebellion. Luzifer könnte man ihn bezeichnen, denn Luzifer ist der biblische Oberste der gefallenen Engelsscharen. Heute wird der Engelsname Semjasa noch in okkultistisch-satanischen Kreisen gern verwendet, zum Beispiel als Benutzernahmen in einschlägigen Internetforen.

Die Götterwesen Anunnaki, und auch die Anunnaku, waren »aus fürstlichem Samen« erschaffen worden.[231] Nach dem rund 5.000 Jahren alten *Epos der Schöpfung*, dem *Enûma elîsch*, setzte der Gott Marduk 300 solcher Wesen hier ein.[232] Die Texte des Henoch und auch der Bibel über die abgefallenen Himmelssöhne jedenfalls scheinen eine uralte Vorlage im mesopotamischen Kulturraum zu haben. Wie nicht anders zu erwarten, die *Genesis* überliefert es ebenfalls, machten sich die Himmelssöhne über die irdischen Frauen her. Dies war schließlich auch ihre Absicht:

»Alle anderen bei ihnen nahmen sich Weiber, und jeder von ihnen wählte sich eine aus. Dann begann sie, zu ihnen zu gehen und sich an ihnen zu verunreinigen. (...) *Sie wurden schwanger und gebaren Riesen, die 3.000 Ellen groß waren. Diese verzehrten alle Vorräte der anderen Menschen. Als aber die Leute ihnen nichts mehr geben konnten, wandten sich die Riesen gegen diese und fraßen sie auf.«*[233]

Das *Buch der Jubiläen* (ca. 2150 Jahre alt) dokumentiert ebenfalls, dass es den Wächtern des Himmels gelang, die Frauen der Menschen zu schwängern:

»Er [= Henoch, L.A.F.] *zeugte gegen die Wächter, die mit den Menschentöchtern sündigten. Denn jene begannen, den Menschentöchtern beizuwohnen, so dass sie befleckt wurden, und Henoch zeugte gegen sie alle.«*[234]

Der Plan der rebellierenden Wächterscharen war folglich geglückt und es gelang ihnen, Kinder zu zeugen. Diese gemischten Nachkommen aber wurden zu einer sprichwörtlichen Plage auf der Erde, und die Menschheit hatte unter ihnen böse zu leiden. Ob und inwieweit die Angabe Henochs über die Größe der Riesenkinder stimmt, kann heute nicht mehr mit Sicherheit überprüft werden. Trotz häufiger Übertreibungen der altjüdischen Schriften und der Bibel bei gewissen Zahlenangaben,[235] können wir ruhig annehmen, dass sich diese Sprösslinge in der Tat durch ihren Körperwuchs von den Menschen in ihrer Umgebung unterschieden. 3.000 Ellen, was man grob mit 1,5 Kilometern umrechnen kann, maßen sie natürlich nicht. Auch im 5. *Buch Moses* werden bekanntlich riesenhafte Wesen erwähnt, ohne aber eine Größe zu nennen.[236]

Die Wächter, die vom Himmel kamen, hatten aber nicht nur Sex im Sinn. Sie wollten den Menschen auch unterrichten, belehrten und in allerlei verschiedenen Künsten und Wissenschaften unterweisen. Alles, was heute aus dem Menschen ein mehr oder weniger intelligentes Wesen macht, wurde, so überliefern es verschiedene Stellen der Henoch-Schrift, von den Engeln überbracht. Der Engel Asrael zum Beispiel lehrte, wie uns das *Buch Henoch*[237] verrät, den Menschenkindern eine ganze Palette an Wissenschaften: Metallverarbeitung, die Herstellung von Schwertern, Messern, Schilden, Brustpanzern und Schmuck (»Armspangen«), »den Gebrauch der Augenschminke und das Verschönern der Augenlider, alle Arten von Edelsteinen und allerhand Färbemittel«. Selbst Semjasa sowie diverse andere Engel vermittelten den Erdlingen verschiedene Künste: Beschwörungen, Astronomie, Sternbildkunde, Meteologie (»Erdzeichen«), »die Zeichen der Sonne«, den Mondumlauf, Wurzelschneiden und einiges mehr.

Auch in Kapitel 69 sind erstaunliche Überlieferungen über die gefallenen Engel zu finden. So ist dort von dem Himmelssohn Jerel die Rede, »der alle Kinder der Engel verführte«.[238] »Der dritte hieß Gadreel«, fährt der Bericht fort, und dieser soll den Menschen »überhaupt alle Mordwaffen« gelehrt haben. Das Wissen über »Schreiben mit Tinte und auf Papier«[239] bekamen die Erdlinge von dem Engel Penemue überbracht. Doch dies schien eine Sünde gewesen zu sein, denn es heißt darüber wörtlich:

»Denn die Menschen sind nicht dazu geschaffen, dass sie in dieser Weise durch Feder und Tinte ihre Ehrlichkeit bekräftigen.«[240]

Der Mensch durfte also seine »Gottestreue« oder Verehrung nicht schriftlich festhalten. Unglaublich. Vor allem, wenn man bedenkt, dass zahllose Propheten innerhalb und außerhalb der Bibel die Worte Gottes auf sein Geheiß hin aufschreiben sollten.[241]

Der Engel Kasdeja, der von Henoch an fünfter Stelle angeführt wurde, war ein Mediziner der Himmelssöhne, denn er zeigte den Menschen medizinische Geheimnisse – scheinbar einschließlich der Abtreibung:

»... allerlei böse Schläge der Geister und Dämonen, ebenso die Schläge gegen die Frucht im Mutterleib zum Abgehen, ferner die Schläge gegen die Seele, den Schlangenbiss, die Hitzeschläge und den Schlangensohn namens Tabet.«[242]

Eine andere Übersetzung dieses Verses beschreibt es als »die Schläge des Embryo im Mutterleib«.[243] Ist es die bis heute in der Kirche radikal abgelehnte Abtreibung? Oder aber im Gegenteil, nämlich die Entwicklung eines Kindes im Mutterleib bis zur Geburt und wie man die entsprechenden Schwangerschaftszeichen richtig deutet?

Auch die »Bibel« der Mormonen, das angeblich von einem Engel überbrachte *Buch Mormon*, kennt die Überlieferungen der geschlechtlichen Beziehungen der Engel und der Menschen. Es heißt in diesem Buch ebenfalls, dass die Himmlischen den Menschen allerlei Dinge lehrten. So etwa liest man im Buch *Alma*, dass Gott den Menschen »Kenntnis« vermitteln wollte.[244] Aber die Art und Weise, wie dies geschehen sollte, ist sehr interessant:

»... darum sandte er Engel aus, um mit den Menschen zu verkehren, und sie ließen die Menschen von seiner Herrlichkeit schauen.«[245]

Der Höchste schickte nach diesem Vers also seine Engel *selbst* zu Erde um mit den Menschen »zu verkehren«. Ein weiterer Vers[246] geht sogar so weit, zu behaupten »darum verkehrte Gott mit den Menschen«.

Das *Buch Henoch* erklärt auch die von Kritikern gern hochgehaltene Frage, warum es den Wächtern in ihrer Eigenschaft als Mitglieder des himmlisch-göttlichen Hofstaates überhaupt möglich war, Kinder mit Menschen der Erde zu zeugen:

»Es wurden ja die Menschen ganz gleich wie die Engel geschaffen ...«[247]

Das deckt sich auch mit verschiedenen Aussagen der Bibel und der Apokryphen über Engel, die wie Menschen aussahen. Der Unterschied bestand darin, dass sie scheinbar andere Kleidung trugen. Beispielsweise machten sich drei Engel auf den Weg, um die Städte Sodom und Gomorra zu vernichten. Die gesamte Überlieferung lässt sie schlicht als »Männer« erkennen.[248] Ebenso sagt Henoch im slawischen Buch, dass er bei einer Reise in den Himmel »viele Scharen Wächter [sah]; ihr Aussehen glich den Menschen; sie waren größer als die größten Riesen«.[249] Und natürlich besagt die Geschichte der Schöpfung des Menschen durch die Götter selbst, das sei nach ihrem Ebenbilde erfolgt, ihnen *ähnlich.*[250] Und dann überliefert Henoch selbst letztlich, dass man in der entsprechenden Kleidung nicht mehr von den himmlischen Wesen zu unterscheiden sei. Als er selbst diese Kleidung überstreifte, stellt er an sich fest:

»Als ich mich beschaute, war ich wie einer der Glorreichen ohne Unterschied. Furcht und Zittern fiel von mir ab.«[251]

Auch wenn die Engel den Menschen allerlei Wissen offenbarten, so hatte die Menschheit dennoch unter ihrer Anwesenheit auf der Erde zu leiden. »Da klagte die Erde wider die Unholde«, berichteten die Überlieferungen.[252] Da nicht alle Göttersöhne diese sündigen Beziehungen eingegangen waren, sondern einige im Himmel blieben, ließ es sich nicht vermeiden, dass auch sie von den schändlichen Geschehnissen auf der Erde erfuhren. Die treuen Engel Michael, Uriel, Raphael und Gabriel »sahen das viele Blut, das auf der Erde vergossen ward, und all das Unrecht«.[253] Eben das, was auch die *Genesis* als Einleitung der Sintflut schildert. Diese vier Wächter beschlossen, die Klage der Menschen vor den Höchsten zu bringen, um dem Leid ein Ende zu bereiten.[254] Dieser war folgerichtig nicht über die Ereignisse auf Erden informiert, da ihn erst die nicht an der Rebellion beteiligten Wächter unterrichten mussten.

Der oberste Herrscher über diese Engelsschar vernahm mit Empörung, dass seine 200 herabgestiegenen Engelwesen der Menschheit »die ewigen Geheimnisse des Himmels« offenbarten, »die kennenzulernen die Menschen bestrebt waren«.[255] Das ist ein geradezu klassisches Motiv weltweiter Überlieferungen über Lehrmeister aus dem Himmel. Doch die Vorsteher überbrachten auch die unangenehme Nachricht, dass die herabgestiegenen Wächter Sex mit den Menschen hatten:

»Sie gingen zu den Menschentöchtern auf der Erde, schliefen bei den Weibern und verunreinigten sich; dann machten sie sie mit allen Arten von Sünden bekannt. Die Weiber gebaren Kinder und dadurch ward die ganze Erde von Blut und Ungerechtigkeit erfüllt.«[256]

Auch die *Genesis* dokumentiert dies. War denn diese Rebellion im Himmelreich nicht abzusehen? Nicht nur, dass Gott eigentlich »allwissend« sein sollte, nun kommt hinzu, dass er selbst nicht einmal Vertrauen zu seinen eignem Hofstaat im Himmel hatte. Unglaublich? Nein, denn im Alten Testament wird dies unmissverständlich gesagt:

»Selbst seinen Dienern traut er nicht, zeiht seinen Engeln noch des Irrtums.«[257]

Diese Diener sind die Engel des Himmels; die Wächter und Gottessöhne. Eben jene angeblichen Engelein, mit denen wir – offensichtlich völlig gedankenlos – so gern in der Weihnachtszeit Haus und Hof schmücken. Nun, wie sagte schon 2008 der bekannte Astrophysiker Professor Harald Lesch vom »GEZ-Fernsehen« immer gern? »Der Außerirdische ist auch nur ein Mensch«.

Auch Texte aus Qumran kennen offensichtlich diese Herabgestiegenen und die Vermischung mit den Menschen. Darauf wies ich bereits 1996 in einigen Artikeln hin. In diesen Schriften ist in dem Text 4Q531 Fragment 3 die Rede davon, dass diese Engel die Erde ins Unglück stürzten. Ebenso wie bei Henoch 200 dieser Gestalten auf die Erde niedergekommen sein sollen, nennt auch der Qumran-Text 1Q23 Fragment 1 und 6 des *Buch der Giganten* diese Zahl. »Sie kannte die Geheimnisse« und brachten Sünde und die Riesen. Und, so die Wissenschaftler Michael Wise, Martin Abegg jr. und Edward Cook in den Kommentaren dazu in *Die Schriftrollen von Qumran*, diese 200 Engel suchten sich Tiere und Menschen aus, »mit denen sie perverse Dinge taten«. Es ist zu erfahren:

»[... zweihundert] Esel, zweihundert Wildesel, zweihundert ... Schafböcke der] Herde, zweihundert Ziegen, zweihundert [... Tiere des] Feldes von jedem Tier, von jedem [Vogel ...] [...] für Rassenvermischung ...«[258]

Was mag man unter der Angabe »für Rassenvermischung« verstehen? Ein Hinweis, dass die Wesen des Himmels Tiere und Menschen kreuzten? Handelte es sich um Zwitter, wie sie praktisch alle Völker der Erde in Wort und Bild beschreiben? Oder sind mit der vermischten Rasse die Kinder zwischen den Rebellen und den Menschenfrauen gemeint? Eine Klärung dieser Frage ergibt sich aus einer anderen Stelle im *Buch der Giganten*, denn in 4Q531 Fragment 2 ist ein wesentliches Detail erhalten geblieben:

»... sie [die Himmlischen, L.A.F.] *besudelten [...] [... sie zeugten] Riesen und Ungeheuer [...] [...] zeugten sie, und sahen, die ganze [Erde war verdorben ...] [...] in seinem Blut und durch die Hände von [...] [Riesen] die ihnen nicht genügten und [...] [...] und sie suchten viele zu verschlingen [...] [...] [...] die Ungeheuer griffen sie an.«*[259]

Der fragmentarische Text besagt klar folgendes: Die Wächter zeugten Riesen *und* Ungeheuer. Die Kinder der Herniedergestiegen sind demnach nicht identisch mit den »Ungeheuern«, sondern die Wächter schufen (zeugten) Riesenkinder und auch Monster – durch die »Rassenvermischung« ausgewählter Tiere, wie es der weiter oben zitierte Text besagt. Gentechnik in der Urzeit? Das ist wieder ein anderes Thema der Ancient-Aliens-Idee ...

Im Folgenden wird in den Überlieferungen natürlich eine Strafe für die verunreinigten Wächter angekündigt. Wie das Buch *Genesis* erzählt, wurde Henoch im Alter von 365 Jahren in den Himmel aufgenommen (wo ihm allerlei Geheimnisse gelehrt wurden). Dort weilte er unter den Engeln, wie es zahlreiche Texte sagen. So zum Beispiel wieder das *Buch der Jubiläen*, in dem wir lesen:

»Er war ja bei den Engeln Gottes sechs Jahrjubiläen, und sie zeigten ihm alles auf Erden und im Himmel, die Herrschaft der Sonne und er schrieb alles auf.«[260]

Nun, da eine Gruppe von abgefallenen Himmelssöhnen auf der Erde Schaden anrichtete, wurden Henochs Dienste benötigt. Auch die Qumran-Texte erzählen von dieser Mission des Henoch. In ihnen wird der Titan Mahway genannt, der Sohn des rebellierenden Wächters Barakel, der sich an Henoch wendet. Der Prophet fungierte fortan als Vermittler zwischen Himmel und Erde, um den Göttersöhnen ihr Ende anzukündigen. Obwohl er eigentlich auch ein recht dreister Geselle gewesen sein soll, wie oben zu lesen steht. »Er schrieb alles auf,« heißt es darin, und das, wo wir doch sahen, dass die Menschen das eigentlich nicht durften.

TEIL II

3 Die Missionen des Henoch

»Henochs Traum über die Bestrafung der Engel«[261] beginnt mit der Feststellung, dass sich der Patriarch in den Gegenden der Engelswelt aufhielt, »und niemand von den Menschenkindern wusste, wo er verborgen war, wo er sich aufhielt und was aus ihm geworden war«.[262]

Diese Beschreibungen finden sich detailliert im slawischen Buch des Henoch. Der alttestamentarischen Überlieferung der *Genesis*[263] entnehmen wir quasi am Rande, dass Henoch irgendwie in den Himmel entrückt wurde und so verschwand. Wie das? Wo war er? Warum? Wieso fand ihn kein Mensch mehr auf Erden? Weil er gar nicht mehr auf der Erde war! Genau mit dieser Feststellung beginnt das slawische Buch und berichtet uns darüber, was er dort alles erlebte und machte, bis er wieder auf die Erde zurückkehrte, um seine endgültige Reise gen Himmel vorzubereiten. An dieser Stelle sollen aber vorerst die Überlieferungen über die gefallenen Engel weiter verfolgt werden:

»Was er tat, das tat er mit den Wächtern, und seine Tage verbrachte er mit den Heiligen.«[264]

Der Prophet verbrachte gerade seine Zeit damit, den »Herrn der Majestät« zu preisen, als er von den himmlischen Wächtern gerufen wurde. In dem Text findet sich auch eine ganz besonders bemerkenswerte Textstelle,[265] da sie Henoch als Urheber der Schrift/Überlieferung identifizieren soll. Dort heißt es etwa: »*Ich*, Henoch, erhob *mich*« oder »Da riefen die Wächter *mich*, Henoch, den Schreiber, an und sagten zu *mir*«. Auch in einigen weiteren Textpassagen finden sich ähnliche Ausdrücke. Allerdings steht mit ziemlicher Sicherheit fest, dass die Überlieferungen der Sintflut und über Noah aus einem unbekannten »Noah-Buch« stammen. Und es ist natürlich nicht ausgeschlossen, dass später auch zahlreiche Abschnitte eingefügt wurden, was das »Durcheinander« des zeitlichen Ablaufes der Mythologien erklären könnte.

Wie auch immer, der Patriarch wurde während seines Gebets von jenen Engeln, die im Himmel blieben und den Höchsten über die Vorkommnisse auf der Erde unterrichtete hatten, als Bote berufen:

»Henoch, du Schreiber der Gerechtigkeit, geh hin und verkünde den Himmelswächtern, die den hohen Himmel, die heilige ewige Stätte verließen, sich mit Weibern nach Menschenart verunreinigten, sich Weiber nahmen und so großes Verderben auf die Erde brachten: Sie werden weder Frieden noch Verzeihung finden. So oft sie sich über ihre Kinder freuen, werden sie die Ermordung ihrer Lieblinge erleben und über den Untergang ihrer Kinder seufzen; sie werden immerdar bitten, aber weder Gnade noch Frieden erlangen!«[266]

Die Strafe des Höchsten ist hart und unbarmherzig. Auch wenn sie ihre Kinder lieben, so sollen doch alle ihre Nachkommen umgebracht werden, die Wächter selbst keine Gnade finden. Wenn Kirche und Theologie oftmals von der unendlichen Gnade des »Herrn« sprechen – in diesem Vers jedenfalls ist nichts davon zu spüren.

Henoch nahm die ihm anvertraute Mission an und machte sich auf den Weg zu den Wächtern auf der Erde. Der Engel Assel war der erste, dem Henoch die Bestrafung verkündete. Zwar war Assel nicht der Anführer der lüsternen Himmelssöhne, aber im Buch *Henoch* wird er als einer der größten Sünder bezeichnet. Ihn wird »keine Nachricht noch Fürbitte« retten können, denn Assel wird nie Frieden finden, da er der Menschheit die Gewalt brachte,[267] was auch an anderer Stelle bestätigt wird.[268] Zwar gab es bereits kurz nach dem Garten Eden Gewalttätigkeiten, nämlich zwischen Kain und seinem Bruder Abel,[269] aber der Himmelssohn Assel – Satan – hat die Situation um einiges verschlimmert.

Danach suchte der Bote Henoch alle anderen Rebellen auf, um ihnen ihre bereits festgelegte Strafe für ihre Missetaten zu verkünden. Nun aber überkamen die »durchgebrannten« Wächter Schuldgefühle, denn sie bereuten ihren ungöttlichen Plan und die Rebellion und wollten alles rückgängig machen. Sie baten Henoch, sie dabei als diplomatischer Kurier zu unterstützen. Warum nicht einer aus ihren eigenen Reihen diese Botschaft dem Herrn im All überbrachte, erfahren wir ebenfalls. Es heißt, dass sie gar nicht mehr in den Himmel beziehungsweise auf diese Art mit dem Höchsten sprechen konnten. Henoch notierte:

»Sie baten mich, für sie eine Bittschrift zu schreiben, damit ihnen Verzeihung zuteil würde, und ihre Bittschrift vor dem Herrn des Himmels vorzulesen. Denn sie konnten von da an nicht mehr mit ihm reden, und ihre Augen zum Himmel erheben aus Scham über ihre Sünden, derentwegen sie gestraft wurden. So verfasste ich ihre Bitt- und Flehschrift …«[270]

Die Verbindung zwischen den Rebellen und den »himmlischen« Wesen einschließlich Gott als deren »Chef« war unterbrochen.

Die Texte, die uns dies überliefert haben, sind erstaunlich. Es ist nämlich interessant zu erfahren, dass zahlreiche Kulturen und deren »Sagen« der Vergangenheit von einem solchen Bruch zwischen Himmel und Erde zu berichten wussten und wissen. So zum Beispiel der Mythos vom »Salz der Erde«[271], der in verschiedenen Gegenden Afrikas erzählt wird. Ebenso die Überlieferungen aus Mesopotamien, in denen der Gott Enlil (Enkis Bruder) die Verbindung von Himmel und Erde unterbricht. Auch in China, Brasilien, Japan, Tibet, der Mongolei und Indonesien existieren ähnliche Überlieferungen über einen Abriss des himmlischen Kontaktes. Jedoch stimmt die zeitliche Einordnung all dieser sonderbaren Überlieferungen in den Erzählungen nicht unbedingt mit der Henocherzählung überein.[272]

Mit der Bittbotschaft der gefallenen Engel machte sich Henoch nun auf, um sie Gott zu übergeben. Es ist natürlich verwunderlich, dass der *Mensch* Henoch mit dieser Aufgabe betraut wurde. Wenn wir den kirchlichen Dogmen glauben, war »Gott« schließlich allwissend und überall zugleich. Aber dennoch: In *Buch Henoch* ist eine kurze Zusammenfassung der göttlichen Antwort auf die Bitte der Himmelssöhne zu finden.[273] Nie wieder wird es ihnen möglich sein, in den Himmel aufzusteigen. Nein, noch viel schlimmer, denn sie müssen »die Vernichtung (ihrer) geliebten Söhne ansehen«.[274] Keiner ihrer Nachkommen wird überleben, sondern »sie fallen vielmehr vor euren Augen durch das Schwert«.[275]

Wie und auf welche Art und Weise Henoch die Antwort erhielt, wird etwas später erst geschildert. Dort wird berichtet, dass er an den Gewässern von Dan, einem Quellfluss des Jordan (auch »kleiner Jordan« genannt),[276] westlich von Hermos, die Bitte der Wächter verlas und dann in den Himmel entrückt wurde, um vor Gott persönlich zu sprechen. Der Bericht über diese Entrückung Henochs in den Himmel (= All) ist ein bemerkenswertes Beispiel alttestamentarischer oder apokrypher Überlieferungen über Himmelsreisen. Es heißt:

»Mir ward im Gesicht folgende Erscheinung zuteil: Wolken luden mich im Gesichte ein, und ein Nebel forderte mich auf; der Lauf der Sterne und der Blitze trieb und drängte mich, und Winde gaben mir Flügel und hoben mich empor in jenem Gesicht. Sie trugen mich in den Himmel. Ich ging hinein, bis ich mich einer Mauer nährte, die aus Kristall gebaut und von Feuerzungen umgeben war; sie begann, mir Furcht einzuflößen. Ich trat in die Feuerzungen hinein und nährte mich einem großen, aus Kristall erbauten Haus. Die Hauswände glichen einem mit Kristall eingelegten Fußboden: sein Unterbau war von Kristall. Seine Decke glich der Bahn der Sterne und der Blitze, dazwischen feurige Kerube [Cherube, L.A.F.]; *ihr Himmel war so klar wie Wasser. Ein Flammenmeer umgab seine Wände und seine Türen brannten von Feuer. Und ich trat ein in jenes Haus, das heiß wie Feuer und kalt wie Schnee war; darin war keine Lebensluft vorhanden; mich umwehte Furcht, und Zittern packte mich. Ich ward erschüttert, und zitternd fiel ich auf mein Angesicht; da schaute ich im Gesichte folgendes: Da stand ein anderes Haus, noch größer als das erste; alle seine Türen standen vor mir offen; es war aus Feuerzungen gebaut. In jeder Weise zeichnete es sich durch Herrlichkeit, Pracht und Größe so aus, dass ich euch keine Beschreibung seiner Herrlichkeit und Größe geben kann. Sein Boden bestand aus Feuer; seine oberen Teile bildeten Blitze und Sternenbahnen, und seine Decke war loderndes Feuer. Ich schaute hin und sah darin einen hohen Thron. Sein Aussehen war wie Reif, und die Räder daran glichen der leuchtenden Sonne; das war das Gesicht der Kerube. Unterhalb des Thrones kamen Ströme lodernden Feuers hervor; ich konnte nicht hinsehen. Die große Herrlichkeit saß darauf; sein Gewand war glänzender als die Sonne und weißer als Schnee. Keiner der Engel konnte eintreten; noch vermochte er, sein Antlitz vor Herrlichkeit und Majestät zu schauen. Kein Fleisch konnte ihn anschauen. Loderndes Feuer war rings um ihn; ein großes Feuer stand vor ihm und niemand ringsum*

konnte sich ihm nähren. Rings im Kreise standen Zehntausende mal Zehntausende vor ihm: er aber bedurfte keines Beraters. [...] Bis dahin lag ich auf meinem Angesicht und zitterte. Da rief mich der Herr mit seinem eigenen Mund und sprach zu mir: Komm hierher, Henoch! Vernimm mein Wort!«[277]

Henoch wurde von einem unbekannten Flugobjekt in den Himmel gehoben. Dort sah er »Häuser«, die er nicht beschreiben konnte und die so groß und herrlich waren, dass es ihm an Worten fehlte. Immer wieder benutzt er den Vergleich mit aus Kristall erbauten Behausungen, was wahrscheinlich darauf zurückzuführen ist, dass diese extrem »leuchteten« oder »schimmerten«. Auch die *Offenbarung des Johannes* kennt ähnliche Schilderungen.[278]

Wie in zahllosen Überlieferungen dieser Art trifft er auf Feuer. Aber wir können annehmen, dass dies zum Teil kein reales Feuer war, da sonst Henoch niemals in jenes ominöse Bauwerk hätte eintreten können, in dem er den Herrn persönlich traf. Der Patriarch war von dem, was er im Himmel sah, derart überwältigt, dass er sich sogar fürchtete und zitternd zu Boden fiel. Geradezu unglaublich klingt die Feststellung,[279] dass an dem Ort, zu dem er gebracht wurde, »keine Lebensluft vorhanden« war. Wie konnte der Schreiber vor Jahrtausenden wissen, dass das Weltall *luftleer* ist? Bei der Aussage, der Höchste »aber bedurfte keines Beraters«, irrt die Überlieferung natürlich offenkundig.

Aber nicht nur, dass der Verfasser wohl wusste, dass es im Universum keine Lebensluft gibt: Auch der biblische und außerbiblische Prophet Baruch hat es einst notiert. Auch er wurde von einem Engel in den Himmel entrückt und berichtet folgendes:

»Und er nahm mich und brachte mich dahin, wo der Himmel befestigt ist, und wo ein Strom war, den niemand zu durchschreiten wagt, wo nicht der fernste Windhauch ist, von allen gottgeschaffenen Winden.«[280]

Wir können dem uralten Berichterstatter Henoch natürlich nicht verübeln, dass er sich vor dem Geschauten fürchtete, denn er wurde mit einer ihm unbekannten Technologie konfrontiert. Auch ist es interessant, dass »Gott« (oder besser: »der Herr«, der Chef der Wächter) seinen Boten in den Himmel kommen lassen musste, um mit ihm durch seinen »eigenen Mund« zu sprechen, wie es heißt.

Auch der in der Überlieferung beschriebene »Thron« war nicht der gewöhnliche Thron eines irdischen Herrschers. Denn kein solcher Thron besitzt Räder, die wie die Sonne leuchten. Sehr wohl aber beschreibt der Prophet Ezechiel[281] im Alten Testament einen »Thronwagen Gottes«, der ebenfalls mit Rädern versehen war. Auch andere Texte wie die Berufung des Propheten Jesaja[282] oder Apokryphen wie die *Apokalypse des Moses*[283] und das *Leben Adam und Evas*[284] berichten von solchen »Thronwagen« des Herrn. Und in dem Buch *Ezechiel der Tragiker*[285] ist zu erfahren, dass Moses vom Sinai von einem solchen Thronwagen in den Himmel entführt wurde, von wo aus er »der ganzen Erde Rundung« sah. Und im Buch *Schatzhöhle* [286] heißt es sogar, dass das Paradies im Himmel lag (wie auch in anderen Quellen, etwa dem Koran) und Adam »in einem feurigen Wagen hinauffuhr« ...

Als Henoch in seiner Funktion als Botschafter der gefallenen Wächter vor dem Höchsten der Himmelssöhne stand, wurde er von einem Engel auf die Beine gestellt. Nun aber wendete sich die höchste Majestät des Himmels persönlich an den Erdling, um die Strafe für die herniedergestiegen Wächter zu verkünden:

»Fürchte dich nicht, Henoch, du gerechter Mann und Schreiber der Gerechtigkeit! Tritt herzu und hör meine Rede: Geh hin und sprich zu den Himmelswächtern, die dich als ihren Frühsprecher absandten: Ihr solltet eigentlich für Menschen bitten und nicht die Menschen für euch![287] *Warum verließet ihr den hohen, heiligen und ewigen Himmel, verunreinigtet euch mit den Men-*

schentöchtern, nahmt euch Weiber, tatet wie die Erdenkinder und zeugtet Riesensöhne?«[288]

Der »Höchste des Himmels« beruhigte den immer noch vollkommen verängstigten Menschensohn. Anscheinend kann es der Herr noch nicht wirklich fassen, dass ein Teil seiner Engelsschar sich tatsächlich mit den Menschentöchtern eingelassen hat und gegen ihn rebellierte, selbst wenn die Gefallenen jetzt das schlechte Gewissen plagt. Zumindest lässt die Art, wie er das Gespräch mit Henoch beginnt, diesen Schluss zu. Die Vorwürfe, die der Oberste im Himmel seinen gefallenen Himmelssöhnen macht, reichen aber noch weiter. Deutlich erfahren wir, dass diese »Gottessöhne« tatsächlich herniederstiegen, eine unverzeihliche Sünde im Himmel:

»Ihr waret heilige, geistige und ewig lebende, und dennoch beflecktet ihr euch durch Weiberblut und zeugtet mit dem Blut des Fleisches Kinder, indem ihr nach der Menschen Blut begehrtet und also Fleisch und Blut hervorbrachtet, wie jene, die sterblich und vergänglich sind.«[289]

Die Wächter, die sich mit dem Menschenblut verunreinigten, hatten ihre eigentliche »Wohnung« im Himmel. Sie kamen nicht von der Erde. Die folgenden Verse[290] besagen weiter, dass diese Himmlischen in der Hauptsache aufgrund ihrer irdischen Nachkommen wegen bestraft werden sollten. Nicht unbedingt werden ihres unerlaubten Abstieges zur Erde. Erst diese Kinder, die Riesen oder auch »böse Geister«, wie es bei Henoch ebenfalls heißt, brachten der Erde das Verderben, weshalb ein großes »Engelsgericht«[291] einberufen wurde. Sie waren Zwitter, Gemischte der Erdlingen und der außerirdischen/himmlischen Wächter; also fremde Geschöpfe. Heute würde man wohl sagen »Hybride«. Diese sollten vernichtet werden. Henoch stieg wieder vom Himmel zu den Wächtern hernieder, um ihnen auszurichten, dass sie »keinen Frieden haben« würden und ihre Bitte auf Vergebung ihrer Freveltaten abgelehnt worden sei.[292] Gott, der oberste Wächter-Chef, war sprichwörtlich rasend vor Gottes Zorn. Doch auch beim biblischen *Jesus Sirach* erfahren wir fast unbemerkt vom Zorn Gottes gegen diese Riesen. In diesem Buch erhielt sich die Aussage:

»Nicht ertrug er die Riesen der Vorzeit, / die abtrünnig wurden in ihrer Stärke.«[293]

Andere Bibeln nennen hier auch die »Fürsten der Vorzeit« – keine Riesen. Und doch bezieht sich dieser Vers eindeutig auf die Geschehnisse vor der Flut in der *Genesis*.

Es ging nach solchen Mythologien fraglos mehr als rätselhaft in der irdischen Vergangenheit zu. Göttliche Engel aus dem Himmelreich des Herrn kamen nach einem festen Plan hernieder, um mit den (weiblichen) Menschen Sex zu haben. Der Mensch Henoch wird zum Höchsten, quasi dem Befehlshaber oder Vorsteher der Engelsschar, gesandt, um ein Gnadengesuch vorzulegen. Dieser Höchste ist durchaus bereit, sich dieses Gesuch unterbreiten zu lassen, schickt Henoch allerdings mit der Botschaft zurück, dass die sündigen Himmelssöhne keine Gnade finden werden. Es ging wahrlich drunter unter drüber bei unseren Urahnen.

Es klingt alles utopisch, da es vor der rätselhaften Sintflut geschehen sein soll. Die Flut ist nach der Bibel und auch der nicht minderwertigen Apokryphen letztlich nur deshalb gekommen, um die Engel und die durch sie versündigten Menschen vernichtend zu strafen. Dass die Flut vielmehr eine unausweichliche Naturkatastrophe gewesen sein könnte, die zwar von dem Himmlischen rechtzeitig erkannt, aber nicht vom ihm verhindert werden konnte, ist jedoch wahrscheinlicher.

TEIL II

4 Besuch beim höchsten Astronautengott

Abraham, Henoch, Moses und einige weitere Personen biblischer Überlieferungen und jüdischer Sagen (wie zum Beispiel Elija und Johannes) haben eines gemeinsam: Sie sahen »Gotteserscheinungen« und wurden teilweise in den Himmel entrückt. Auch an einigen zusätzlichen Stellen des *Buches Henoch* sind Schilderungen über solche Reisen in den Himmel und in unbekannte Sphären der Engelwelt zu finden, ebenso in anderen religiösen Kulturräumen.[294]

Für Skeptiker und Zweifler handelt es sich nur um Märchen und frühzeitliche Belletristik, um Wunschdenken und Blödsinn unserer verträumten Vorfahren. Für Forscher und Autoren der Prä-Astronautik sind es Reportagen einer versunkenen Zeit, deren wahrer Ur-Kern uns verborgen bleibt ... und die doch einst Realität gewesen sein könnten.

So schildert etwa das 57. Kapitel der Henoch-Texte eine interessante Erscheinung. Überschrieben ist dies Kapitel meist mit »Heimkehr der Diaspora«. Es geht also um die Rückkehr einer konfessionellen Minderheit (nach Jerusalem, laut Kapitel 56); hier den Juden. Es wird zwar eindeutig von »Menschen« gesprochen, aber es bleiben doch Fragen offen. Hören wir uns einmal an, was genau da überliefert wird:

»Danach sah ich eine Schar Wagen, worin Menschen fuhren, und sie kamen auf Windesflügeln von Osten und Westen zum Süden. Man hörte den Lärm ihrer Wagen, und als dieses Getümmel entstand, bemerkten es die Heiligen vom Himmel her und die Grundpfeiler der Erde wurden von ihren Stätten bewegt; ja man hörte den Lärm von einem Ende des Himmels bis zum anderen einen ganzen Tag lang. Sie werden alle niederfallen, um den Herrn der Geister anbeten.«[295]

Es liegt auf der Hand, dass der oben wiedergegebene Text Ähnlichkeiten mit »Gotteserscheinungen« anderer Textbeispiele aufweist. So ist zum Beispiel ein Wagen mit »Windesflügeln« ein geradezu charakteristisches Merkmal des Thronwagen »Gottes«. Auch der beschriebene Lärm ist eine derartige Randerscheinung in den alten Beschreibungen der »Gotteswagen«. Der Schreiber konnte aber mit den Wort »Menschen« durchaus »Engel« gemeint haben, da im slawischen Buch Henoch der Prophet von Engeln mit in den Himmel genommen wurde, die er schlicht als »Männer« bezeichnete.

Ich finde auch und vor allem aber die Aussage »Sie werden alle niederfallen und den Herrn der Geister anbeten« bemerkenswert. Damit ist mit Sicherheit Satan gemeint –wer das tatsächlich gewesen sein könnte, zeigte ich in Kapitel I.7.

Henoch wurde einst von den Fremden persönlich in allerlei himmlische Geheimnisse eingeweiht. So lesen wir im *Astronomischen Buch* etwas über »Blitz und Donner«, wie dieser Teil genannt wird. Henoch überliefert hier »die Geheimnisse des Donners und wie der Schall davon unten gehört wird, wenn er oben im Himmel ertönt«.[296] Auch ist dort zu lesen, dass man ihm »alle Geheimnisse der Lichter und Blitze« zeigte, die »zum Segen und zur Sättigung der Erde blitzen«.[297]

Das Henoch im All, wie später Abraham ebenfalls, gewesen ist, scheinen die Schriften zu belegen. Sah er aber auch die Sonne aus nächster Nähe? Es heißt einleitend:

»Von da ging ich zu einem anderen Ort gegen Westen bis zu den Enden der Erde.«[298]

Auch wenn dieser Vers vielleicht den Eindruck erweckt, dass der Prophet auf der Erde umherreiste, so sagt dieser lediglich aus, dass er gen Westen zog. Er kann aber nie in den irdischen Westen gegangen sein, um dort dem Ende der Welt zu begegnen. Das gibt es nun einmal nicht. Aber folgen wir der Erzählung weiter, erfahren wir, was er da am »Ende der Welt« erblickte:

»Ich sah ein loderndes Feuer, das rastlos hin und her lief und von seinem regelmäßigen Laufe weder bei Tag noch bei Nacht abließ, sondern sich gleichblieb. Ich fragte: Was ist dieses ruhelose Ding? Darauf antwortete mit Reguel, einer von den heiligen Engeln, der bei mir war, und sagte zu mir: Dieses rotierende Feuer, das du in Richtung nach Westen gesehen hast, ist das Feuer, das alle Himmelslichter versorgt.«[299]

Schauen wir hier genau hin, zeigt sich etwas Spannendes. Was erblickte der Schreiber des Textes – die Sonne im All? Die in einfachen Worten erfolgte Beschreibung kann tatsächlich auf sie zutreffen: ein rotierendes Feuer mit regelmäßigem Lauf, das immer gleich bleibt und die anderen Himmelslichter versorgt. Oder nach einer anderen Übersetzung sogar, das »alle Lichter des Himmels in Bewegung setzt«, was kosmologisch sogar absolut (für unser Sonnensystem) zutreffender ist. Könnte folgerichtig tatsächlich die Sonne in treffenden Worten beschrieben worden sein? Und überhaupt: Woher wusste Henoch, dass sich die Sonne (um die eigene Achse) dreht und auch in der Nacht scheint? Auch fragte Henoch nicht, »was ist das für ein ruheloses *Feuer*«, sondern »was ist das für ein ruheloses *Ding*« – er wird kaum ein gewöhnliches »Feuer« einfach mit »Ding« bezeichnen, wenn es nicht auf die ein oder andere Art fest und natürlich ihm völlig fremd gewesen ist.

Auch das slawische *Buch Henoch* enthält interessante Berichte. Das slawische Buch ist zwar nicht so umfangreich wie sein äthiopischer Bruder, aber es zeichnet sich durch seine gute Übersicht und kurzen Kapitel (teilweise nur ein Vers) aus. Die Überlieferungen in dieser Schrift spielen sicherlich in dem Zeitraum *vor* den bereits weiter oben durchleuchteten Erzählungen über die gefallenen Himmelssöhne. Im 1. *Buch Henoch*, noch bevor er als Bote der Himmelssöhne eingesetzt wird, steht geschrieben, dass er sich zu diesem Zeitpunkt bereits im Himmel aufhielt:

»Vorher war Henoch verborgen worden, und niemand von den Menschenkindern wusste, wo er verborgen war. [...] Was er tat, das tat er mit den Wächtern, und seine Tage verbrachte er mit den Heiligen.«[300]

Erst nach dieser Aussage wird er mit der eigentlichen Vermittler-Mission betraut. Das slawische *Buch Henoch* könnte also zeitlich vor der äthiopischen Schrift eingeordnet werden – auch wenn es als eindeutig gilt, dass beide Schriften auf ein und derselben Urquelle beruhen. Dennoch soll der Inhalt des slawischen Textes genauer betrachtet werden – zumal dieses Buch auch »zweiter Henoch« genannt wird.

Schon zu Beginn des ersten Kapitels des bemerkenswerten Textes werden sonderbare Ereignisse geschildert:

»Als ich 365 Jahre alt geworden war, war ich an einem Tag des zweiten Monats allein zu Hause. Ich war in großer Kümmernis und weinte; dann schlief ich ein. Da erschienen mir zwei sehr große Männer, wie ich nie auf Erden gesehen. Ihr Antlitz leuchtete wie die Sonne, ihr Augen wie brennende Fackeln; aus ihrem Munde sprühte Feuer: ihre Kleidung und ihr Gesang waren herrlich, ihre Arme wie goldene Flügel. Sie standen zu Häuptern meines Bettes und riefen mich mit Namen.«[301]

Als Henoch bekümmert in den Schlaf sank, erschienen ihm äußerst fremdartige Wesen, die nicht von der Erde stammten, wie es Henoch notierte. Nun könnte man sicherlich einwenden, all dies sei nur ein Traum des Patriarchen, den er später niederschrieb. Dies ist sicherlich vollkommen richtig – doch jetzt das große aber: Auch nachdem sie Henoch mit Namen riefen und er *erwachte*, standen diese Wesen oder Engel immer noch an seinem Bett. Wir lesen:

»Ich erwachte vom Schlaf und stand von meinem Lager auf; dann verneigte ich mich vor ihnen, mein Antlitz bleich vor Schrecken. Da sprachen die zwei Männer zu mir: Sei getrost, Henoch! Fürchte dich nicht! Der ewige Herr hat uns zu dir gesandt. Du sollst mit uns heute in den Himmel gehen. Gib deinen Söhnen und deinen Gesinde Anweisung für das, was sie in deinem Haus tun sollen! Keiner soll dich suchen, bis der Herr dich ihnen wieder zuführt!«[302]

Hier beginnt die Überlieferung über Henochs erste Engelkontakte, durch die er die Geheimnisse des Himmels und der Erde erfahren haben will. Von diesen Offenbarungen leitet sich auch der Untertitel des Buches ab: *Das Buch der Geheimnisse Gottes – Die Offenbarungen Gottes.* Henoch war ein gelehriger und friedlicher Schüler der Himmelssöhne, da er bekanntlich später sogar mit der Aufgabe eines Botschafters beauftragt wurde. Das spricht zweifelsohne für seine Person.

Die zwei fremden Männer besuchten ihn als Boten Gottes und forderten ihn auf, alles für eine längere Abwesenheit (von der Erde) zu arrangieren. Wie die Himmelssöhne wieder entschwanden, ist leider nicht zu erfahren Aber Henoch war offenherzig einverstanden, mit ihnen in den Himmel zu reisen. Er unterrichtete seine Söhne Methuschalem (hier meist Metusala) und Regim über seine längere Reise und gab ihnen entsprechende Anweisungen.[303] Wohin die Reise aber gehen sollte, dass wusste er selbst nicht:

»Meine Kinder! Ich weiß nicht, wohin ich gehe oder was mir zustößt.«[304]

Er ermahnte seine Kinder, dass sie nicht »falsche Götter«[305] anbeten dürften und ihn nicht suchen sollten, bis er wieder zu ihnen zurückkehrte.[306] Alles in allem eine gut organisierte Abreise. Die Engel wollten Henoch nicht einfach aus seinem Leben reißen, sondern ihn die Möglichkeit geben, wichtige Instruktionen an seine Söhne zu übertragen. Auch wurde er nicht, wie es die *Genesis*[307] behauptet, mit 365 Jahren für immer in den Himmel gehoben, sondern nur, bis Gott ihn wieder zurückbringen ließ. Dies beweist zum Beispiel eine Stelle im slawischen *Buch Henoch*, in der es heißt, Henochs Kinder sollen ihn nicht suchen, »bis mich der Herr zu euch zurückbringt«.[308] Mindestens ein Mal kam er zu seinen Söhnen zurück, allerdings nur, um seine endgültige Himmelfahrt und Aufnahme ins Reich der himmlischen Heerscharen vorzubereiten.

Henoch hatte seinen Söhnen alles erklärt und war bereit, die Himmelsreise in das All anzutreten. Mit knappen aber deutlichen Worten schildert die Schrift dieses wichtige Ereignis in Henochs Leben:

»Nachdem ich so zu meinen Söhnen gesprochen, riefen mich die zwei Männer, setzten mich auf ihre Flügel, trugen mich in den Himmel empor und setzten mich hier ab.«[309]

Als er sich nun im All befand, wurden ihm als erstes die Umlaufbahnen der Gestirne gezeigt:

»Dann brachten sie mich vor das Antlitz des Alten, des Regenten der Sternenreihen. Und er zeigte mir all ihre Läufe und Gänge jedjährlich; und ein sehr großes Meer, größer als das Meer der Erde, und Engel flogen mit ihren Flügeln.«[310]

Das große Meer, welches Henoch beschreibt, könnte durchaus eine schlichte Umschreibung für das All sein. Auch heute noch verwenden Astronomen dann und wann den Ausdruck »Sternenmeer« (»Meer der Sterne«) oder ähnliches. Eines sollte an den bis hierher betrachteten Verse des slawischen Henoch bereits deutlich geworden sein: Henoch wurde eigens in den Himmel zu »Gott« entrückt, *damit* er derartige Geheimnisse sehen konnte! Die Henoch-Schriften besagen an unterschiedlichen Stellen auch, dass er von seinem »Herrn« den Auftrag erhielt, all diese Erlebnisse und die Offenbarungen für sich und die Nachwelt zu notieren.[311] Auch der alttestamentarische Prophet Ezechiel[312] wurde einst nur aus diesem Grund von dem Höchsten entrückt. Ebenso erging es Johannes.[313] Botschaften für die Nachwelt. Wir danken.

Weiter wurden dem Patriarchen noch allerlei andere Dinge gezeigt, wie etwa »die Kammern der Wolken« oder »die Kammer des Taus«.[314] Aber die Erlebnistour war damit noch lange nicht am Ende angekommen, denn die Reise ging weiter in den sogenannten zweiten Himmel. Der zweite Himmel lässt sich durch seine Beschreibung durchaus als »Strafkolonie« für diejenigen, die sich dem »Herrn« widersetzten, erkennen:

»Da ergriffen mich die beiden Männer und führten mich in den zweiten Himmel. Hier zeigten sie mir Gefangene, die für das maßlose Gericht aufbewahrt sind. Ich sah die Verdammten weinen ...«[315]

Henoch war wissbegierig geworden, und wollte von den Engeln erfahren, weshalb »diese gepeinigt werden«. Er konnte sicher nicht verstehen, dass im Reich der »ewigen Glückseligkeit« eine Art Gefängnis existierte. Die Antwort seiner beiden Reisebegleiter ist aber nicht weniger überraschend:

»Die Männer sagten zu mir: Dies sind die vom Herrn Abgefallenen; sie hörten nicht auf des Herrn Stimme, sondern folgten ihren Eigenwillen.«[316]

Dieser Vers erstaunt: »Gott«, der »Herr«, lässt keine Widerworte, keinen »Eigenwillen« zu? Und die, die es dennoch wagen, sich gegen ihren Höchsten zu stellen, werden an diesen schrecklichen Ort deportiert? Das war natürlich die Hölle der verdammten, menschlichen Seelen, die Henoch erblickte, könnte man hier hineindeuten. Aber dies stimmt klipp und klar nicht, denn die Hölle wird eindeutig später in der Schrift beschrieben – und auch entsprechend überschrieben: »Die Hölle«.[317] Kapitel sieben ist aber schlicht die »Reise in den zweiten Himmel«.

In den folgenden Versen[318] fallen die zwei Engel, die Henoch begleiteten, sogar vor ihm nieder, um ihn zu bitten, dass er vor »Gott« für sie betet. Sie fürchten sich selbst vor diesem Ort des Leids.

Das dritte Ziel der beiden Engelwesen mit Henoch war natürlich auch der »dritte Himmel«. Dieser wird sehr sonderbar beschrieben[319], und ist durch sein Inventar (»Baum des Lebens«) klar als das Paradies zu erkennen. Möglich ist natürlich, dass Henoch in der Tat im *Paradies im Himmel* war, möglich ist auch, dass es zwei Paradiese gab – es lässt sich heute nicht zufriedenstellend beantworten. Auch wenn eine Reihe Indizien vorliegen, die von einem Garten Eden im Himmel außerhalb der Erde sprechen, von wo auch der erste Mensch zur Erde kam.[320]

Nachdem sich Henoch noch am Anblick des Paradieses erfreuen konnte, so war seine nächste Station ein Schock für ihn: die wirkliche Hölle. Ohne jeden Zweifel besteht ein enormer Unterschied zwischen der Hölle und dem erwähnten »zweiten Himmel«, der »Strafkolonie« für Engelwesen. Diese Hölle aber kann in Kapitel zehn auch klar als solche erkannt werden. Auch die Wächter selbst bestätigen, dass es der Ort für die »gottlosen« Menschenseelen der Erde ist. Etwa:

»Dieser Ort ist für die Unehrlichen bereitet, die auf Erden Gottloses tun.«[321]

Als Henoch von dort den vierten Himmel erreichte, wurden ihm zahlreiche astronomische Geheimnisse gezeigt. Hier werden wir über die Bahnen der Sonne und des Mondes sowie deren verschiedenen Lichtintensitäten aufgeklärt. Auch die Maße dieser Himmelskörper will Henoch dort erfahren haben; dies wird zumindest behauptet.[322] Immer wieder werden in diesem Teil der Überlieferung[323] verschiedene »Tore« erwähnt, durch die Sonne und Mond zu ihren festgelegten Jahreszeiten hindurch ziehen. Alles in allem ist dieser Teil aber von keinem sehr bedeutsamen, wissenschaftlichen Wert – wie auch das *Astronomische Buch* des äthiopischen *Buches Henoch*.[324] Dennoch sind die Offenbarungen, die sich mit der Himmelsmechanik befassen, sehr interessant zu lesen. Bemerkenswert scheint jedoch die folgende Aussage zu sein:

»Inmitten des Himmels sah ich bewaffnete Scharen, die dem Herrn mit Pauken und Zimbeln fortwährend Lob sangen. Ich ergötzte mich an ihnen.«[325]

Wie, bitte? Bewaffnete Scharen im Reich Gottes? Kaum vorstellbar, aber Henoch hat sie angeblich selbst gesehen. Vielleicht war sogar der Engel Michael ihr Befehlshaber, da er als »Heerführer« bezeichnet wird.[326]

Über Himmel Nummer fünf ist fast nicht zu erfahren. Lediglich »viele Scharen Wächter; ihr Aussehen glich den Menschen; sie waren größer als die größten Riesen«[327] vermochte der Prophet dort zu sehen.

Eine Station weiter war es ähnlich. Auch hier schaute er leuchtende, herrliche Engel und »sieben Cherube und sieben Sechsflügelige; sie singen und jubilieren miteinander; ihr Gesang war unbeschreiblich«. Was diesen Vers jedoch sehr beachtenswert erscheinen lässt, ist sein nächster Satz. Nämlich die Tatsache, dass »Gott« sich an »seinem Schemel« »ergötzte«: »und der Herr ergötzt sich an seinem Schemel«.[328] Weshalb stehen in diesem Kontext auch die bekannten Cherube und die »Sechsflügeligen« beschrieben, die in den alten Schriften meistens mit dem Fluggerät Gottes in Verbindung stehen? Sollte der Schemel des Höchsten sein legendärer Thronwagen gewesen sein?

Sechs verschiedene Station im All hatte Henoch nun bereits besucht. Die Mythen der Welt sprechen oftmals von sieben solchen Himmeln oder himmlischen Regionen.[329] So auch hier, denn der siebte Himmel war auch der letzte Halt seiner Reise. Hier lebte »Gott«:

»Da nahmen mich die beiden vor, dort hinweg und brachten mich in den siebenten Himmel. Dort sah ich ein großes Licht und alle feurigen Scharen der körperlosen Erzengel und den leuchtenden Ort der Ophammim. Da ward ich ängstlich und begann zu zittern.«[330]

Dieser Ort ist nicht neu. Auch in der außerbiblischen *Apokalypse des Abraham* wird er beschrieben.[331] Abraham sah ebenfalls das große Licht und »eine große Schar« mächtiger Gestalten. Offenbar sind Abraham und Henoch einst, nur zu verschiedenen Zeiten, an den gleichen Ort gebracht worden.

Aus weiter Ferne konnte Henoch den »Herrn« persönlich sehen,[332] und er beschreibt, dass die »Glorreichen« nicht von seiner Seite wichen. Diese Glorreichen sind die berühmten Cherube. Aber es sind auch zwei unterschiedliche »Wesen«, denn im gleichen Vers heißt es:

»Auch alle Scharen der Cherube und Seraphim bei ihm um seinen Thron und sangen vor dem Angesicht des Herrn.«[333]

Auch die *Abraham-Apokalypse*[334] kennt solche ominösen »Feuerlebewesen« im Zusammenhang mit dem Thron Gottes. Bei Henoch werden sie schlicht Cherube genannt, die ebenfalls zum Thron des Befehlshabers der Heerscharen gehören. Die Propheten Jesaja und Ezechiel machten ebenfalls keine Ausnahme, wenn sie von diesen Wesen am »Thronwagen Gottes« berichten.

Henoch scheint hingegen mehrere Wagen beobachtet zu haben. Das jedoch erscheint verständlich, weil bereits die Psalmen der Bibel festhalten: »die Wagen Gottes sind zahllos, tausendmal tausend«.[335] Wir dürfen folglich annehmen, dass der Höchste der Astronautengötter nicht nur einen Thronwagen besaß, was bei der (unbekannten) Anzahl seiner Engel oder Gottessöhne verständlich ist.

Die beiden Männer, die Henoch bis hierher ständig begleiteten, verschwanden, als der Prophet nun bei seinem Gott war. Henoch bekam erneut Angst und fühlte sich allein gelassen. Daran ändert sich auch nicht viel, als der Oberste »einen von seinen Gerechten« zu Henoch schickte. Henoch hingegen wollte lieber wieder »seine« beiden Männer zurückhaben, da er nur ihnen vertraute.[336] Dem »Glorreichen« Gabriel, dem der Höchste zu ihm schickte, vertraute er nicht.

Als er immer noch nicht mit Gabriel mitgehen wollte, um vor den »Herrn« zu treten, musste der Glorreiche sogar handgreiflich werden.[337] Körperlose Geistwesen, wie die Engel des himmlischen Staates üblicherweise interpretiert werden, konnten Henoch aber sicher nicht anfassen. Genauso, wie es die zwei Engel mit Lot bei der Evakuierung aus der Stadt Sodom taten.[338]

Nachdem Henoch gesalbt und in himmlische Kleider gehüllt war,[339] machte er eine für mich sehr aufschlussreiche Feststellung:

»Als ich mich beschaute, war ich wie einer der Glorreichen ohne Unterschied. Furcht und Zittern fiel von mir ab.«[340]

Dies ist ein äußerst wichtiger Vers: Die Wesen des Himmels sind wie Menschen, sie unterscheiden sich lediglich durch ihr Äußeres (Kleidung) und durch ihre Größe. So wie es eben auch die *Genesis* behauptet, wenn sie zum Beispiel berichtet: »Am Tag, da Gott den Menschen erschuf, machte er ihn Gott ähnlich.«[341] Oder auch der Prophet Henoch, wenn er feststellt: »Es wurden ja die Menschen ganz gleich wie die Engel geschaffen ...«[342] Im Alten Testament finden sich ebenfalls zahlreiche Hinweise, dass die Engel des Himmels sich nicht sehr von den Menschen unterschieden. Das Buch *Tobit* zum Beispiel, das sich in der Vergangenheit außerordentlicher Beliebtheit erfreute, berichtet mehrfach von Engeln:

»Tobias ging auf die Suche nach einem Begleiter und traf dabei Rafael; Rafael war ein Engel, aber Tobias wusste es nicht.«[343]

Selbst als der Engel Rafael dem Tobit, Tobias Vater, sein (fiktives) Herkunftsgeschlecht erläuterte, erkannten sie immer noch nicht, dass er in Wahrheit vom Himmel kam.[344] Auch an andere Stelle des Buches, das bei Martin Luther als Apokryphe geführt wird, findet sich die Bestätigung, dass wenigstens einige Engelwesen nicht vom Menschen zu unterscheiden waren.[345]

Die neue Kleidung und die Ölung für Henoch waren sehr wahrscheinlich aber auch ein Hilfsmittel, um ihn wieder zu beruhigen. Wie gesehen war er ängstlich und zitterte. Nach dieser Prozedur jedoch konnte er vom »Oberführer Michael« nun endlich zu Gott gebracht werden, um den eigentlichen Zusammenhang zu erfahren, warum er hierher geholt worden war. Und dieser Grund erstaunt doch sehr:

»Da rief der Herr den Bretil, einen seiner Erzengel, ihn, der weise ist und alle Worte des Herrn aufschreibt. Und der Herr sprach zu Bretil: Nimm die Bücher aus den Behältern! Gib Henoch eine Feder und diktiere ihm die Bücher an! Da brach-

te mit Bretil eilends die Bücher, die nach Myrrhen duften, und gab mir seine Feder.

Und er beschrieb mir alle Dinge im Himmel, auf Erden und im Meer, die Läufe und Orte aller Elemente, die Jahreszeiten, der Tage Läufe und Änderungen, die Gebote und die Lehren. Und Bretil sprach zu mir dreißig Tage und Nächte; seine Lippen redeten unaufhörlich. Auch ich schrieb, ohne auszuruhen, den ganzen Inhalt nieder. Als ich fertig war, hatte ich 360 Bücher geschrieben.«[346]

Henoch bekam einen eigenen Engel abgeordnet, der mit ihm die nächsten 30 Tage alles himmlische Wissen in 360 Büchern notierte. Beeindruckend. Diese Offenbarungen reichten von Informationen über Planeten (»Dinge im Himmel«) bis zu schlichten Gesetzten und Geboten. Nur aus diesem Grund wurde er von den beiden Männern zum »Herrn« geführt. Das allein war sein Auftrag; das weitergeben von Wissen. Esdra,[347] Ezechiel[348] und Johannes[349] hatten diese Mission ebenfalls. Obwohl die Kunst des Schreibens, die von den gefallenen Engel an die Menschen gegeben worden sein soll, ja eigentlich eine Sünde war.

Nicht nur, dass Henoch eine dreißigtägige Arbeitsleistung nonstop vollbrachte, nein, die dabei entstandenen 360 Werke sollten auch der Nachwelt übermittelt werden. Wie nun der Prophet Henoch 30 Tage ohne Pause durcharbeiten konnte, ist fraglich. Vielleicht bekam er eine Art »Droge« verabreicht oder er wurde in einen hypnotischen Zustand versetzt – vielleicht.

Da es offensichtlich ist, dass Henoch normalerweise nicht 30 Tage lang schreiben konnte, ohne eine Pause einzulegen, ist ein Bericht aus dem *4. Buch Esdras* sehr interessant. Diese Schrift ist ebenfalls nicht kanonisiert und gehört zu einer Reihe von Esdra-Apokryphen (*Esdras' Apokalypse, Esdras' Gesicht, 3. bis 6. Buch Esdras*), in der aber ein spannendes Detail zu finden ist. Auch Esdras hat einst Bücher mit himmlischen Offenbarungen niedergeschrieben, die ihm von einem außerirdischen Wesen gezeigt wurden. Wir erfahren:

»Am anderen Morgen rief mir eine Stimme zu: Tu deinen Mund auf, Esdras! Trink, was ich dir zu trinken gebe! Ich öffnete meinen Mund; da ward ein voller Kelch mir dargereicht. Er schien von Wasser voll zu sein; doch seine Farbe glich dem Feuer. Ich nahm ihn an und trank. Als ich daraus getrunken, entströmte meinem Herzen Einsicht und meine Brust schwoll an von Weisheit; mein Geist jedoch bewahrte die Erinnerung.«[350]

Durch diesen sonderbaren Trank gelang es Esdras, in vierzig Tagen 94 Bücher zu schreiben.[351] Was also war in diesem Kelch? Ein Rauschmittel, welches einst auch Henoch zu seiner Arbeitsleistung verhalf?

Spekulationen ...

Zurück zu Henoch. Als das emsige Schreiberberduo seine Arbeit beendet hatte, rief der Höchste Henoch zu sich, um ihn noch einmal den Wert dieser Geheimnisse und von nun an auch seiner Person einzuschärfen.[352] Die endgültige Bestätigung, dass Henochs einzige Aufgabe war, diese Bücher zu schreiben, findet sich im 33. Kapitel, das kaum treffender überschrieben werden konnte als mit »Henochs Auftrag«:

»Henoch! Ich habe dir alles gesagt, und du hast alles auf Erden gesehen, und alles hast du in diese Bücher geschrieben. Ich habe die Erschaffung von all dem ersonnen; ich schuf vom Höchsten bis zum Niedrigsten. Mein Ratgeber war dabei. [...] Nimm dich zusammen, Henoch, und erkenne den, der mit dir spricht! Nimm die Bücher, die du geschrieben! Ich gebe dir die Engel Semiel und Rafuel und den, der dich zu mir gebracht. Sieh auf die Erde hinab und sag deinen Söhnen alles, was ich dir erzählte, und alles was du gesehen vom unteren Himmel bis zu meinem Thron!«[353]

Die Worte des »Höchsten« besagen klipp und klar, dass Henoch sich nicht auf der Erde befand, sondern darüber. Gleichzeitig sollte er aber auch den erkennen, der mit ihm sprach. Da klingt geradezu so, als wollte »Gott« dem Erdling über seine wahre Identität aufklären. Spannend ist es, am Rande zu erfahren, dass offenbar auch »Ratgeber« zum Hofstaat des Himmels gehörten. Also doch. Obwohl wir weiter oben die Aussage lasen, der Oberste »bedurfte keines Beraters«. Trotz Hofstaat. Nun bekam Henoch erneut Engel zugestellt, die ihn wieder zur Erde bringen sollten, und es wurde ihm geboten, alles, was er erlebte und erfuhr, an seine Kinder weitergeben:

»Gib ihnen die Bücher mit deiner Handschrift und die Kinder sollen sie den Kindern geben, die Verwandten den Verwandten, das Geschlecht dem Geschlecht! Henoch! Sei der Mittler meines Heerführers Michael! Denn deine Handschrift und die deiner Väter Adam und Seth werden nicht vernichtet bis zum Ende der Zeiten.«[354]

Hier wird tatsächlich der Anschein erweckt, als befürchte man, dass diese Schriften mit der Zeit verloren gehen könnten. Und wenn wir heute in die Bibel oder auch die Apokryphen blicken, stellen wir fest, dass der »Herr« Recht behalten hat. Die guten Worte, die er seinem Propheten mit auf den Weg gab, haben leider nichts genützt.

Da dies alles vor der mörderischen Sintflut geschehen sein soll, fürchtete der himmlischen Heerscharenführer zudem, dass sie »in der Sintflut untergehen« könnten. Der Auserwählte Noah war unter anderem nicht nur dazu bestimmt, die Menschheit zu retten, sondern, dies offenbarte er Henoch ebenfalls, um seine Bücher und die seiner Vorfahren zu erhalten.[355]

Wie genau der Himmelsreisende wieder zu seinen Söhnen auf die Erde gelangte, ist leider nicht beschrieben. Dennoch überliefert das Buch, dass ein Engel namens Tartarus gerufen wurde:

»Dieser Engel sah aus wie Schnee, und seine Hände waren wie Eis, und er fühlte mein Antlitz ab; denn ich konnte die große Hitze nicht ertragen und nicht den Schrecken.«[356]

Ist es möglich, dass diese sonderbare Engelsgestalt das *Fluggerät* (oder ein Teil von ihm) war, mit dem der Patriarch wieder zur Erde flog? Denn ein Engel mit Hitzeausstrahlung, vor dem sich Henoch derart erschrak, ist sehr unwahrscheinlich.

Nach der Begegnung mit diesem »Engel« war der Prophet wieder zu Hause bei seinen zwei Söhnen. Und so, wie ihm im Himmel aufgetragen wurde, berichtete er ihnen alles, damit sie es weitergaben und seine Bücher weite Verbreitung fanden:

»Und die Bücher, die ich euch von Gott gab, verberget sie nicht! Sprechet davon zu allen, die es wünschen, dass sie dadurch des Herrn Werke kennenlernen!«[357]

Leider ist dieser Herzensauftrag, die Verbreitung seines Wissens, gescheitert.

TEIL II

5 Das »Ende« des Parlamentärs Henoch

Wir wissen nun mehr als deutlich, dass der Mensch Henoch ein mehr als nur besonderer Vorfahre gewesen sein muss. Der Oberste, die Engel des Himmels und selbst die meuternden Astronautengötter auf Erden vertrauten ihm. Das beweist seine Einsetzung als Botschafter. All die analysierten Überlieferungen über diesen Mann finden sich nicht einmal zu einem kleinen Teil im Alten Testament. Lediglich der völlig zerstückelte und zusammenhanglose Bericht im sechsten Kapitel des *1. Buch Moses* gibt uns eine mehr als knappe Auskunft über diese Engel und ihren Sex. Wobei Henoch in diesem Zusammenhang nicht einmal erwähnt wird.

Nur sein seine knappe Erwähnung in der patriarchalischen Ahnenreihe lässt uns etwas aufhorchen. Denn dort unterscheidet er sich gewaltig von seinen Kollegen durch den Umstand, dass er mit »vollkommenen« 365 Jahren von der Erde hinweggenommen wurde. Eben weil er »seinen Weg mit Gott gegangen« war.[358] Was die Bibel mit diesen schwammigen Aussagen meint, wissen wir jetzt.

Bei all den anderen Patriarchen beschränkt sich die Bibel auf die Angabe ihrer Lebensalter und Nachkommen. Nach dieser Aussage muss es also eine der bekannten Himmelfahrten auch bei Henoch gegeben haben. Diese Aufnahme in das Reich Gottes finden wir natürlich– trotz dieser klaren Andeutung – nicht in der Bibel, sondern eben wieder in anderem Schriftgut der Vergangenheit.

Bereits als Henoch von den »zwei Männern« durch die sechs himmlischen Gegenden bis zum siebenten Himmel geführt wurde, kündigte ihm Gott seine endgültige Aufnahme in den Himmel an. Und nachdem er eine unbekannte Zeit dort verbrachte, wurde er zum Boten der gefallenen Wächter berufen. Die Himmlischen indes erteilten ihm den Auftrag, die angeblich 360 geschriebenen Bücher seinen Söhnen zu geben. Gleichzeitig verkündeten sie ihm aber auch, dass er bald in den Himmel aufgenommen werde. Dieses Mal für immer:

»Ich gebe dir, Henoch, jetzt eine Frist von 30 Tagen, um dein Haus zu bestellen. Sag deinen Söhnen alles, was dein Herz erfüllt! Sie sollen es lesen und sich merken, dass es keinen Gott gibt, außer mir. Nach 30 Tagen sende ich meine Engel zu dir, und sie holen dich von der Erde und von deinen Söhnen, wie es mein Wille ist.«[359]

Schon bei Henochs »Bildungsreise« durch die sieben verschiedenen Stadien des Himmels war zu erfahren, dass Gott und seine hilfreichen Engel ihn nicht einfach von seiner Familie wegreisen wollten. Genauso verhält es sich bei seiner endgültigen Aufnahme in das Reich des Höchsten. Auch hier wurde er nicht einfach von der Erde geholt – obwohl er bereits im Himmel weilte – sondern für 30 Tage wieder nach Hause geschickt.

In dieser Zeit unterrichtete Henoch seine Söhne über alles, was er mit den Wächtern des Himmels erlebt hatte, und vertraute ihnen seine kostbaren Handschriften an.[360] Als der Prophet diese übergeben hatte,[361] verkündete er ihnen seine endgültige Entrückung:

»Meine Kinder! Der Tag meines Endes hat sich genaht; die Engel kommen vom Herrn Gott und drängen zur festbestimmten Zeit; sie stehen bei mir. Ich gehe morgen in den obersten Himmel in mein ewiges Erbteil. Deshalb gebiete ich euch, Kinder: Tut nur das dem Herrn Wohlgefällige!«[362]

Nachdem er dies seinen Söhnen mitgeteilt hatte, ließ er alle seine Kinder (Regim, Rim, Azuchan und Ehermion), die Ältesten des Volkes und Methusalem zusammenrufen. Nach einer »Abschiedsrede«[363] war die Zeit gekommen. Die Zeit, um die Erde zu verlassen:

»Da hörte alles Volk und alle seine Nächsten, wie der Herr Gott den Henoch rief. Sie berieten sich zusammen und sprachen: ›Kommt! Lasst uns Henoch küssen.‹ So kamen sie bis zu 4.000 Mann und gelangten zu Achuzans Platz, wo Henoch mit seinen Söhnen war.«[364]

Menschenmassen strömten von nah und fern herbei, um Henoch eine ehrenvolle Verabschiedung zu bereiten. Warum sie überhaupt Zeugen dieses Ereignisses werden konnten, ist ebenfalls zu erfahren. Sie hörten, wie Henoch vom Himmlischen gerufen wurde. Die Himmelfahrt des Patriarchen war also alles andere als ein stilles, zurückgezogenes Ereignis, sondern ein Spektakel. Als die Menschenmenge bei Henoch angekommen war, versäumte er es nicht, sie zu einem Leben ganz zum Willen Gottes zu ermuntern und seine uneingeschränkte Herrschaft über die Welt zu preisen.[365]

Die eigentliche Himmelfahrt ist in der Henoch-Schrift geradezu ungewöhnlich knapp erzählt. Gerade drei Verse werden diesem wichtigem Ereignis gewidmet:

»So sprach Henoch zu dem Volk; da sandte der Herr Dunkel auf die Erde, und es ward eine Finsternis. Es hüllte alle Männer bei

Henoch ein. Da nahmen die Engel eilends Henoch und trugen ihn in den obersten Himmel. Und er nahm ihn auf und stellte ihn vor sein Angesicht in Ewigkeit. Dann wich die Finsternis von der Erde und es ward Licht. Und alles Volk sah, wusste aber nicht, wie Henoch hinweggenommen ward, und pries Gott. Sie gingen heim, sie, die solches gesehen hatten. Ehre sei unserem Gott in Ewigkeit! Amen.«[366]

Mein Freund und Kollege, der leider verstorbene Mystery-Schriftsteller Peter Krassa (Österreich), hat im Zusammenhang dieser Himmelsreise schon 1974 auf ergänzende Überlieferungen hingewiesen.[367] *Die Sagen der Juden*, die zum Beispiel von Micha Josef bin Gorion zusammengetragen wurden, erzählen, dass eine unglaubliche Anzahl von 800.000 Menschen Henoch zu seinem Platz der Entrückung begleiteten. Der Patriarch warnte die Schaulustigen sogar, dass sie besser umkehren sollten, da die Herniederkunft von Gottes Fluggerät Gefahren mit sich bringen würde.

Offensichtlich durch diese Warnungen alarmiert, setzten sich mehr und mehr Menschen ab, so dass nicht alle 800.000 Menschen Zeugen der Himmelfahrt wurden. Und wenn doch, so haben sie es nicht überlebt. Denn jene, die dieses Ereignis selbst beobachten wollten, ließen danach nichts mehr von sich hören. Als eine Suchmannschaft ausgesandt wurde, um ihr Schicksal zu ergründen, fanden sie am Ort der Himmelfahrt nur noch ihre Leichen:

»Am siebenten Tage aber fuhr Henoch im Wetter in den Himmel auf feurigen Rossen in feurigem Wagen.

Aber die Könige, die zurückgekehrt waren, wollten die Zahl derer wissen, die bei Henoch geblieben waren. Sie gingen nach dem Orte, von dem aus Henoch in den Himmel gefahren war, und fanden die Erde daselbst voll Schnee, und auf dem Schnee waren große Steine von der Art der Schneesteine. Sie sprachen zueinander: Lasst uns den Schnee wegscharren, wir wollen sehen, ob nicht die Menschen, die mit Henoch gegangen sind, unter dem Schnee liegen. Sie scharrten den Schnee weg und fanden die Menschen, die mit Henoch waren, tot daliegen. Sie suchten auch nach Henoch, der war aber nicht da, denn er war in den Himmel gefahren.«[368]

Eine Himmelfahrt mit tödlichem Ausgang für die Schaulustigen. Erstaunlich! Hätte der Pilot des Flugwagens dieses tragische Ende nicht verhindern können, um so Tausenden von unschuldigen Menschen das Leben zu retten?

Auch das Buch *Numeri*[369] enthält einen ähnlichen Vorfall. Dort heißt es, dass sich der Herr in seiner »Wolkensäule« in den Himmel erhob und Mirjam danach »weißen« Aussatz hatte. Auch als Moses die Tafeln mit dem zehn Geboten vom Berg herabbrachte, die er zuvor von seinem Herrn erhielt, strahlte sein Gesicht ganz seltsam und er musste es verbergen.[370] Unter Rauch, Donner, Blitzen und Beben war zuvor der Herr in seiner Feuersäule gelandet und das Volk Israel durfte auf keinen Fall zu nahe kommen. Sie schauten sich das Spektakel am Fuß des Berges an.[371]

Wie es im Buch *Ezechiel der Tragiker* heißt, wurde Moses damals sogar vom Berg Sinai mit diesem feurigen Thronwagen in den Himmels entrückt.

Was aber mag dieser »Schnee« gewesen sein, unter dem die Leichen bei Henochs Auffahrt lagen? Rückstände der Antriebsaggregate von Gottes Luftschiff, wie gern spekuliert wird? Schnee, der im Winter vom Himmel fällt, wird es gewiss nicht gewesen sein, da sonst niemals eine solche Menschenmenge umgekommen wäre. Auch die ominösen Steine, die *aussahen wie* Schneesteine, folglich also keine waren, sind rätselhaft. Leider ist es unmöglich festzustellen, was dies für Steine gewesen sein könnten. Alles das ist schon sehr sonderbar. Oder haben wir hier nichts weiter als eine Art Gleichnis vorliegen?

Der weiße »Schnee« als Sinnbild der Unschuld und Güte des reinen Henochs zum Beispiel?

Die Sagen der Juden könnten tatsächlich der Spekulation Nahrung geben, dass Henoch mit einem Fluggerät von unseren Planeten entrückt wurde. Einer der zahllosen »Thronwagen« des außerirdischen Anführers der Wächter des Himmels. Natürlich auch deshalb, da Henoch »auf feurigen Rossen in feurigen Wagen« erhoben wurde, was eben als »Thronwagen Gottes« (oder ähnlich) identifiziert werden kann. Zumal die Beschreibung der Himmelfahrt nicht wörtlich genommen werden darf, da der Beobachter hier bekannte Attribute assoziierte.

Da die anwesenden Zeugen – zweifellos haben welche überlebt – das Fluggerät sahen, das »feurig« über den Himmel fuhr, konnten sie sich natürlich nicht vorstellen, wie dieses angetrieben wurde. Zur Zeit der Niederschrift war das Fortbewegungsmittel »Wagen« *immer* mit Pferden (oder Rindern) verknüpft, die den Antrieb darstellten. Wenn die Anwesenden also den feurigen Wagen sahen, konnten sie sich den Antrieb nicht erklären. Was von späteren Schreibern mit »feurige Rossen« illustriert beziehungsweise versinnbildlicht wurde.

Die »feurigen Rosse« hat es in der niedergeschriebenen Form also nie gegeben. Prä-Astronautik-Kritiker heben schon seit Jahrzehnten den Finger bei solchen Aussagen. Egal ob in Mythen des Nahen Osten oder in altindischen Texten: Feurige Wagen und Rosse oder diverse »Vögel« bei Reisen außerhalb der Erde als »UFOs« zu interpretieren, sei nach diesen Kritikern Kinderkram und unlogisch. Natürlich ist das kindisch. Aber die Kritiker dürfen nicht die zahllosen frommen Bilder diverser Himmelfahrten so betrachten, als würden die Ancient-Alien-Freunde sie als Augenzeugenskizzen nehmen. Kein Mensch behauptet (heute) ernsthaft, dass unsere Ahnen auf diese Art und Weise gen Himmel fuhren.

Meiner Meinung nach wird dieser Pro- und Contra-Streit jedoch niemals beendet werden.

Henoch ward »von den Menschenkindern hinweggenommen«, wie es das *Buch der Jubiläen*[372] treffend formuliert, und lebte fortan an der Seite des Herrn. Dass Henoch nie wieder zur Erde zurückgekehrt ist, lässt nicht mit unbedingter Sicherheit sagen. Weiter oben haben wir bereits erwähnt, dass die Henoch-Schriften keinem chronologischen Muster zu folgen scheinen. Dennoch halte ich persönlich es nach dem Studium der Henoch-Texte für wahrscheinlich, dass er erst nach seiner Himmelfahrt als Botschafter der gefallenen Engel eingesetzt wurde.

Die erste Reise des Patriarchen in den Himmel ging über sechs Stationen bis zum Himmel Nummer sieben. Als er danach wieder auf die Erde kam, gab ihn Gott eine Frist von 30 Tagen, in denen er alles für seine endgültige Himmelsreise organisieren sollte. Erst dann wurde er mit der Aufgabe des Vermittlers betraut. Vielleicht sind die Kapitel der beiden Henoch-Bücher aber auch derart durcheinander, dass eine exakte chronologische Gliederung heute überhaupt nicht mehr möglich ist ...

Dieser textliche Wirrwarr könnte auch dafür verantwortlich sein, dass der Himmelfahrtbericht im äthiopischen *Buch Henoch* bereits in Kapitel 70 von insgesamt 108 zu finden ist. Dort ist aber lediglich zu erfahren, dass er »auf den Wegen des Geistes erhoben (wurde) und sein Name verschwand bei ihnen (den Menschen).«[373]

Es ist aber deutlich geworden, dass die Henoch-Bücher wahrhaftige Fundgruben für sonderbare und mutmaßliche außerirdische Ereignisse sind. Auch heute noch sind sie nicht ohne einen gewissen Reiz zu lesen und verleiten zu Spekulationen und Interpretationen im Sinne der Prä-Astronautik. Ein möglicher Wirrwarr ändert daran nichts.

Der Patriarch ist selbstverständlich nicht der einzige Mensch, der entrückt wurde. Es gibt in den Überlieferungen mehrere Personen, die ebenfalls dieses Privileg genossen, und zwar in aller Welt und nicht nur in jüdischen »Märchen«. Doch die *Bücher Henoch* zeigen nichts anderes, als dass gefallene, rebellierende Engelsscharen aus dem Himmelreich den Menschen das Wissen brachten und damit für die Sintflut verantwortlich gewesen sind.

Nur Mythen?

TEIL III

Archäologische Beweise?

TEIL III

1 Denkfehler? Beweise?

Die frommen Worte unserer Ahnen sind, banal gesagt, nichts weiter als Legenden und spannende Geschichten ohne wirklichen und historischen Background. So könnte man argumentieren. Und ich möchte hier auch keinesfalls behaupten, dass diese 1 zu 1 den Tatsachen entsprechen *müssen*. Sie *könnten* es aber. Und ich bin seit Jahrzehnten überzeugt, dass der Ur-Kern solcher und anderer Mythologien und »Märchen« und dergleichen mehr der Wahrheit entspricht. Nur darauf kommt es an.[374] Mit dem Zitat aus einem Buch meines Freundes und Kollegen Erich von Däniken – *Mythen sind Reportagen* – bringt man in realen und Cyber-Diskussionen Kritiker und Ancient-Alien-Gegner sehr leicht zur Weißglut.

Ungezählte Überlieferungen des nahöstlichen Kulturraumes beschreiben solche Fahrten in den Himmel, Kontakte mit himmlischen Kreaturen und vieles mehr. Zum Teil stehen diese Berichte in der Bibel und sind damit niedergeschrieben für die Ewigkeit. Und solche Storys lassen sich, wie es die Prä-Astronautik-Forschung seit Jahrzehnten bekundet, weltweit nachweisen. Hier hauen die Kritiker wieder böse auf Tisch und fluchen: Prä-Astronautiker können und dürfen doch nicht Berichte aus unterschiedlichen Teilen der Welt in Zusammenhang bringen. Nein, schimpfen sie weiter, man müsse sie im Kontext der jeweiligen Kulturen sehen und deuten. Immerhin lebten unsere Vorfahren schließlich global verteilt und ohne Kontakt zueinander und dabei natürlich auch zu unterschiedlichen Zeiten unserer Menschheitsgeschichte.

Ist das so?

Heute sind wir global vernetzt. Und »lebenswichtige Neuigkeiten« der Hollywood-Promis & Co. sind blitzschnell weltweit abrufbar. Das ist soweit klar. Aber, was wenn heute die Aliens kämen – wo würden sie landen und was wäre dann? Darüber habe ich in verschiedenen Veröffentlichungen bereits spekuliert. Landen sie zum Beispiel im Lande XY in der Stadt XY und sagen dem Menschen XY offiziell »Hallo, Erdling!«, ließe sich das in Windeseile weltweit via Fernsehen, »Twitter« und »Facebook« in Wort und Bild zu verfolgen. Wobei natürlich die Frage, wo und mit wem mutmaßliche Außerirdische den ersten realen – also nicht per Radioastronomie – Kontakt aufnehmen würden, sollen oder sollten, kaum zu beantworten ist. Aber es wäre heute zweifelsohne ein globales Phänomen.

Und vor Jahrtausenden? Da war es fast ganz genauso. Die Wächter des Himmels, die Götter der Sterne, werden wohl nicht gekommen sein, um dann nur an einem einzigen Ort der Erde zu verweilen. Sie werden nicht nur ein paar Menschen eines bestimmten Gebietes der Welt begegnet sein. Ganz im Gegenteil: Wenn es diese Astronautengötter einst tatsächlich gab – dann waren sie weltweit aktiv. Sie waren, glauben ich und viele andere zumindest, nicht »ortsgebunden« und zu einer bestimmten Zeit nur recht kurz hier. Sie trieben ihr Unwesen auf dem ganzen Planeten. Und genau das sagen doch die Überlieferungen unserer Vorfahren. Mythologien sind so oder so fast nie zeitlich einzuordnen. Aber sie beweisen einen weltweiten Götterglauben.

Wenn Kritiker ihr Argument, dass man Mythen nicht global betrachten darf, für so toll halten, hoffe ich, dass davon keiner jemals zu einem anderen Planeten fliegen wird. Warum? Weil diese dann wohl nur eine kleine Region dieser Erde II begutachten und nicht global diese neue Welt und deren mögliche Bewohner erkunden und aufsuchen würden ...

Dessen ungeachtet: Sind alle diese seltsamen Geschichten archäologisch zu beweisen? Fanden sie wirklich statt oder sind es nur Fabeleien? Belletristik unserer Ahnen? Geschichten aber, auf denen Weltreligionen aufbauen, an die die Mehrzahl der Menschen auf diesen Planeten glauben und glaubten. Wirklich beweisen, dass tatsächlich Wesen des Himmels auf die Erde kamen, kann man bisher *nicht*! Die Suche nach Göttern der Vorzeit im Sinne der antiken Raumfahrer ist eine Spekulation. Das muss man sich stets vor Augen halten.

Man kann aber Hinweise und Indizien aufführen, wie es seit Jahrzehnten Autoren versuchen. Aber all die Bemühungen von den Autorenkollegen der Prä-Astronautik führen natürlich nur Ideen und Indizien einer Hypothese an. Was eigentlich keiner der Vertreter dieser Annahme abstreiten sollte. Die ohne jeden Zweifel erstaunlichen Schriften Henochs und anderer sind natürlich ungeeignet, um zu belegen, dass vor Jahrtausenden Außerirdische von den Sternen zur Erde kamen. Sie legen den Gedanken aber doch nahe, mehr nicht.

Weltweit suchen Forscher und Autoren nach den Spuren dieser »Söhne des Himmels«, der Götter aus dem All. Doch die Berichte von und um den Helden Henoch drehen sich alle um die zwei zentrale Themen: »Fall der Wächter« und »Sintflut« als Strafgericht für diese Göttersöhne und ihre Nachfahren. Wirkliche Fakten könnte man demnach nur in der genetischen Erinnerung im Menschen selbst finden, im Gencode. Wobei wir uns aber die Fragen stellen sollten: Sind wir überhaupt in der Lage, mutmaßliche außerirdische Gene in unserem Erbgut zu identifizieren? Wie sehen die eigentlich aus – wo wir doch nach dem Bilde der Himmlischen selbst von diesen geschaffen worden sein sollen?

Die überlieferten Mischwesen zwischen Wächtern und Menschen sollen (fast) alle in der Flut vor x Jahrtausenden umgekommen sein. Lässt sich diese nebulöse Sintflut denn wenigstens irgendwie belegen? Die Flut ist fraglos kein Ereignis wie etwa eine Himmelfahrt oder ein Gespräch mit Engeln, das in irgendeiner heiligen Schrift in unbekannten Tagen von unbekannten Autoren niedergeschrieben wurde. Eine große Flut ist oder besser war ein Ereignis auf der Erde, eine Katastrophe mit enormen geologischen und folgerichtig kulturell-evolutionären Folgen für die Menschheit insgesamt.

Die ganze Welt wurde, so sagt es das Alte Testament, von der göttlichen Flutstrafe heimgesucht. Also eine Katastrophe globalen Ausmaßes. Wo sind die Spuren? Gab es sie?

Rund um die Erde erzählen sich die unterschiedliches Religionen und Völker die verschiedensten Geschichten über eine Flutkatastrophe. Ist das ein Indiz für ein reales Geschehen, das die ganze Welt betraf? Oder sind es Erinnerungen an zahllose kleine aber unabhängig und zeitlich auseinanderliegende lokale Ereignisse? Immer wiederkehrendes Motiv in diesen Erzählungen ist bekanntlich auch eine Art »Arche Noah«, also ein Rettungsboot für ein Menschenpaar oder eine Menschengruppe. Mit Blick auf die Vergangenheit und ihre Kulturen klar verständlich: Wenn es eine Weltvernichtung gab, dann müssen Menschen überlebt haben, denn es gibt uns ja noch immer. Lokale Stämme oder auch ganze Kulturen, deren Land von einer gravierenden Flut vernichtet wurde, sahen bestimmt die Vernichtung der ganzen Welt vor Augen. Es war *ihre* ganze Welt, die *sie* kannten.

Gleichgültig, wo es war und wann es war: Mythen lassen sich nicht sehr oft klar datieren und in geschichtliche Chronologien zwängen. Das *Gilgamesch-Epos* und die sumerische Sage der Flut und der rettenden Arche kann man anhand des Alters des Epos selbst »datieren«. Nicht aber das Ereignis an sich. Mündliche Überlieferungen aus Brasilien oder Nordamerika sind praktisch zeitlich nicht einzuordnen. 1.000 Jahre, 2.000 Jahre früher, 500 Jahre später – wer weiß das schon?

Kreationisten glauben wortwörtlich an alles, was und wie es in der Bibel steht, und meinen, die Erde sei nur einige Jahrtausende Jahre alt. Nicht 4,5 Milliarden Jahre, wie es die moderne Astronomie behauptet. Die Flut hat sich – so das Weltbild der Kreationisten – natürlich auch ereignet. Sie geschah – sagen einige – vor etwas mehr als 4.500 Jahren und zerstörte alles. Das ist völliger Unsinn. In Ägypten beispielsweise gab es damals bereits die XVII. Dynastie der Pharaonen. Wurde diese von der weltweiten Flut verschont? Kein Problem für die Anhänger dieser Idee: Die Datierungen der Ägyptologen sind falsch.

Und doch gibt es Spuren. Nicht nur die Sintflut soll gefunden worden sein, sondern auch die Arche Noahs auf dem Berg Ararat oder auch eine (oder mehrere) versunkene Zivilisationen. Das hieße ganz einfach, dass die Texte von Henoch in dieser Hinsicht Recht haben. Es lohnt also umso mehr, diese Spuren und Hinweise genauer anzusehen ...

TEIL III

2

Die Sintflut(en) fand(en) wirklich statt

Grundsatzfrage: Fand eine große Flut statt, von der Henoch, das *Jubiläenbuch*, die Bibel, der Koran und mesopotamische Tontafeln (und globale Mythologien) sprechen?

Die bekannten Sagen um diese Vernichtung spielen alle im Zweistromland, dem heutigen Irak und auch Iran. Dort muss man also suchen, will man mögliche Beweise finden. Eine trockene Wüstenregion, die, vergleichbar mit Ägypten, durch die beiden Hauptströme Euphrat und Tigris zum Leben erweckt wurde. Ein uraltes Kulturland, in dem es viele unterschiedliche Zivilisationen beziehungsweise Stadtstaaten gab, die sich teilweise vermischten, teilweise eroberten oder auch durch die Verlagerung der lebenswichtigen Flüsse untergingen. Ganz im Süden lag Sumer, die erste Zivilisation der Erde, wie es heißt. Und die älteste Zivilisation, die schriftliche Aufzeichnungen hinterlassen hat. Wie es heißt. Schon die ältesten Mythen aus Mesopotamien erzählen, wie sich nach der Flut im Südirak das Königtum wieder neu entfaltete. Ein Neuanfang nach der Vernichtung. Ein Königtum, das »vom Himmel kam«, wenn wir den uralten Schriften Glauben schenken wollen, die das klipp und klar behaupten.

Die Menschen, die sich vor vielen tausend Jahren an den Ufern des Tigris und Euphrat niederließen, siedelten nahe dem

Persischen Golf. Jedoch war der Golf damals ein anderer. Seine heutigen Küsten sind nicht mehr vergleichbar mit jenen, die die ersten Siedler vorfanden. Wie in Ägypten der Nil, so brachten Überschwemmungen der Flüsse auch in Mesopotamien Fruchtbarkeit und damit Leben und die Bedingungen für Ackerbau in die sonst staubtrockene Wüstenregion. Überschwemmungen, kleine Mini-Sintfluten, kannten die ersten Ackerbauern als festen, vorhersagbaren Zyklus der Natur. Nichts Ungewöhnliches folglich. Dennoch kann es sein, dass großflächige Überschwemmungen nicht zum Segen, sondern zum Nachteil der Bewohner ausarteten. Das gilt ebenso für die sesshaft gewordenen ersten Menschen, wie auch für die ersten Kulturen und Städte in Mesopotamien.

Die Städte Ur und Eridu im Süden des heutigen Irak sind uralte Städte von historisch außerordentlich großer Bedeutung. Ur war sogar laut Altem Testament die Heimat des Terach und damit des Stammvaters Abraham, der demnach im wahrsten Sinne des Wortes ursprünglich ein Sumerer war.[375] Damit lägen die Wurzeln des heutigen Judentums eindeutig in der ersten Zivilisation, die heute anerkannt ist ...

Ur war im dritten Jahrtausend vor Christus ein gewaltiges Wirtschafts- und Handelszentrum. Kultur, Politik und Warenwirtschaft blühten und Ur kann sich als eine der Megacitys der Kinderstube der menschlichen Zivilisation bezeichnen, dessen Handelsbeziehungen sich bis nach Indien erstreckten.[376] Etwa 400 vor Christus verfiel die Metropole, denn der Lauf des Euphrat ändert sich und damit verloren die dortigen Menschen ihre Lebensader.

Auch in Schriften außerhalb der Bibel findet sich Ur als Stadt des Abraham, aus der der Erzvater einst auszog. Die Arbeit seines Vaters Terach, das Anfertigen und Verkaufen von kleinen Götzen-Figuren, missfiel Abraham. Als er von Gott berufen wurde, verließ er Ur.[377] Sein Vater wurde jedoch zuvor von dem Höchsten noch schnell ermordet:

»Noch war ich [Abraham, L.A.F.] *nicht zur Tür des Hofes gekommen, kam eines großen Donners Schall, und Feuer fiel vom Himmel, und die verbrannt ihn* [Terach, L.A.F.], *sein Haus und alles darin bis auf den Grund an vierzig Ellen.«*[378]

Das Buch *Genesis* erwähnt diese seltsame Geschichte mit keiner Silbe. Dort ist lediglich überliefert, dass die Familie des Terach aus Ur nach Kanaan ziehen wollte, sich aber auf dem Wege dorthin in Haran niederließen. Dort starb Terach laut der Bibel.[379] Dieser Familienexodus soll sich etwa 1900 bis 1850 vor Christus ereignet haben. Von Kanaan aus zog Abraham, durch eine Hungersnot zum Handeln gezwungen, nach Ägypten und wurde dort zu einem reichen Mann, bevor er wieder zurückwanderte. Der berühmte Lot, sein Neffe, begleitete ihn. Er siedelte sich später bei der verfluchten Stadt Sodom an.[380]

Die Stadt Ur ist demnach in biblischen Tagen ein geschichts- und religiösträchtiger Ort gewesen, mit einer 7.500-jährigen Geschichte. Jedoch eine »heidnische« Stadt, in deren Mittelpunkt das gewaltige Zikkurat stand, eine mesopotamische Pyramide oder Tempelturm, zu Ehren des Mondgottes Nanna.

Warum dieser Ausflug zu Abraham? Weil von Ur aus Archäologen erstmals einen Beweis für die angebliche Wahrheit der biblischen Sintflut verkündeten.

Der Engländer Sir Charles Leonard Woolley wurde 1922 zum Leiter der Ausgrabungen von Ur ernannt. Zwölf Jahre lang forschte und arbeitete Woolley fast schon besessen in Ur und förderte dabei bedeutsame archäologische Funde ans Tageslicht. Selbst die berühmte Krimiautorin Agatha Christie war in Ur und heiratete später sogar einen dortigen Kollegen Wooleys, den wissenschaftlichen Mitarbeiter Max Mallowan. Die bekanntesten Entdeckungen von »Woolley von Ur«, wie man ihn nannte, waren die Königsgräber von Ur.[381] Die Bücher Woolleys sind – trotz aller Fortschritte der archäologischen Forschung – nach wie vor Standardwerke über den Beginn der

Zivilisationen in Mesopotamien.[382] Vor allem eine Entdeckung Wooleys machte Schlagzeilen in der Weltpresse: »Wir haben die Sintflut gefunden!«

Im Sommer 1929 ließ Woolley zum Ende der sechsten Grabungskampagne in Ur seine Arbeiter nochmals an den Königsgräbern buddeln. Unterhalb der Gräber stieß er auf Töpferwaren und Gebrauchsgegenstände. Als Woolley jedoch noch weiter in die Tiefe grub, schien er endlich den ursprünglichen Untergrund gefunden zu haben. Doch erstaunt stellte der emsige Archäologe fest, dass es sich um eine feste Lehmschicht handelte. Nach weiteren drei Metern war diese seltsame Lehmablagerung ebenso abrupt wieder zu Ende und sogleich förderten die Arbeiter wieder unzählige Tonscherben, Töpferwaren, Krüge, Steinwerkzeuge und anders mehr aus dem tiefen Schacht. Doch es handelte sich nun offensichtlich um wesentlich primitivere Arbeiten, die nicht, wie noch oberhalb der Lehmschicht, auf Töpferscheiben kunstvoll angefertigt worden waren. Woolley hatte fraglos eine steinzeitliche Kulturschicht entdeckt.

Die Bewohner der Region waren von einer Flut heimgesucht worden. Innerhalb der drei Meter starken Lehmablagerung fanden sich deutliche Rückstände von kleinen Seetieren aus dem Persischen Golf – menschliche Spuren jedoch nicht. Erst *nachdem* diese Flut wieder verschwand, siedelten sich die Menschen neuerlich an. Auch eine Art »Kontrollgrabung« 300 Meter entfernt erbrachte dasselbe Ergebnis und Spuren. Selbst unter jenen Hügeln, die die ersten Besiedlungsspuren von Ur trugen, fand Woolley die Lehmschichten. Und die menschlichen Überreste in Ur stammten 1930 seiner Ansicht nach von jenen, »die unmittelbar nach der großen Flut lebten«.[383]

Ein regelrechter Run der Archäologen setzte nach der Pressemeldung dieser Entdeckung im Irak ein. Im ganzen Zweistromland versuchte man durch Probegrabungen das ganze Ausmaß dieser Überschwemmung und der damit verbundenen abrupten Auslöschung der steinzeitlichen Siedler zu bestimmen. Tatsächlich wurden die emsigen Forscher fündig. Je weiter sie nach Norden kamen, desto geringer wurden die uralten Lehmablagerungen. In der babylonischen Nachbarstadt Kisch (Kish) zwischen Euphrat und Tigris war sie beispielsweise noch rund einen halben Meter dick.[384]

Nach dieser Flut rafften sich die Menschen erneut auf und in Mesopotamien entstanden Stadtstaaten und ganze Reiche. Verbunden mit Erfindungen und auch der Verbreitung der Schrift[385] und anderer Errungenschaften. So oder so ähnliche beschreiben es auch alte Tontafeln dieser Region, die von einem Neubeginn nach der Sintflut berichten.

Ist durch die Entdeckung Woolleys von 1929 die Sintflut folgerichtig bewiesen? Vielleicht ja und nein.

Die Ausgrabungen haben eindeutig gezeigt, dass es dort eine Flut gab. Sie haben ferner gezeigt, dass diese Flutkatastrophe die frühen kulturellen Anfänge der Bewohner des Zweistromlandes auslöschte. Und mit Sicherheit brach diese Überschwemmungskatastrophe aus Sicht der lokalen Bevölkerung über die »gesamte Welt« herein. So, wie es die Bibel sagt, wenn sie von einer Flut spricht, die die ganze Welt heimsuchte. Dazu später mehr.

Mythen sprechen davon, dass die Flut die höchsten Berge bedeckte und kein Land mehr zu sehen war. Das ist aus Sicht der Naturwissenschaft schlicht unmöglich. Auch wenn Mesopotamien eine Ebene ohne Berge ist, so sagt doch schon die Bibel, dass Noah mit seiner Arche Tausende Kilometer bis in den Norden trieb, um auf einem Berg oder Gebirge anzulanden. Wenn das Gebirge Ararat denn überhaupt zutreffend ist.

Die Metropole Ur und ihre drei Meter dicken Schwemmablagerungen lagen nicht nur dicht am Euphrat, sie lagen auch nahe am Persischen Golf. Die Küste des Persischen Golfes weicht jedes Jahr zurück, dabei bildet sich neues, sumpfiges Land. Angeschwemmte Sedimente aus den großen Flüssen Euphrat und Tigris mit ihren Zuflüssen lagern sich dort ab.

Diese Flüsse werden in den Bergen weit im Norden gespeist und eine außergewöhnlich starke Schneeschmelze zum Beispiel kann fraglos Überschwemmungen verursachen. Ebenso Flutwellen aus dem Persischen Golf, wofür Spuren von Meerestieren in den gefundenen Lehmschichten sprechen. Katastrophen, die noch heute eine ständige Gefahr zum Beispiel für die Küsten Japans sind. Ausgelöst durch ein Seebeben, durch einen Vulkanausbruch im Ozean oder durch enorme Landmassen, die in das Meer brechen, türmen sich diese Monsterwellen in der Küstenregion zu gigantischen Wasserwänden auf und vernichten alles, was in ihrem Weg liegt.

In der Tat verläuft von Armenien, durch Mesopotamien bis in den Indischen Ozean eine sogenannte Faltungszone. Dort treffen die Iranische und die Arabische (Saudi-Arabien) Platte aufeinander. Die Subduktionszone verläuft durch den Persischen Golf, die Straße von Hormus bis in den Indischen Ozean, wo sie auf die Indisch-Australische-Platte trifft. Diese ist verantwortlich für die Auffaltung des gewaltigen Himalaja. Am Persischen Golf ist das Ergebnis das Zargosgebirge östlich des Zweistromlandes. Ein Seebeben im Persischen Golf wäre ohne weiteres in der Lage, Untermesopotamien zu überfluten. Ist es aber auch in der Lage, im 300 Kilometer entfernten Kisch eine Flut auszulösen? Auch das ist denkbar, indem sich diese Welle den Stromläufen Mesopotamiens entlang in Richtung Norden wälzt. Ebenso ist es denkbar, dass am Ende der Eiszeit eine gigantische Eisscholle der Antarktis in den Ozean rutschte und so einen Tsunami auslöste. Dieser raste über das Meer auch nach Norden bis in den Persischen Golf. Vielleicht, um die Thesen der kosmischen Katastrophen einzubeziehen, ausgelöst oder verstärkt durch einen Asteroideneinschlag.

Das es solche Sturmfluten vom Süden aus in das Land der Sumerer gab und die Völker dort diese kannten, haben sie sogar selbst überliefert. Die Bewohner des Zweistromlandes beschrieben nicht nur sehr umfangreich in Hymnen und Klageliedern[386] die Zerstörung ihrer Städte und Ländereien durch (göttliche) »Sturmwinde«, sondern sie kannten auch den »Südwind«. Verheerende Vernichtungen waren die Folge und sogar ein »Sturmwind, der Feuer regnen ließ« wird mehrfach erwähnt.[387] Hierbei finde ich eine weitere Klage über die detaillierte Vernichtung des Landes Sumer aufschlussreich. Durch die Katastrophe »frisst das böse Wetter alles wie ein Orkan«, so »dass die Kanäle bitteres Wasser bringen«.[388]

All die anderen umfassend erzählten Details sind in diesem Zusammenhang nicht sehr aufschlussreich, außer vielleicht, dass etwa die Stadt Ur nach der Vernichtung wieder neu aufgebaut wurde und, so heißt es, selbst Schiffe vernichtet wurden. Die Erzählungen besagen allerdings, dass die Kanäle Mesopotamiens »bitteres Wasser« brachten. Im Klartext: Das umfangreiche und von Euphrat und Tigris abhängige Bewässerungssystem unserer Ahnen brachte Salzwasser. Und das kann nur durch einen »Sturmwind« aus dem Süden vom Persischen Golf gekommen sein.

Das *Epos des Gilgamesch* unterstützt diese Ideen und Aussagen. Es heißt:

»Einen Tag lang wehte der Südsturm [...],
Eilte dreinzublasen, die Berge ins Wasser zu tauchen,
Wie ein Kampf zu überkommen die Menschen.
Nicht sieht einer den andern,
Nicht erkennbar sind die Menschen im Himmel.«[389]

Das wird ein paar Verse weiter ähnlich ausgesagt, wo der Südsturm das Land einebnete und am siebten Tage verklang.

Ähnliches, aber wesentlich Ungefährlicheres, ist heute sechsmal im Jahr im Amazonas zu beobachten. In den Vollmondnächten, pünktlich wie ein Uhrwerk, rollte die gewaltige Monsterwelle »Pororoca« (»großer Donner«) den Fluss hinauf und reißt unvorstellbare Mengen Pflanzen und Sedimente weit in das Binnenland Brasiliens mit. Heute ist dieses Ereignis eine über das Reisebüro zu buchende Touristenattraktion für furchtlose Wellensurfer. Was würde dagegen erst ein Seebeben verursachen?

Theresa Howard fasste 1981 die geologischen Forschungsergebnisse in Mesopotamien und der gesamten Golfregion zusammen. Sie kam zu dem Resultat, dass es dort eine Art »Mutter aller Fluten« gegeben haben muss. Howard ist sich sicher, dass sich die Sintflut anhand der vorliegenden Beweise auf das Jahr 3500 vor Christus datieren lässt. Howard berichtet:

»Zuvor war über die Flut immer nur in Begriffen des Gebietes, das den Ausfluss des Golfes, das Delta und das untere Mesopotamien umfasst, gesprochen worden. Die neuen Beweise zwingen uns, die ganze Golfregion, buchstäblich in ihrem Gesamtausmaß, in Betracht zu ziehen. [...] Diese Mutter aller Fluten ereignete sich genau zur Mitte des vierten Jahrtausend zu einem Zeitpunkt, der archäologisch bereits als Beginn der Uruk-Periode gekennzeichnet wurde. Dies lässt sich strategisch in Eridu, Ur und Warak zeigen.«[390]

Andere sehen allein die Entdeckung einer Flut durch Woolley sehr skeptisch. Sie verweisen darauf, dass unzählige Probegrabungen an anderen Orten eben *keinen* Nachweis erbracht haben, dass weite Flächen Mesopotamiens von einer Überschwemmung vernichtet wurden.[391] Darunter war auch Max Mallowan, Woolleys Mitarbeiter, selbst. Das bedeutet, dass die Flut von Ur nicht *die* Flut war, nach der die Menschen seit Jahrtausenden suchen.[392]

Ein bedeutendes Detail bei der ganzen Spekulation wird aber sehr gern übersehen. Fakt ist, dass die biblische Flut-Legende in Mythen aus Mesopotamien wurzelt. Darin heißt Noah Utnapischtim oder Ziusudra. Und diese Personen der fernen Vergangenheit lebten in der Stadt Schuruppak oder auch Suruppak.

Dort bauten sie ihr Boot und erwarteten das Strafgericht Gottes. Dieser Ort liegt aber mitten in Mesopotamien. Kam diese spekulative Flut bis dahin? Vielleicht auch die Flüsse hoch?

Auch wird scheinbar oftmals ein anderes sehr wichtiges Detail der biblischen Geschichte der Überschwemmung vollkommen übersehen. Im Buch *Genesis* heißt es unmissverständlich, die Sintflut sei zwei Quellen entsprungen oder zwei Ursachen: »Alle Quellen der großen Tiefe, und die Schleusen des Himmels öffneten sich«.[393] Die Schleusen des Himmels sind wohl Regen oder Wasser aus dem »Himmelsozean« (מַבּוּל). Die »große Tiefe« lautet auf Hebräisch »tehom rabba«, und findet sich in der Bibel[394] als Bezeichnung für das Meer.[395] Eine Flut vom Meer, in diesem Fall dem Persischen Golf, scheint folgerichtig sehr wahrscheinlich. Einher mit dieser Überschwemmung gingen Regengüsse; die Arche müsste demnach von Süden über die Tiefebene des Zweistromlandes nach Norden getrieben worden sein. Selbst das heute 600 Kilometer vom Golf entfernte Bagdad liegt keine zehn Meter über den Meeresspiegel.

Die Archäologin Professor Dr. Susan Pollock vom Institut für Vorderasiatische Archäologie der Freien Universität Berlin ist eine Expertin für das alte Mesopotamien. Sie führte unter anderem auch vor Ort Ausgrabungen und Forschungen durch und brachte es 1999 auf den Punkt:

»Mesopotamien ist geologisch betrachtet ein Trog, geschaffen, als die Arabische Platte gegen die asiatische Landmasse drückte und das Zargosgebirge aufwarf sowie Land südwestlich von ihnen niederdrückte. [...] Heute erstreckt sich die mesopotamische Tiefebene etwa 700 Kilometer lang, von annähernd der geographischen Breite von Ramadi und Baquba im Nordwesten bis zum Golf, der ihr südöstliches Ende überflutete hat.«[396]

Hier also ereignete sich angeblich eine gewaltige Flut. Sagt die Mythologie. Aber die sagt noch viel mehr: Die ganze Erde wurde vernichtet. Doch »die ganze Erde« hat sie sicherlich nicht bedeckt. Es gibt nicht genug Wasser. Auch wenn Spekulationen kursieren, dass ein Komet dieses Nass zur Erde brachte oder es sich aus dem Gestein der Erde selbst gelöst habe. Oder auch, dass es tief aus dem Inneren der Erde kam. Dazu veröffentlichte im Mai 2012 das U.S. Geological Survey die sehr spannende Untersuchung *Wie viel Wasser ist auf, in und über der Erde?*[397] Demnach kann man theoretisch mit dem globalen Vorkommen von Süß- und Salzwasser und dem Wassereis eine Kugel von nur 1.385 Kilometer Durchmesser formen. Für eine hohe Überflutung der ganzen Erde eindeutig viel zu wenig.

Der Bericht im *1. Buch Moses* spricht jedoch im originalen Text an dieser spannenden Stelle von »erez«. Nachfolgende Übersetzer haben dies als »Erde« (המדא) verstanden und so auch weitergegeben. Ob diese übliche Übersetzung korrekt ist, kann man meiner Meinung nach doch sehr anzweifeln. Das Wort hat mehrere Übersetzungsmöglichkeiten wie »Gebiet«, »Land« oder eben auch die »Erde«. An unterschiedlichen Stellen ist im *1. Buch Moses* mit »erez« zweifellos »Land« und nicht die »Erde« als Planet gemeint. Etwa das Land Kanaan, das Land Ägypten oder auch das Land Schinear (Sumer). Dasselbe Problem ergibt sich beim griechischen Wort »gē« ebenfalls. Auch »gē« ist als »Land«, »Gebiet« oder »Erde« als Ganzes zu übersetzen. Es ist also ein Problem, wie »erez« im jeweiligen Kontext übersetzt werden soll und kann. In *The New International Dictionary of New Testament Theology* etwa heißt es treffend:

»Es ist häufig schwierig zu entscheiden, ob eine bestimmte Passage von einem bestimmten Land, besonders dem Land Israel, oder von der bewohnten Erde als Ganzer spricht. Mit unserem modernen Weltbild sind wir geneigt, global und universal zu denken.«[398]

Adäquater kann man es wohl nicht ausdrücken. Ist also die Erde in den Fluten versunken wie im Hollywood-Film *Waterworld* von 1995 – oder nur eine Region (oder mehrere) unseres Planeten? Jener Bereich, den archäologische Grabungen in Mesopotamien nachgewiesen haben? Es breitet sich noch ein weiterer Hinweis aus, der sich nahtlos in das Szenario der lokalen Flutkatastrophe einfügt. Nicht die Erde, sondern ein Gebiet Mesopotamiens wurde durch Fluten des Persischen Golfes (»große Tiefe«?!) und Regen von Süden herauf überschwemmt. Der Noah der frühen Schriftquellen der Sintflut aus dem Zweistromland lebte bekanntlich in Schuruppak und von dort soll er auf einem Berg im Königreich »Ararat« gespült worden sein. In der Tiefebene im südlichen Irak existieren keine Berge, sondern nur Hügel. Auch hier liegen erneut Doppeldeutigkeiten der in der hebräischen Bibel benutzen Worte vor. »Alle hohen Berge unter dem ganzen Himmel«[399] wurden nach der Bibel von der Flut 15 Ellen hoch von Wasser bedeckt. Himmel, hebräisch »schamajim«, bedeutet auch einfach nur das, was man bis zum Horizont sehen kann. Oder auch nur die Luft über der Erde. Das Buch *Deuteronomium* lobt zum Beispiel, dass in Kanaan »große und bis zum Himmel befestigte Städte«[400] liegen. Diese bedecken natürlich nicht die gesamte Erde. Ebenso problematisch ist der »Himmel« auch beim Turmbau zu Babel. Auch hier sollte der Turm ja bis zum Himmel reichen.

Die angeblich überfluteten »Berge« sind aus dem hebräischen Wort »harim« (הָרִם) übersetzt worden. »Hügel« ist jedoch eine ebenso gültige Übersetzung des Wortes. Die berühmte *King James Bibel* zum Beispiel übersetzt »hohe Hügel«. Eine lokale Flut als Ursache erscheint demnach als denkbar. Und auch die Geschichte der Arche erscheint damit in einem anderen Licht, wie noch zu zeigen sein wird.

Neben der These, dass die Sintflut ein katastrophales, aber gewöhnliches Naturereignis lokalen Ausmaßes war, gibt es unzählige weitere Spekulationen. Zum Beispiel könnte eine gewaltige Methangasblase auf dem Meeresgrund geplatzt sein und so eine Flut verursacht haben. Unvorstellbare Mengen Methanhydrat sammeln sich an den Hängen der Kontinente und Landmassen, sie könnten bei einer Freisetzung verheerende Folgen haben. Diese Methanblasen werden teilweise auch für die gewaltigen Massensterben in der Frühzeit der Erde als Ursache in Betracht gezogen.[401]

Natürlich könnte auch der Einschlag eines Meteoriten oder Kometen auf dem Land oder wahrscheinlicher im Meer für eine Springflut verantwortlich sein. Eine Erkenntnis, die schon lange akzeptiert ist. Professor Alexander Tollmann war einer der eifrigsten Verfechter der globalen Sintflut-Meteoriten-Idee.[402] Er versuchte nachzuweisen, dass die weltweiten Flutmythen ein und dasselbe Ereignis beschrieben und auf den Einschlag eines in mehrere Teile explodierten Geschosses aus dem All zurückzuführen seien. Exakt um 3 Uhr morgens an einem 23. September vor rund 9.500 Jahren soll das nach Tollmann geschehen sein. Bei Vollmond. Eine Vermutung, die lange vor und nach Tollmann bereits zahlreiche Autoren so oder so ähnlich vertraten.[403] Der Grund ist offensichtlich: Wenn es ein Inselreich eben wie Atlantis im Atlantik oder Mu im Pazifik gegeben hat, und wenn dieses versunken ist (verbunden mit der großen Flut), muss die Ursache in gewaltigen Kräften und Wirkungen gelegen haben. Was bietet sich hier besser an, als ein Komet oder Asteroid aus den Tiefen des Alls?

Eine globale »Sintflut« ereignete sich zum Ende der letzten Eiszeit tatsächlich. Als die Gletscher an den Polen und in den Gebirgen der Welt schmolzen, stieg der Meeresspiegel rund um den Globus erheblich an. Großflächige Landgebiete versanken für immer in den Tiefen der Meere, Klimazonen änderten sich und Seen entstanden. 150 Meter und mehr könnten die Ozeane dabei teilweise angestiegen sein und von Menschen besiedelte Regionen der Welt für immer geflutet haben. Zum Beispiel finden sich auf dem Grund der Nordsee versunkene Flüsse, menschlichen Besiedlungsspuren und Werkzeuge oder auch Mammut-Reste. Für die Fischer der Nordsee sind solche Funde in ihren Netzen ein »alter Hut«. Heute, im Zeitalter der Klimadiskussion, der schmelzenden Gletscher und dergleichen, ist dieses Thema natürlich aktueller denn je.

Doch all dies geschah sehr, sehr langsam und nicht, wie es eben die Mythen sagen, binnen weniger Tage oder Wochen, selbst wenn es dabei Springfluten oder ähnliches gegeben haben mag. Zudem ist die Flut der Bibel oder des *Gilgamesch-Epos* keine dauerhafte Erscheinung. Sie wich wieder zurück und der Mensch konnte neu beginnen. Der Anstieg des Meeresspiegels am Ende der Eiszeit war dauerhaft. Wir sehen es ja heute an unserem Globus.

Die These, dass durch die nacheiszeitliche Gletscherschmelze eine oder auch mehrere Fluten die Küsten heimsuchten, ist aber auch auf plötzliche Flutszenarien anwendbar. Etwa wenn in Grönland ein gewaltiger Gletscher abbricht und eine Flutwelle durch den Ozean rast. Weite Teile heute überflutetes Festland lagen während der letzten Eiszeit trocken, so dass die Menschheit damals mehr Land hatte, auf denen Siedlungen errichtet werden konnten. Sehr langsam verschwand das Festland dann unter den Meeresspiegel. Die dort eventuell siedelnden Menschen hatten also Zeit genug, gemütlich und gelassen weiterzuziehen. Sie sahen sich nicht einer unmittelbaren, plötzlichen Gefahr ausgesetzt.

Anders sieht dies der Geologie-Professor Dr. James Teller und sein Forscherteam der Universität von Manitoba aus Kanada.[404] Dr. Teller und seine Kollegen haben sich intensiv mit der Geschichte des urzeitlichen Agassiz-Sees in Nordamerika befasst. Dieser eiszeitliche Gletschersee umfasste einst eine Fläche von rund einer Million Quadratkilometern. Er ist der Ursprung zahlreicher der heutigen Seen im Norden Nordamerikas. Als sich die Erde am Ende der letzten Eiszeit immer weiter erwärmte und im Zuge dieser Erwärmung sich auch die

Gletscher zurückzogen, wuchs auch der Agassiz-See gewaltig an. Durch den Rückzug des Laurentidegletschers nach Norden enthielt der eiszeitliche See ein Drittel mehr Wasser als alle heutigen Seen zusammen. Ein gigantisches Wasserbecken, das ebensolche Fluten auslöste.

Um etwa 6400 vor Christus brachen die Eisdämme des Sees, so Dr. Teller weiter, und unvorstellbare Mengen Süßwasser flossen in die Hudson Bay und dann in den Nordatlantik. Das zog nicht nur einen Anstieg des globalen Meeresspiegels nach sich, auch die Meeresströmungen und damit das Klima wurden verändert. Würden etwa heute die Süßwassermassen der berühmten fünf großen Seen im Nordosten der USA durchbrechen und entlang des St.-Lorenz-Stroms und des St.-Lorenz-Golf in den Nordatlantik brechen, verursachte das in Europa eine neue Eiszeit. Der warme und lebenswichtige Golfstrom würde abbrechen. Ohne ihn wäre Europa in einer Eiszeit gefangen.[405]

Professor Teller und seine wissenschaftlichen Kollegen gehen auch davon aus, dass in der Frühzeit auf dem noch trockenen Grund des Persischen Golfes Menschen siedelten. Vor 8.400 Jahren dann kamen die Fluten des Agassiz-Sees und überschwemmten unter anderem auch diese frühen Siedlungsgebiete. Eine Sintflut brach herein.[406] Spannend ist hierbei am Rande: Im Gebiet von Bimini sollen menschlichen Ruinen auf dem Meeresgrund liegen, die einige für Reste von Atlantis halten, wie ich es in meinem Buch *Historia Mystica* 2009 diskutierte. Auch dort soll eine Kultur versunken sein.

Doch auch das ist keine globale Sintflut, wie sie die Bibel überliefert.

Hier fügt sich eine weitere Sintflut-These ein, die in den letzten Jahren sehr großes Aufsehen erregte. Die Sintflut fand nördlich der heutigen Türkei am (heutigen) Schwarzen Meer statt. Eine Idee, die vor allem von dem Geophysiker Walter Pitman und William Ryan von der Columbia Universität, New York, USA, vertreten wurde.[407] Durch Zusammenarbeit mit Petko Dimitrov vom Ozeanischen Institut der Bulgarischen Akademie der Wissenschaften lieferten sie erstaunliche Hinweise für diese These. Dimitrov untersuchte lange Zeit das Schwarze Meer und dessen Grund, nahm dort zahllose Probebohrungen vor, untersuchte die Bohrkerne und Sedimente und vermaß die Küstenregionen des Meeres. Er war sich nach seinen intensiven Forschungen sicher, »dass die Oberfläche des Schwarzen Meeres vor 9.750 Jahre etwa 100 Meter tiefer lag als heute«. So teilte es Dimitrov am 19. März 1993 Pitman und Ryan mit.[408]

Weitere wissenschaftliche Forschungsexpeditionen standen nun an, um diese These zu überprüfen. Letztlich war man sich sicher, dass das Schwarze Meer ursprünglich ein »Schwarzer See« war und noch nicht in Verbindung mit dem Mittelmeer stand. Dieser Süßwassersee war das Siedlungsgebiet früher Ackerbauern. Heute ist der Bosporus in der Türkei die Verbindung von Mittelmeer zum Schwarzen Meer und teilt gleichzeitig Europa von Asien. In der letzten Eiszeit war es bis zur Gletscherschmelze vor etwa 12.500 Jahre anders.

Das Schwarze Meer war ein autarker Süßwassersee, der heute Euxinos-See genannt wird. Ebenso das davor liegende Marmara-Meer, das belegen Funde von Süßwassertieren bei Bohrungen. Durch das Abschmelzen der Gletscher- und Eiskappe der nördlichen Hemisphäre aufgrund der globalen Erwärmung stieg nicht nur der Pegel der Ozeane und damit des Mittelmeeres, sondern auch der Pegel des »Schwarzen Sees«. Gigantische Massen an Schmelzwasser drangen zum Beispiel durch die Donau oder die Dnjepr in das heutige Schwarze Meer.[409]

Der Druck von Milliarden Tonnen Wasser presste auf die natürliche Landbrücke, die damals am Bosporus bestand. Sie brach und das dahinterliegende Becken wurde überflutet und der dortige Binnensee von Salzwasser durchdrungen. Bis zu 150 Meter tiefer lag dieser frühere Binnensee. Bestätigt wird dies durch Sedimentablagerungen sowie Tier- und Pflanzenreste bei Probebohrungen mit Forschungsschiffen wie *Aquanaut* oder *Knorr*, die seit Jahrzehnten von verschiedenen Forschern durchgeführt werden.

Auch die Tiefsee-U-Boot-Legende Robert Ballard machte sich mit dem Forschungsschiff *Northern Horizon* im September 2000 auf Spurensuche im Schwarzen Meer. Der *Titanic*-Entdeckter fand in 100 bis 170 Metern Tiefe mit dem Tauchroboter *Little Hercules* weitere Hinweise auf eine Flutkatastrophe. Ehemalige Strände, die bereits 20 Jahre zuvor von den Sowjets an anderen Stellen des Schwarzen Meeres entdeckt wurden, konnte auch Ballard finden. Ebenso Spuren früher Siedlungen am Grund des Meeres.[410] Für die Menschen hinter dem gebrochenen Bosporus kam sicher jede Rettung teilweise zu spät. Etwa 15 Zentimeter am Tag stieg der Spiegel des Schwarzmeeres an. Je weiter westlich die Menschen siedelten, desto überraschender kam die Vernichtung.

Vor bald zehn Jahren (als die »Bosnischen Pyramiden« in aller Munde waren) kam mir dabei eine Idee: Breiteten sich von hier diese ersten Siedler aus und flohen in neue, unbekannte Länder? Dabei bietet es sich klar an, Flüsse wie die Donau zu nutzen, um zu anderen Siedlungsgebieten zu gelangen. Und hier wird es wieder spannend. Der jugoslawische Archäologe Miloje Vasić hat 15 Kilometer von Belgrad entfernt im Jahre 1908 bis 1918 die ersten Spuren einer »Donau-Kultur« gefunden.[411] Neben unzähligen Keramiken und anderen üblichen Gegenständen des Alltags tauchten auch (angebliche) Schriftzeichen der sogenannten Vinča-Kultur auf. Diese Kultur der Kupferzeit verdankt ihren Namen dem Fundort Vinča nahe Belgrad an der Donau. Die Funde sollen zum Teil rund 7.500 Jahre alt sein, und würden damit dem Flutszenario des Schwarzen Meeres von Pitman und Ryan entsprechen. Die uralte Vinča-Kultur besiedelte einst Gebiete im heutigen Rumänien, Serbien, Bulgarien, Ungarn und Mazedonien; ihre Spuren sind bis Griechenland und in der südlichen Ukraine zu finden.

Vor der Erfindung der Radiokarbondatierung (C^{14}) versuchte die klassische Archäologie zu beweisen, dass die Funde nicht älter sein könnten und durften als etwa ägyptische Objekte.[412] Höchstens 4.700 Jahre seien sie alt, hieß es damals, was aber inzwischen durch C^{14} widerlegt werden konnte.[413] Doch hatte dieses seltsame Volk tatsächlich schon eine Schrift? Vor den Sumerern im Irak, die eigentlich die Schrift erfunden haben sollen?

Bereits 1878 wurden erste Tontäfelchen mit dieser angeblichen Schrift entdeckt. Die Schrift besteht aus seltsamen Symbolen, Strichzeichen und Piktogrammen, von denen bereits rund 1.000 Fundobjekte bekannt sind. Teilweise wurden sie hunderte Kilometer voneinander entfernt auf dem Balkan gefunden. Die Archäologin Marija Gimbutas aus Litauen glaubte daran, dass es sich um eine echte Schrift handelte.[414] Die zu Lebzeiten vielfach ausgezeichnete Forscherin, zu deren Beerdigung 1994 tausende Gäste kamen, eckte damit jedoch vielfach an. Die wissenschaftliche Community nimmt solche Thesen nicht ernst. Weiterhin gelten die Sumerer aus dem Südirak als Erfinder der Schriftsprache – und sie erschienen erst mindestens 1.000 Jahre später.

Anders Harald Haarmann, Autor dutzender Bücher und Arbeiten über Schriften und Sprachen. Der mehrfach auszeichnete Kultur- und Sprachwissenschaftler wies darauf hin, dass eben nicht die Völker Mesopotamiens die erste Schrift erfanden, sondern im Gebiet der Donau eine bis zu 2.000 Jahre ältere, *schreibende* Kultur ansässig war.[415] Kernaussage seiner emsigen Forschungen ist:

»Eine der wichtigsten Neuerungen in der Forschung der letzten Zeit ist die Erkenntnis, dass die Anfänge der Schriftgeschichte um mindestens 2 Jahrtausende zurück verlegt werden müssen. Die Schriftkultur der Menschheit begann vor 7.000 Jahren.«[416]

Es bestehen demnach durchaus ernsthafte Zweifel an der Aussage, die »Schrift der Sumerer ist die älteste der Menschheit«.[417]

Die mutmaßliche Schrift dieser noch immer rätselhaften Kultur ist bisher nicht entziffert. Dennoch hat erst vor einigen Jahren in diesem Zusammenhang ein Forscher für Aufsehen gesorgt. Der Linguist Professor Toby Griffen (USA) von der Southern Illinois University Edwardsville bei St. Louis und Präsident der Linguistic Association of Canada and the United States will eine Art Schlüssel für die Übersetzung gefunden haben. Ihm ist es angeblich gelungen, auf zwei Spinnwirteln (Schwunggewichten einer Spindel) den scheinbar ersten Satz der Menschheit überhaupt zu übersetzen: »Bärgöttin und Vogelgöttin sind wirklich die Bärgöttin.«[418]

Betrachtet man sich aber die mutmaßlich erste Schrift der Menschheit, fällt auf, dass sie aus zahllosen verschiedenen Symbolen bestehen. Ebenso aus oftmals winzig kurzen »Texten«, die in einer solche Form kaum eine wirkliche Schriftsprache sein können. Eher erinnert so etwas an Schrift-Vorläufer aus Symbolen, die zum Beispiel in Handelsgeschäften der Frühzeit dies und jenes aussagten. Das ist auch aus Sumer bekannt, wo etwa einfache Symbole die Menge gewisser Warenlieferungen kennzeichneten.

Es ist dennoch eine nachvollziehbare Spekulation über die Flut, dass diese am Schwarzen Meer stattfand und ihre Überlebenden auch die Donau-Kultur begründeten. Seit den achtziger Jahren wurden die Spuren der Schwarzmeer-Katastrophe gesammelt, ausgewertet und ergänzt. Pitman und Ryan hatten allerdings von Beginn an Kritiker. Vor allem, da sie den Bruch des Bosporus und zuvor der Barriere zwischen Mittelmeer und Marmarameer (Dardanellen) mit der biblischen Sintflut in Verbindung brachten. Schon der Titel ihres Buches, das 1997 in der Originalausgabe *Noah's Flood* hieß, zeigte das deutlich. »Sensationsmache« wurde ihnen vorgeworfen. Die Forscher hätten ihre Erkenntnisse »reißerisch mit dem Mythos der Sintflut« verbunden und sich somit in den Tätigkeitsbereich des Erich von Däniken begeben. Das warf beispielsweise Professor Dr. Dr. h. c. Manfred Korfmann, Chefarchäologe von Troja, den Autorenduo 2000 im *Spiegel* vor.[419]

Jahre später wurde auch an der Grundthese – der eigentlichen Überflutung – von unterschiedlichen Seiten Kritik geäußert. »Und die Sintflut fand doch nicht statt«[420] titelten die Zeitungen nach Bekanntwerden neuer Forschungsergebnisse 2002. Der Geologe-Professor Juan Abrajano vom Rensselaer-Polytechnikum in Troy, New York, und sein Kollege Ali E. Aksu, Universität von Neufundland, fanden Sedimente, die vor 10.000 bis 11.000 Jahren aus dem Süßwassersee des heutigen Schwarzen Meeres in das Marmarameer gespült wurden. Analysen von Bohrkernen hätten den Nachweis ergeben, so heißt es weiter, dass es damals bereits eine Verbindung gegeben habe. Die Pollen und Fossilien sprechen gegen einen plötzlichen Dammbruch am Bosporus. Dazu scheint es sogar ein uraltes Flussdelta auf dem Grund des Marmarameeres zu geben. Das Wasser floss folgerichtig in die *andere* Richtung; von Ost nach West.[421]

Pitman und Ryan jedoch sagen in ihrem Buch das Gegenteil. Und tatsächlich zeigten spätere Computermodellrechnungen der »Woods Hole Ozeanographic Institution« 2004, dass das Szenario von Pitman und Ryan eben doch zuzutreffen scheint.[422] Die Autoren Siegfried und Christian Schoppe stießen 2004 mit ihrem Buch *Atlantis und die Sintflut* in dieselbe Bresche. Die *Süddeutsche Zeitung* berichtete 2006:

»Zwei deutsche Forscher wollen die Historiker nun dazu bringen, die Standardtheorie zu überdenken. Die Hamburger Wirtschaftswissenschaftler Siegfried und Christian Schoppe liefern erstmals auch historische und sprachwissenschaftliche Argumente für die Schwarzmeer-Theorie. Sie beziehen sich auf Flutsagen aus Rumänien, Griechenland und Anatolien. Über-

schwemmungsflüchtlinge hätten die Erzählungen in diesen Gegenden, die nahe dem Schwarzen Meer liegen, verbreitet.«[423]

Was also war die Sintflut nun wirklich? Lügt die Bibel? Stimmt auch das Buch *Henoch* nicht?

Neben der korrekten Annahme, nur ein Komet oder ein ähnliches Geschoss könne plötzlich eine globale Flut auslösen, kursieren noch andere Ideen. Gern wird ein physischer Polsprung, der schlagartige Wechsel von Nord- und Südpol, genannt,[424] teilweise auch in Kombination mit Kometeneinschlägen. Der Einschlag eines Himmelskörpers aus dem All wird seit über 50 Jahren immer wieder dafür verantwortlich gemacht.[425] Dass am Ende der letzten Eiszeit Millionen Quadratkilometer Festland versanken, dass die Ostsee einst zum Beispiel nicht existierte, dass man zu Fuß nach Australien oder von Asien nach Nordamerika kam, zeigt eindrücklich die (langsamen) klimatischen Veränderungen dieser Tage. Esoteriker sehen in der Flut auch gern eine Art »kosmische Wandlung«. Viele berufen sich dabei auch auf den Russen Immanuel Velikovsky, der zu einem Paukenschlag der Begeisterung und auch Entrüstung 1950 behauptete, erst in den Tagen Moses habe die Venus, die irgendwann zuvor als eine Art Komet aus dem Riesenplaneten Jupiter herausgesprengt wurde, die Erdumlaufbahn gekreuzt und danach ihren Platz als zweiter Planet um die Sonne eingenommen.[426] Dies war natürlich mit unfassbaren Auswirkungen in unserem gesamten Solarsystem und natürlich auf der Erde verbunden, inklusive eines Polsprungs. In weiteren Schriften baute der umstrittene Autor seine Thesen weiter aus. In den USA musste damals »Macmillan«, der größte wissenschaftliche Verlag, die Rechte an Velikovskys Buch nach Erscheinen wieder abgeben, um sein Gesicht zu wahren. Ein Boykott drohte, Wissenschaftler, die die Arbeit Velikovskys positiv rezensierten, traten von ihren Posten zurück.

Heute nimmt niemand aus der sogenannten etablierten Wissenschaft diese astronomischen Thesen mehr wirklich ernst, in denen Velikovsky auch zahlreiche Mythologien deutet. Auch wenn sie wieder neu veröffentlicht wurden. Jedoch erfreuen sie sich in der Grenzwissenschaft weiterhin in gewissen Kreisen großer Beliebtheit.

Eine Erklärung für die Sintflut lieferte der Autor indes also auch nicht. Das Problem bleibt bestehen.

Ich streite nicht ab, dass es einst einen Einschlag eines Himmelskörpers gab, der gewaltige Vernichtungen zur Folge hatte. Inklusive einer Flutkatastrophe oder mehre davon. Doch ich glaube nicht, dass es *die eine* globale Flut gab, die die ganze Welt vernichtete beziehungsweise überschwemmte. Obwohl es weltweit, auch in Nord- und Südamerika, Flutmythen gibt. Vielmehr schält sich etwas anderes in Sachen Flut heraus: Ursache des Flut-Berichtes der Bibel und dessen Quellen aus Mesopotamien war eine verheerende, aber lokale Katastrophe. Vielleicht auch das Schwarz-Meer-Szenario, dass von den frühen Menschen in ihrer Erinnerung in die (nahe) Welt getragen wurde, bis jemand es niederschrieb.

Interessant am Rande ist dabei Folgendes. Die »Donau-Kultur« siedelte auf sogenannte Tells mit einer Höhe von bis zu 12 Metern. Das sind dort Siedlungshügel, die künstlich aufgeschichtet wurden. (Auch in Mesopotamien gibt es solche Tells, die allerdings dadurch entstanden, dass Siedlung über Siedlung errichtet wurde und auf diese Weise im Laufe der Zeit unabsichtlich ein künstlicher Berg entstand.) Einige Archäologen vermuten, die Tempeltürme Zikkurat seien im Zwischenstromland zum Schutz vor den Fluten der Flüsse errichtet worden. Hatten auch die Vinča Angst vor Fluten und bauten darum solche »Tell«? Als Erinnerung an die Katastrophe am Schwarzen Meer, die sie zur Flucht zwang?

Doch auch weit entfernt vom Nahen Osten wird von einer Flut erzählt, die die Menschen vernichtete. Etwa von den Azteken in Mexiko oder Indianern in den USA und in Brasilien. Der oben zitierte Professor Tollmann sieht hier Erinnerungen an ein und dasselbe Ereignis (Impakt eines Himmelskörpers). Das ist möglich. Doch mündliche Mythologie lässt sich nicht, wie es Tollmann tat, exakt datieren.

Sind es vielmehr Erinnerungen an viele verschiedene Katastrophen in der Weltgeschichte? Vielleicht sogar durch Jahrtausende getrennt? Oder sind es zwar verschiedene lokale Sintfluten, die aber dennoch eine gemeinsame Ursache, nämlich einen Kometen oder dergleichen, hatten? Das ist schwer bis nicht zu sagen, aber ich glaube, dass es weltweit Sintfluten gegeben hat. Es ist aber meiner Meinung nach unmöglich, eine »wahre Urquelle« des Berichtes irgendwo auf der Welt zu finden. Nicht etwa so, wie es 2001 ein tief religiöser Moslem nach der Betrachtung von verschiedenen Flutmythen schrieb:

»All diese Informationen deuten auf eine konkrete historische Realität hin. In der Geschichte hat die göttliche Verkündung somit jede Gesellschaft erreicht. Nachdem sich die Menschen allerdings von der göttlichen Botschaft entfernten, änderten sich die Informationen über die Flut und es entstanden verschiedene Legenden und Mythen.

Die einzig unveränderte Quelle, aus der wir die wahre Geschichte von Noah und seinem frevlerischen Volk erfahren können, ist der Quran.«[427]

Und Henoch? Seine Texte, lange nach den Ereignissen verfasst, sagen, dass eine Menschheit in ihr umkam. Auch das finden wir weltweit überliefert. Demnach gab es eine solche Katastrophe – die aber nicht die ganze Welt überschwemmte. Denn anders als die »allwissenden« Kritiker lehne ich bekanntlich die Menschheitsüberlieferungen nicht als dumme Märchen ab. Wie auch schon gezeigt, ist das Argument, dass man weltweite Überlieferungen getrennt betrachten muss, eigentlich wertlos. Das Erbe unserer Väter enthält Wahrheiten.

Aber ist das auch bei der Arche Noah so?

TEIL III

3 Fluten, Überlebende und die Arche Noah

Faszinierend ist natürlich nicht nur die Frage, ob es eine Sintflut gab (egal ob eine weltweite oder einige lokale), sondern auch die Geschichte Noahs und seiner Arche an sich. Zahlreiche Berichte in aller Welt schildern ja nicht nur eine Flut, sondern auch, dass eine Sippe, eine Familie oder eine Stamm diese überlebte. Einher geht eine solche Überlieferung oftmals auch mit dem Erzählmotiv, das die »Götter des Himmels« Katastrophen schickten, um Welten und/oder Menschheiten zu vernichten. Etwa im Buch *Popul Vuh* der Quiché-Maya aus Mexiko. Beispielsweise lesen wir darin über eine der von den Göttern geschaffenen »Menschheiten«:

»Und sogleich wurden die Wesen aus Holz geschaffen. Sie glichen dem Menschen, sie sprachen wie Menschen und sie bevölkerten die Erde. Sie lebten und bevölkerten die Erde, Söhne und Töchter hatten die Wesen aus Holz. Aber sie hatten keine Seele, keinen Verstand, sie erinnerten sich nicht des Schöpfers und Formers. Ziellos gingen sie herum und auf allen vieren liefen sie. Weil sie das Herz des Himmels nicht erinnerten, wurden sie verworfen. [...] Es war nur ein Entwurf, ein Versuch zum Menschen. Darum vergaßen sie den Schöpfer und den Former, die

sie geschaffen hatten und umsorgten. Das waren die ersten Menschen, zahlreich lebten sie auf der Erde Antlitz. Darauf wurden sie zerstört und vernichtet, diese Gebilde aus Holz, und empfingen den Tod. Eine Flut erweckte das Herz des Himmels, und große Wasser fielen auf das Haupt der Wesen aus Holz.«[428]

Das *Popul Vuh* aus Mittelamerika berichtet aber nicht über eine »Arche Noah«. Vielmehr werden bei den Maya wie auch bei den späteren Azteken in Mittelamerika Welten und Menschheiten von den Himmlischen immer wieder neu erschaffen. Anders bei vermeintlichen »Märchen« aus Südamerika. Auch dort erzählen die Indianer von Fluten und natürlich von der Schöpfung des Menschen durch himmlische Wesen.

Eine Überlieferung aus Westbrasilien etwa schildert, dass die Menschen zufrieden auf der Erde lebten, bis ihnen buchstäblich der Himmel auf den Kopf fiel:

»Da begann es zu regnen, unaufhörlich. Es regnete am hellen Tag; es regnete in tiefer Nacht. Unaufhörlich regnete es in Strömen. Kein Mensch konnte weit vor das Haus gehen. Alle lagen in ihren Hütten. Der Blitzstrahl schmetterte herab. Der Donner krachte. Alle fürchteten sich und blieben liegen. Da barst der Himmel und kam herab und tötete sie alle. Er tötete ebenso alle Jagdtiere; er tötete alle Fische. Er tötete sie alle. Er machte ein Ende mit ihnen. Nichts verschonte er. Er tötete sie. Er machte ein Ende mit ihnen. Die Erde wechselte mit dem Himmel den Platz. Der Himmel fiel auf die Kaschinaua und tötete sie. Der Himmel wendete sich wieder um, und die Seelen, die im Himmel wohnten, nahmen sie mit sich. Im Himmel weilen sie jetzt und sind glücklich. Auf der Erde blieb nichts Lebendes zurück.«[429]

Das Volk der Kaschinaua erzählt weiter, dass nach der Flut eine tote, aber schwangere Frau vom Himmel geworfen wurde.

Durch einen Kaiserschnitt gebar sie nach der Katastrophe eine neue Menschheit.

Wundersames – im Himmel – über eine Flut erzählt ein weiteres »Märchen« aus Südamerika. Es berichtet von einem Streit zwischen zwei Brüdern und himmlischen Falken, die sich des einen und rechtschaffenen Bruders annahmen. Dieser lebte fortan mit den himmlischen Falken zusammen, bis diese die Vernichtung der Menschen beschlossen. Aber natürlich nicht aller:

»Die Falken schickten ihn aus, um auch seine Eltern zu holen. [...] Er kam in Menschengestalt in sein Dorf, und als ihn die Leute nach so langer Zeit wieder erscheinen sahen, erschraken sie und sagten, er sei wohl auf dem Wege des Azang (Dämon) gekommen. Er forderte darauf seine Eltern auf, mit ihm zusammen in ein Haus zu gehen und zu tanzen. Auch andere Dorfbewohner lud er ein; sie wollten aber nicht kommen. Während sie in dem Hause tanzten, löste es sich vom Boden los und stieg mit ihnen in die Luft empor. Nun liefen die Dorfbewohner zusammen und wollten die Davonziehenden zurückhalten. [...]

Die ganze folgende Nacht hindurch regnete es, und das Wasser stieg so hoch, dass viele Leute ertranken. Eine Anzahl Personen rettete sich auf Uassaï-Palmen. Da sie in der Dunkelheit nichts unter sich sehen konnten, so warfen sie von Zeit zu Zeit Palmfrüchte herunter, um am Aufschlagen zu erkennen, ob der Boden trocken sei oder unter Wasser stände. Es klang aber nur immer pluk – pluk, wenn die Früchte ins Wasser fielen. Da begannen sie, sich in der Dunkelheit gegenseitig wie Kröten anzurufen, und das taten sie so lange, bis sie selbst zu Kröten wurden.«[430]

Nicht nur wie in den Beispielen sollen Menschen oben »im Himmel« überlebt haben. Natürlich auch wie Noah in einem Boot oder auf einem Berg. So schilderten die Indianer der Fox und Sac eine überaus interessante Geschichte über eine Flut, die Schöpfung und mehr. Das »Märchen« überliefert, dass die »Riesen und die unzähligen Halbgötter, die teilweise unten auf und unter der Erde wohnten, keine so maliziöse Kerle gewesen waren«. Aber, so weiter, auch hier wurde »in einer geheimen Ratsversammlung« eine Rebellion gegen den »Chiefgott« angezettelt und gipfelte in einer Sintflut. Lassen wir diesen Mythos selbst erzählen:

»Doch der jüngere Bruder Wesukkäs hatte sich heimlich in jene Versammlung geschlichen und daher alle Reden und Beschlüsse mit angehört; als er sich aber wieder fortstehlen wollte, entdeckten sie ihn, fielen über ihn her und erschlugen ihn.

Als dem Chiefgott diese Schmerzensbotschaft überbracht wurde, begann er so laut zu weinen und zu klagen, dass es die über den Wolken wohnenden Götter hörten und ihm versprachen, ihm beizustehen, um die Missetäter zu bestrafen. Als das die Untergötter merkten, dachten sie, es sei sicher das Beste, ihre Haut beizeiten in Sicherheit zu bringen, und schlüpften, so schnell sie konnten, in ihre tiefen Wohnungen unter den Seen. Die Riesen aber blieben oben, um den Kampf aufzunehmen. Aber dieser bekam ihnen nicht besonders, denn sie wurden alle mit Stumpf und Stiel ausgerottet und keiner übriggelassen, um das traurige Schicksal seines Stammes erzählen zu können.

Nun wurde den Untergöttern erst recht angst und bange, und sie flehten Nänämäkeh, den Donnergott, um Hilfe an. Der versprach sie ihnen auch, schickte gleich einen seiner Unterbeamten an Popoänätessih, den Gott der Kälte, und ersuchte ihn freundlichst, ihm die Götter des Frostes, des Hagels, des Schnees, des Eises und des Nordwinds auf kurze Zeit zur Verfügung zu stellen, was dieser auch in der zuvorkommendsten Weise tat. […]

Als sie nun alle ihre Künste und Schlauheiten erschöpft hatten, wandten sie sich abermals an den mächtigen Donnergott und baten ihn inständig, doch eine große Wasserflut auf die

Erde kommen zu lassen, damit ihnen Wesukkä nicht mehr länger trotzen könne.

Gleich rief dieser mit seiner furchtbaren Stimme alle Wolken der Welt zusammen, so dass der ganze Himmel rabenschwarz aussah. Der Regen stürzte in wigwamgroßen Tropfen herab und bedeckte bald die ganze Erde bis zum allerhöchsten Berg, auf den Wesukkä geflüchtet war.

Als nun Wesukkä sah, dass auch diese Stelle bald überschwemmt sein würde, nahm er ein großes Stück Luft und baute ein geräumiges Kanu daraus, in dem er und seine Tiere bequem Platz hatten. So rettete er sich vor dem Wassertod. Das Kanu war stark und fest gebaut und trotzte den mächtigsten Wellen.

Als er so einige Tage auf dem Wasser herumgefahren war, band er einen seiner größten Fische los und hieß ihn hinunter in die Tiefe schwimmen, um etwas Erde zu holen. Dies gelang ihm auch; er brachte ein gehöriges Maulvoll, und Wesukkä schuf daraus das trockene Land, das seine roten Kinder noch heute bewohnen.«[431]

Andere Indianer Nordamerikas teilen solche Weltanschauungen. So berichten etwa die Chiricahua-Apachen von einer Zeit, als sich die frühen Menschen falschen Göttern zuwandten und dies eine Strafe nach sich zog:

»Deshalb erhob sich der Ozean und überflutete die Erde. So ertranken diese Menschen der alten Zeiten. Nur einige von ihnen wurden gerettet ...«[432]

Eine Schöpfungslegende der Schwarzafrikaner von der Elfenbeinküste im Süden Westafrikas, die ich bereits im Zusammenhang mit der Schöpfung der Menschheit durch die Götter 1997 in meinem Buch *Götter der Sterne* diskutierte, ist nicht minder aufschlussreich. Sie sagt unter anderem, dass der Gott Anangama vom Himmel kam um den Menschen zu zeigen »wie dieses und jenes gemacht wird«. Später schickte der mächtige Himmelsgott Niamye einen »Geist« zu den Menschen hernieder, dem zahlreiche »Geister« folgten. Aber das war mehr unabsichtlich, denn der Gott Niamye warf sie aus dem Himmel, da sie sich dort »schlecht aufgeführt« hatten. Hier erkennen wir sehr deutlich, was schon in biblischen und außerbiblischen Schriften steht: die Rebellion der Wächter des Himmels unter Führung des Oberbösewichtes Satan. Und so wie die »gefallenen Engel« der biblischen Texte der Welt Unheil brachten, so geschah es auch in dieser Erzählung aus Schwarzafrika:

»Nach einiger Zeit sah Gott, wie die Menschen da unten auf der Erde miteinander Krieg zu führen begannen und überhaupt viel Schlimmes geschah.«[433]

Über eine spannende, himmlische Streiterei erzählen auch die Bewohner der Fidschi-Inseln in ihren Überlieferungen. Auserwählten Menschen wurde einst von einem großen Schlangengott der Bootsbau beigebracht. Als diese jedoch nach einiger Zeit zu »stolz und hochmütig« wurden, dem Schlangengott nicht mehr gehorchten und ihn sogar offen zum Kampf aufforderten, musste auch hier eine Sintflut kommen:

»Jetzt kannte die Wut des Gottes keine Grenzen; er schleuderte seine Keule hoch in den Himmel hinein; die Wolken barsten, und eine unheimliche Regenflut ergoss sich über die Erde. Der Regen hielt viele, viele Tage an – es war kein Regen, wie er heute auf die Erde herabkommt, es goss in wahren Strömen –, auch das Meer stieg und überflutete das Land; o, es war ein schreckliches Schauspiel. Höher und höher stiegen die Fluten – und endlich wurde auch der Kriegswall der Bootbauer samt der Stadt und allen Menschen fortgespült. Rokola und viele andere ertranken; doch eine große Menge – es sollen gegen zweitausend Menschen gewesen sein – trieb auf Bäumen, Flößen und

Booten fort; sie schwammen auf den Wassern hier hin und dort hin; schließlich landeten sie, die einen hier und andere da, auf den Bergspitzen, die aus den Fluten herausragten; und bei den Menschen, die vor dem Wasser dorthin geflohen waren, bettelten sie um ihr Leben. Als das Meer wieder zurücktrat, nahm man sie mit in die Täler der verschiedenen Königreiche hinab; dort wurden sie die Sklaven der Häuptlinge und bauen ihnen bis zum heutigen Tage die Boote.«[434]

Immer wieder im Kern identische bis gleiche Erzählmotive. Und sie finden sich sogar bei den winzigsten Völkern der Erde. Etwa bei den heute so gut wie ausgestorbenen Großen Andamanesen, den Ureinwohner der Andamanen im Indischen Ozean. Auch hier ging die Erschaffung des ersten Menschen durch die Gottheit Puluga gründlich daneben:

»Die Nachkommen des ersten Menschen erregten den Zorn Pulugas, des Schöpfers. Da schickte er eine große Flut, welche alles Lebende vernichtete mit Ausnahme zweier Männer und zweier Frauen, welche sich in einem Kanoe befanden. Als sie landeten, fanden sie alles vernichtet, doch Puluga erbarmte sich ihrer, er rief die Tiere wieder ins Leben.«[435]

Flutsagen sind ohne Zweifel ein Phänomen der kollektiven Erinnerung der Menschheit und überaus weit verbreitet.[436]

Doch warum erzählen alle Flutlegenden auch das Motiv der Überlebenden? Der Grund mag einleuchtend sein: Wenn es eine solche Katastrophe gab, die die Vernichtung der Menschheit zur Folge hatte, dann müssen ja Menschen überlebt haben: Immerhin gibt es uns noch. Dennoch hat besonders der Bericht der Bibel über Noah und seine Arche die Gemüter der Menschen zu allen Zeiten sehr bewegt. Ein riesiges, kastenförmiges Schiff, das auf einem Berg strandete, von dem aus sich die Menschen wieder über die Erde ausbreiteten, könnte ja archäologisch nachweisbar sein. So die Grundüberlegung all jener, die sich auf den Spuren der Arche Noah begeben haben.

Ein Problem stellt sich aber schon im Vorfeld einer derartigen Spekulation: Wann gab es eine Flut und überdauerten wenigstens Reste des hölzernen Rettungsbootes überhaupt die Jahrtausende? Wenn es eine Arche gab, ist sie nicht schon unlängst spurlos verschwunden und verrottet? Solch eine grundlegende Frage kann keiner verbindlich beantworten. Studiert man die Überlieferungen zur Arche genauer und betrachtet dabei auch jene außerhalb der Bibel, könnten die Arche-Befürworter aber noch ein Argument für ihre Idee finden. Bei Henoch lesen wir:

»In jenen Tagen erging das Wort Gottes an mich und er sprach zu mir: Noe! Dein Los kam vor mich, ein untadeliges Los, ein Los der Liebe und Gerechtigkeit. Nun machen die Engel ein Gebäude aus Holz, und sind sie mit der Arbeit fertig, dann lege ich meine Hand darauf und nehme es in meinem Schutz. Ein Lebenssame wird daraus hervorgehen und die Erde sich so wandeln, dass sie nicht menschenleer bleibt.«[437]

Also bauten die Himmlischen die Arche Noah selbst?! – und ein Boot »made by/in Heaven« wird wohl die Jahrtausende überdauern können. Auch wenn sie wie oben zitiert aus Holz gewesen sein mag. So könnten die heutigen Jäger der Arche argumentieren. Mein Autorenkollege Dieter Bremer verweist in zahlreichen Diskussionen im Internet und Vorträgen auf diese Aussage bei Henoch. Er glaubt, dass dies ein Hinweis darauf sein könnte, dass die Arche in Wahrheit geflogen sei, das »Boot« also ein Raumschiff der Wächter des Himmels war. Ich denke jedoch, dass das Zitat diese Deutung nicht zulässt. Auch wenn Engel sie gebaut haben sollten.

Eine ganze Reihe von (gläubigen) Menschen glaubt nicht, dass das göttliche Schiff bereits verrottet ist.[438] So machen auch immer wieder Berichte in den Medien kurzzeitig die Runde, dass man eine neue Expedition zum rätselhaften Berg Ararat plant, oder dass man (mal wieder) die Überreste der heiligen Arche gefunden habe. Inzwischen kursieren selbst komplett rekonstruierte Baupläne des göttlichen Schiffes mit Decks, Aufbauten und Kammern für die geretteten Tiere und natürlich Menschen. Phantasievolle Abenteurer wollen diese anhand zweifelhafter »Funde« und Messungen ermittelt haben.

Die Arche und ihre Passagiere sollen 40 bis 150 Tage lang über das Wasser der Flut geschifft sein, bis sie anlandeten. Eine Mär oder ein geschichtlicher Tatsachenbericht? Das wollte auch der Fernsehsender *ABC* aus den USA in einer Umfrage am 15. Februar 2004 wissen. Das Ergebnis war erstaunlich: Von den US-Amerikanern waren 60 Prozent überzeugt, dass die Überlieferung der Arche Noah aus dem Alten Testament eine Tatsache sei, ebenso die Schöpfung der Welt und des Menschen in sechs Tagen. Eine Umfrage im Juni 2005 durch das Meinungsforschungsinstitut Harris Interactive in den USA ergab wiederum, dass 74 Prozent der Amerikaner an den Kreationismus oder das »Intelligente Design« der Welt glauben.[439]

In ganz Europa sind es dagegen durchschnittlich nur 18 Prozent, die solche Dinge glauben. Und wer die inzwischen eingestellte Zeitung *Weekly World News* aus den USA aufschlug, fand dort immer wieder »Berichte« über Funde, Beweise und Entdeckungen, die die alttestamentarischen Geschichten belegen sollten. Ja, selbst die Arche Noah wurde laut diesem – ohne Frage sehr unterhaltsamen – Revolverblatt gefunden. Und das mehrfach, in vielen unterschiedlichen Meldungen. Sogar 40 Fuß unter einem Palast von Saddam Hussein soll sie sich befinden, was allein schon »Amerikas Invasion des Irak rechtfertige«.[440] Auch eine Verfilmung des Arche-Noah-Stoffes war im Mai 1999 in den USA ein Straßenfeger. Die Erstausstrahlung von »Arche Noah – Das größte Abenteuer der Menschheit« sahen 90 Millionen Amerikaner. 2014 kam Noah sogar in einem als Actionfilm mit Russell Crowe als Noah in die Kinos und spielte dabei weltweit rund 352 Millionen US-Dollar ein.

Einen »Feldzug« für die Richtigkeit der biblischen Geschichten der Schöpfung in sechs Tagen und gegen die Lehre von Darwin und der Evolution führen seit Jahrzehnten die Kreationisten. Von ihrem 1972 gegründeten »Institute for Creation Research« nahe San Diego aus versuchen die Kreationisten das »Wort Gottes« als Wissenschaft zu verkünden. Ebenso durch die von Henry M. Mossis 1963 gegründete »Creation Research Society«, der heute nach eigenen Angaben fast 2.000 Mitglieder angehören, darunter auch Naturwissenschaftler und Professoren von Universitäten, die regelmäßig ihre Forschungsergebnisse auch veröffentlichen, wie es deren Webseite creationresearch.org zu entnehmen ist.

Grundeinstellung der »Jungen-Erde-These«: Die Erde sei nur 6.000 bis 10.000 Jahre alt und damals von Gott geschaffen worden. Die Evolution gab es nicht. Alles existierte gleichzeitig. So auch die Dinosaurier und die Menschen als Schöpfungen des Herrn.[441] Teilweise glauben die Kreationisten, dass das ganze Universum erst so jung ist. Das *1. Buch Moses* müsse man dabei natürlich wörtlich nehmen – es handle sich um Tatsachenberichte einer vergangenen Zeit Gottes. Moderne Datierungsmethoden werden durchweg abgelehnt und in Frage gestellt beziehungsweise als falsch angesehen. Eher glaubt man zum Beispiel den Berechnungen des englischen Erzbischofs James Ussher (1581–1656) zur Weltgeschichte, die er 1650 in *Annales veteris testamenti, a prima mundi origine deducti* vorlegte. Darin legte er aufgrund von Berechnungen biblischer Daten die Schöpfung auf den Vorabend des 23. Oktober 4004 vor Christus fest. Daraus abgeleitet fand nach Ussher die Flut dann im Jahre 2501 vor Christus statt.[442] Ab 1961 boomte diese Idee der jungen Erde und der realen biblischen Schöpfung neu auf. Da veröffentlichten die Kreationisten Henry M. Morris und John C. Whitcomb jr. ihren Bestseller *The Genesis Flood* und sorgten für leidenschaftliche Debatten.

Tatsächlich haben die Kreationisten bis heute durchaus eine Reihe Erfolge bei ihrem Kreuzzug gegen die Evolutions-Theorie zu verzeichnen. In den USA mussten Schulbücher, die die Evolutionslehre enthalten, auch die Lehre, dass Gott die Welt schuf, als gleichberechtigt anführen. In einigen Bundesstaaten waren und sind Lehrer verpflichtet, vor dem Unterricht Warnungen zu verlesen, dass die Evolutionslehre von Darwin nur eine Spekulation sei. Anderorts werden Schulbücher mit entsprechenden Warnaufklebern versehen und Lehrer, die es wagten, den Darwinismus als Fakt zu lehren, wurden zu Geldstrafen verurteilt. Und das, obwohl einige Kreationisten-Radikale sogar glauben, dass die Erde eine Scheibe sei.[443]

Erst im Jahre 1968 verabschiedete der amerikanische Supreme Court ein Gesetz, das es erlaubte, die Evolutionslehre an Schulen zu unterrichten. Für die Kreationisten war dies der Anfang vom Untergang und der Sittenverfall in den USA. Drogen, Kriminalität, sexuelle Ausschweifungen, Abtreibungen und Scheidungen zum Beispiel würden seitdem in den USA enorm ansteigen. Für die Kreationisten besteht hier eben ein Zusammenhang mit der Lehre des Charles Darwin. Schon 1919 verkündete der Präsidentschaftskandidat William J. Bryan mehrfach, dass der erste Weltkrieg in Europa die Strafe Gottes für die Gottlosigkeit all jener sei, die Darwin mehr als der Bibel glauben. So kam es auch, dass in den zwanziger Jahren in 20 Bundesstaaten der USA per Gesetz die Evolutionslehre auf den Index kam. Ihre Verbreitung sollte dadurch verhindert werden.

So lösten sich Erfolge – aber auch Rückschläge – der Kreationisten ab. Im Sommer 1999 jedoch kam es zu einem besonderen Erfolg: In den Schulen von Kansas wurde verboten, Fragen zum Urknall und der Evolution in staatlichen Prüfungen zu stellen. Im Oktober 1999 wurde ein gleicher Antrag in New Mexiko jedoch abgelehnt.[444] Als einen »Rückfall ins tiefste Mittelalter« bezeichneten damals Wissenschaftler den Beschluss des »School Board Committee« im republikanisch regierten Staat

Kansas. Stan Roth, Biologielehrer in Kansas, weigerte sich jedoch, den Kreationismus zu unterrichten, den er als unwissenschaftlich bezeichnete. Als seine Schülerin Anna Harvey diese Weigerung meldete, kam es zu einer offiziellen Anhörung; der Lehrer wurde nach 40 Jahren Schuldienst entlassen.[445]

Einen derben Rückschlag gab es 2007. Der Europarat gab während der Versammlung vom 4. Oktober in Straßburg eine Pressemitteilung zu den Kreationisten und über die »Gefahren des Kreationismus in der Bildung«[446] heraus. In dieser heißt es unmissverständlich:

»Die Abgeordneten aus den 47 Mitgliedsstaaten des Europarates haben ihre Regierungen nachdrücklich aufgefordert, mit ›aller Entschiedenheit‹ gegen die Einbeziehung des Kreationismus – der die Evolution der Arten durch natürliche Auslese leugnet – in den Unterricht als gleichberechtigte Wissenschaftsdisziplin neben der Evolutionstheorie anzugehen.«[447]

Dr. John D. Morris, Präsident der Kreationisten in San Diego, bezeichnet den Kreationismus und seine Mitstreiter als »Krieger für den Glauben«. Gab es keine Arche, gab es keine Schöpfung durch die Hand Gottes in sechs Tagen, so Dr. Morris, dann könne man auch »einfach alles hinschmeißen«. Eine zufällige Abstammung der Arten durch Mutation und Selektion aus der »Ursuppe« bis hin zum Menschen ist im kreationistischen Weltbild undenkbar. Darwinismus ist eine Art Sündenfall der Moderne.[448]

In Deutschland kursiert der Kreationismus kaum und wenn, dann in den Weiten des Internet. Auch wenn der Kreationismus auch hier eindeutig auf dem Vormarsch ist. Islamische Fundamentalisten in Deutschland lehnen die Evolution ab und spotten in entsprechenden Videos im Internet darüber. Übrigens auch über UFOs und Außerirdische irgendwo im All, die sie mit Blick in den Koran für Teufelszeug und verführerische Dämonen halten.

Im nordschwäbischen Gut Klosterzimmern lebt die christliche Glaubensgemeinschaft »Zwölf Stämme«.[449] Eine Gruppe fundamentaler Bibellobbyisten, die sich seit Jahren weigern, ihre Kinder in staatliche Schulden zu schicken. Buß- und Zwangsgelder, die sich bereits auf 150.000 Euro belaufen, brachten dabei die Bibelsekte ebenso wenig zum Einlenken wie Erzwingungshaft gegen die Erziehungsberechtigten. »Wir wollen unsere Kinder nur vor schlechten Einflüssen schützen«, kommentiert Sprecher Holger Röhrs 2004 den Starrsinn der Gruppe gegen die Schulpflicht der Kinder. Man wolle vor allem nicht, dass die Kinder der »Zwölf Stämme« Sexualkunde und natürlich die Evolutionstheorie in den Schulen lernen.[450]

Zurzeit glaubten in Deutschland nur 12,5 Prozent an den Kreationismus, wie es eine forsa-Umfrage im Auftrag der »Forschungsgruppe Weltanschauungen in Deutschland« (fowid) Ende 2005 ergab. Interessant an der trockenen Statistik ist auch, dass vor allem Kirchengänger zu den Anhängern des Kreationismus zählen. Sie glauben auch eher die Idee des »Intelligenten Design«. Das heißt, die These, dass ein Schöpfer für die Welt verantwortlich ist. Mit steigendem Bildungsniveau nimmt diese Überzeugung deutlich ab: 22,5 Prozent der Hauptschüler glauben an derartige Lehren – aber nur 5,8 Prozent mit einem Hochschulstudium.[451] Interessant auch eine andere Umfrage vom August 2005 zur Bibel: Nur 13 Prozent gaben 2005 an oft bis »hin und wieder« in der Bibel zu lesen – 62 Prozent hingegen »nie« ...

Für Unruhe sorgte Wolf-Ekkehard Lönning, Leiter einer Gruppe Genetiker am Max-Planck-Institute für Züchtungsforschung (MPIZ) in Köln. Durch seine Forschungen ist er zu der Überzeugung gekommen, dass hinter der Welt ein »Designer« steht. Eben das »Intelligente Design«. Das Wort »Gott« wurde von Lönning dabei aber strickt vermieden. Lönning hat 1.000 Seiten über seine Idee verfasst und über den offiziellen Server des Institutes in Köln im Internet veröffentlicht. Das rief Peter

Gruß, Präsident der Max-Planck-Gesellschaft auf den Plan, der eine Überprüfung der Schrift durch die vier Direktoren des Kölner Institutes forderte. Man kam zu dem Ergebnis, dass man sich mit den Schriften und Thesen von Lönning »lächerlich gemacht« habe, so Direktor Paul Schulze-Lefert.

Biologieprofessor Ulrich Kutschera aus Kassel warf Lönning »Verbreitung einer religiösen Weltanschauung« vor und war über den Entscheid, die Texte zu entfernen, mehr als erfreut. Auch wenn Lönning unterstreicht, er sei kein Kreationist und glaube auch nicht, dass die Welt erst vor 10.000 Jahren entstand, sind seine Kollegen da anderer Meinung.[452]

Man muss solche und ähnliche Entwicklungen und Überzeugungen der Kreationisten der USA immer im Hinterkopf behalten, wenn man sich die Frage nach dem Verbleib der Arche Noah stellt. Fast alle der ungezählten Expeditionen, die den Berg Ararat bestiegen, führten Kreationisten durch. Oder es waren bei diesen Exkursionen Kreationisten mit dabei. Folglich trugen diese bereits ein entsprechendes Weltbild mit in die eisigen Höhen des Ararat.

Doch wieso suchen Menschen die Arche Noahs auf dem Berg Ararat (Türkisch: Büyük Ağrı Dağı) in der südöstlichen Türkei? Nachdem laut Bibel die Sintflut über die Welt hereinbrach und alle Menschen und die nicht geretteten Tiere durch den Zorn Gottes umkamen, landete die Arche nach 150 Tagen Flut am 17. Juli wieder auf sicherem Boden. Die Bibel erzählt uns:

»Am siebzehnten Tag des siebten Monats setzte die Arche im Gebirge Ararat auf.«[453]

Je nach Bibelübersetzung liest sich der Vers etwas anders. »Auf den Bergen von Ararat«, »auf einem Gipfel des Araratgebirges« oder auch »auf dem Gebirge Ararat« steht dort geschrieben. Die Angaben des Buchs *Genesis* beweisen also gar nicht, dass die Arche auf dem bekannten *Berg* Ararat in der Osttürkei strandete.

Auch die Schriften aus Qumran schließen sich hier an, wo von den »Bergen von Hurarat« als Landungsort gesprochen wird.[454]

An vier Stellen in der Bibel finden wir das Wort Ararat. Erstmals natürlich bei Noah und der Landung der Arche nach der Flut. Eine weitere Erwähnung findet sich an zwei Stellen des Alten Testamentes, in denen die Ermordung des Königs Sanherib (705 bis 681 vor Christus) durch seine Söhne Adrammelech und Sarezer steht. Im Jahre 702 vor Christus besiegte der assyrische Herrscher Sanherib Babylon und seine Söhne flohen laut Bibel nach der Ermordung ihres Vaters »in das Land Ararat«.[455] Eine vierte Nennung des Namens Ararat findet sich bei der prophetischen Kriegserklärung des Jeremia gegen Babylon.[456]

Der Ararat wurde von den alten Assyrern aus Mesopotamien Ururat oder auch Urartu genannt. Es war ein Königreich in Armenien südlich des heutigen Bergers Ararat in der Region des Vansees, das Anfang des sechsten Jahrhunderts vor Christus verschwand. Dennoch beweist der Name Ararat im Alten Testament im Zusammenhang mit der Sintflutgeschichte eine Verbindung zu babylonischen und anderen Sintflutberichten wie dem Epos des Gilgamesch.[457]

In diesem Epos findet sich – mindestens 1.000 Jahre vor der Bibel – auch die Landung der Arche auf einem hohen Berg nach dem Ende der Sintflut. Utnapischtim, der »Noah« des *Gilgamesch-Epos*, strandete aber *nicht* auf dem Ararat:

»Am Berg Nisir war das Schiff gestrandet. Der Berg Nisir erfasste das Schiff und ließ es nicht mehr schwanken.«[458]

Dieser Berg Nisir (Nimuš/Nimusch) ist trotz anders lautender Aussagen nicht ganz sicher dingfest zu machen.[459] Er soll jedoch zwischen dem Fluss Tigris und dem unteren Lauf des Zab (Sab al-Ala) am Fuß der Gebirge Kurdistans liegen, vielleicht der heutige Berg Omar Gudrun nahe der Stadt Sulaimaniyya, den auch die Assyrer erwähnt haben. Also ist er *nicht* mit dem Berg Ararat identisch, sondern liegt im Nordosten von Mesopotamien. Dorthin soll die Arche durch eine gewaltige Flutwelle getrieben worden sein.[460]

Anfang 2009 macht das Thema Arche Noah wieder mal Schlagzeilen in den Medien: »Türkische Abgeordnete wollen den wahren Ruheplatz der Arche Noah geortet haben«, berichtet beispielsweise *Focus online*, *N24*, *T-online* und andere Medien rund um die Welt am 6. und 7. Januar.

Was steckt hinter der neuerlichen Sensations-Meldung?

Die Arche sei, so diese Meldungen, gar nicht auf dem Berg Ararat zu finden. In Wahrheit habe der Koran recht, der behauptet, das Boot liege auf dem Berg Cudi in der Südost-Türkei. Auf diese Idee kamen die Abgeordneten, als sie sich in einem Ausschuss mit der türkischen Oliven-Industrie befassten. Es heißt bekanntlich in der Bibel, dass Noah während der Flut eine Taube in den Himmel sandte, die eines Tages mit einem Olivenblatt im Schnabel wieder zurückkam. »Da merkte Noah, dass des Wassers auf Erden weniger geworden war«[461] oder auch sich »verlaufen hatte«, heißt es in der Bibel. Auf dem hohen Berg Ararat gibt es jedoch *keine* Olivenbäume, so die Abgeordneten zutreffend. Der türkische Abgeordnete Yasar Eryilmaz jedoch konnte über den 2009-»Arche Noah-Hype« nur lachen. Er sieht hier pure Phantasie seiner Kollegen und hält nichts von der ganzen Sache.

Damit noch immer nicht genug, denn es gibt noch weitere Hinweise auf den vermeintlichen Landplatz der Arche Noah. Im *Jubiläenbuch* finden sich ebenfalls die Schöpfungsgeschichte und eine umfangreiche Erzählung der Sintflut. Der Text dieses Buches ist über weite Passagen identisch mit dem der *Genesis*, doch die Strandung der Arche unterscheidet sich. Wir lesen dort:

»Auf der Erde standen nur die Gewässer fünf Monate lang, 150 Tage. Die Arche fuhr nun dahin und landete auf dem Gipfel des Lubar, eines der Berge von Ararat.«[462]

Welcher ist der Berg Lubar, den auch der bruchstückhafte Qumran-Text *Vision Daniels* erwähnt? Wo liegt er? »Eines der Berge von Ararat« lässt die Annahme zwingend zu, dass es ein Berg im Königreich Ararat im hohen Norden Mesopotamiens gewesen sein mag. Jedoch wird Lubar auch gleichgesetzt mit dem Elbrus-Gebirge, das in Norden des Iran, zwischen Teheran und dem Südufer des Kaspischen Meeres, liegt.[463] Sein höchster Berg ist der Demawend mit 5.604 Metern. Sollte hier die Arche angelandet sein, dann muss es tatsächlich eine gewaltige Flut gegeben haben.

Im Epos des Gilgamesch erfahren wir, dass der Flut-Held Utnapischtim aus der Stadt Shurupak (Schuruppak) stammt und dort die Arche baute.[464] Da die uralte Stadt Shurupak etwas im Süden des Zweistromlandes zwischen Tigris und Euphrat lag, muss die vermeintliche Arche auf ihrem Weg ins Elbrus-Gebirges das Zargosgebirge überwinden. Auch dort stehen gewaltige Berge um 4.000 Meter Höhe. Andersherum, in Richtung Ararat in der Türkei, müsste die Arche auch noch Berggipfel von bis zu 3.600 Metern überwinden, um dort zu stranden. Eine vier bis fünf Kilometer hohe Flut im Mittleren Osten wäre nötig, um den verwirrenden Angaben der alten Überlieferungen gerecht zu werden. Undenkbar!

Natürlich kennt auch der Islam die Sintflut und den Helden Noah. Der Koran berichtet, dass Noah im Alter von 950 Jahren starb, der Grund der Flut liegt auch hier in der Vernichtung der sündigen und ungläubigen Menschen. Der Koran berichtet sogar, das Noah *selbst* Allah um die Vertilgung der Menschheit (bis auf die Gläubigen) bat. Die Sure »Noah« erzählt uns:

»Und Noah sprach ferner: O mein Herr, lass von diesen Ungläubigen keine einzige Familie auf der Erde übrig; denn lässt du deren übrig, so werden sie deine Diener verführen, und sie werden nur ein ebenso schlechtes und ungläubiges Geschlecht zeugen.«[465]

Auch im Koran strandete die Arche nach dem Rückgang der Flut auf einen Berg. Unter Hohn und Spott der übrigen Bevölkerung baute Noah seine Arche. »Auf berghohen Wellen« schwamm sie dann über die Flut dahin, bis sie auf einem Berg landete:

»Und dieser Befehl wurde vollzogen, und die Arche ließ sich auf dem Berge Dschudi nieder; und es wurde gesagt: Nun ist es dahin, das frevelhafte Volk.«[466]

Dieser (Al-)Dschudi wird manchmal mit dem biblischen Berg Ararat gleichgesetzt, dann wieder mit dem Massis oder Agridagh. Andere Interpretationen sind der 2.089 Meter hohe Berg Cudi Dağı im Südosten der Türkei in der Provinz Şırnak – sie vertraten, wie wir sahen, die türkischen Abgeordneten. Nicht weit vom »eigentlichen Ararat« entfernt also. Auf seiner Spitze finden sich die Ruinen des Klosters Safinat Nabī Nūh (= Prophet Noah), die einen alten Glauben an diesen Berg als Ort der Arche belegen. Vielleicht ist er identisch mit dem Berg Qardü, dem syrischen Berg der Arche Noah-Rettung.[467]

Letztlich sei noch die *Apokryphe des Johannes* genannt. In dieser neutestamentarischen Schrift außerhalb der Bibel gab es gar keine Arche. Die Menschen überlebten den göttlichen Zorn und die göttliche Vernichtung auf wundersame Weise in einer »Lichtwolke«.[468] Das wiederum erinnert an die erwähnte These, die Arche sei ein Raumschiff gewesen.

Erstaunlich, dass trotz dieser sehr zweifelhaften und widersprüchlichen Aussagen der alten Schriften die Arche immer auf *dem* Berg Ararat vermutet wird. Schon 275 vor Christus berichtete der bekannte babylonische Geschichtsschreiber Berossus von einem »Schiff, das in Armenien auf Grund gelaufen ist«. Die lokalen Bewohner pflegten den Brauch, »Pech vom Schiff zu holen, indem sie es abschaben und daraus Amulette machen«.[469] Wahrheit? Fiktion? Von der Wahrheit der Flut überzeugt gibt sich der Moslem Harun Yahya (eigentlich Adnan Oktar) aus der Türkei, der in seinem Buch *Untergegangene Völker* 2001 selbstsicher schreibt:

»Es ist jedoch wichtig zu erwähnen, dass diese Erzählungen, denen wir in verschiedenen Quellen und Kulturen begegnen, mehrere Versionen haben, die dem Original nicht entsprechen. Höchstwahrscheinlich beruhen diese Unterschiede auf absichtlich verfälschten Quellen und falschen Übertragungen. Forschungen haben belegt, dass unter allen Fluterzählungen, die im Wesentlichen das gleiche Ereignis in unterschiedlichen Versionen behandeln, die Erzählung im Quran den wissenschaftlichen Befunden am ehesten entspricht.«[470]

Berichte wie der des Berossus und mythischen »Augenzeugenschilderungen« ziehen sich durch das ganze Mittelalter. Und fraglos haben zahllose Menschen solche Erfahrungen geglaubt; religiöse Zweifel standen unter Strafe. Ein Beispiel ist der Diplomat Isaac de la Peyrére aus Frankreich, der in seiner Schrift *Praeadamitae* 1655 die Arche und die Flut schlicht logisch betrachtete. Er stellte darin die Behauptung auf, das die Sintflut nur ein Ereignis im Nahen Osten und Europa gewesen sein kann. Ansonsten sei es nicht erklärbar, dass die Tiere beim Auszug aus der Arche über die Ozeane hätten ausbreiten können. Folgerichtig, so de la Peyrére, überlebten die Tiere auf den anderen Erdteilen und damit auch verschiedene Völker der Menschen. Für die Kirche in dieser Zeit war es ein Sakrileg, denn wäre nicht die gesamten Menschheit umgekommen, sondern nur ein Teil, bildeten die Passagiere der Arche mit Noah sicher nicht den Ursprung einer neuen Weltbevölkerung. Die »Gerechten« auf dem Boot hätten damit den »göttlichen Sinn und Zweck« des von Gott angeordneten Archebaus schlicht und einfach verfehlt.

Papst Alexander VII. sah sich damals zum Handeln veranlasst und so wurde de la Peyrére in Paris wegen Ketzerei verurteilt.

Auch eine Flucht nach Brüssel brachte nichts, denn der Ketzer wurde gefangen, nach Rom gebracht und musste im Beisein des Papstes seine Ansichten über die Sintflut zurücknehmen.[471]

Da Gerüchte von Bauern und Hirten um ein Schiff auf dem Ararat nicht verstummten, wurden erste Expeditionen um das Jahr 1830 entsandt. Vor allem die Russen ließen den Berg der Rettung erkunden und berichteten immer wieder von einem Schiffsrumpf aus Holz, der im Sommer aus dem südlichen Gletscher herausrage. Phantastisches wusste auch Dr. John Joseph Nouri, Erzdiakon für Jerusalem und Babylon, 1892 zu berichten. Dr. Nouri befand sich auf einer Forschungsreise zu den Quellen des Euphrat und will dabei ganz nebenher auch gleich noch die Arche gefunden haben. »Das Innere war voller Schnee«, berichtet der Geistliche später, »die Außenwand zeigte eine dunkle Naturfärbung«. Beweise hatte er nicht.

Ebenso wie der russische Pilot Roskowitzki, der 1916 im ersten Weltkrieg seinem Zaren Nikolaus II. meldete, er habe am südlichen Ararat ein »bedeutendes Schiffswrack« entdeckt. Der russische Zar entsandte noch während des ersten Weltkrieges ein Forscherteam aus 100 Soldaten zum Berg Noahs und soll dabei fündig geworden sein. Angeblich verschwanden die Dokumente und Fotobeweise dieser russischen Expedition in der russischen Revolution und dem Niedergang des Zarenreiches.[472]

Diese unglaubliche Geschichte erschien 1940 im US-Magazin *New Eden Magazine* und schildert in sensationellen Worten die Arche und ihre Entdeckung. Inzwischen kann man aber diesen Bericht als unwahr ansehen, da es unzählige Belege gibt, dass ein (nicht auffindbarer) Pilot mit Namen Roskowitzki niemals 1916 den Ararat überflog. Vermutlich hat Alexander Korr, ein russischer Armeeangehöriger, der vor allem für die Verbreitung der Story ab 1945 verantwortlich war, sie zur Gänze erfunden.[473]

Doch am 17. Juni 1949 fand die Luftwaffe der USA an der Nordwestspitze des Ararat tatsächlich eine seltsame Struktur, die augenscheinlich dem Rumpf eines Schiffes ähnelte. Die biblischen Maßangaben der Arche von etwa 150 Metern Länge, 25 Metern Breite und 15 Metern Höhe, passen laut den Befürwortern und natürlich Kreationisten tatsächlich auf die seltsame Struktur auf dem Ararat. Bereits 1949 machten sich gleich drei Expeditionen auf den Weg, die Gerüchte der türkischen Bauern zu überprüfen und »allen Ernstes nach den Resten der Arche Noah zu fahnden«, wie es in dem Klassiker der Archäologie, *Götter, Gräber und Gelehrte*, formuliert wird.[474]

Die Aufnahmen der Airforce wurden damals schlicht als »Ararat-Anomalie« betitelt und als geheim eingestuft. Erst durch den Einsatz des Satellitenspezialisten Porcher Taylor vom »Zentrum für Strategie und internationale Studien« in Washington wurden die Bilder 1993 freigegeben. Dabei stieß Taylor noch auf weitere Aufnahmen der Anomalie. So wurde sie 1956 von einem Spionageflugzeug vom bekannten Typ »U2« der USA aufgenommen. Der Pilot Gregor Schwinghammer berichtete in einem Video-Interview dazu:

»Es schien ein kahnartiges oder güterwagenähnliches Gebilde zu sein, das von Menschenhand angefertigt wurde.«[475]

Im Jahr 1973 wurde dann die Struktur von einem militärischen Spionagesatelliten des CIA erstmals aus dem All aufgenommen. Auch Bilder aus den Jahren 1976, 1990 und 1992 fand der Forscher in den Archiven, die zum Teil in den USA im Kreis der Kreationisten interessiert aufgenommen wurden.[476] Das erste Foto vom 17. Juni 1949 war bis 1993 sogar vom CIA geheim gehalten worden.

Da sich die CIA beharrlich weigerte, die Satellitenaufnahmen für eine Veröffentlichung bereitzustellen, entschloss sich Taylor zu einem ganz anderen Mittel. Mit einer Zeitungsredaktion mietete er einen Satelliten, um die Anomalie selbst zu fotografieren. Der Satellit »Insight« machte tatsächlich neue Aufnahmen der

»Arche« in hoher Auflösung. Doch klären, worum es sich hierbei handelt, konnten auch diese Bilder nicht. Ein Team von sieben Experten für Bildauswertung wurde zusammengestellt. Vier meinten, es könnte künstlicher Natur sein, zwei sahen eine natürliche Formation und einer enthielt sich, da die Aufnahmen für eine Bewertung nicht ausreichend seien – bis es 2004 zu einem neuen Arche-Hype um Daniel McGivern und Professor Ahmet Ali Arslan und einem Team kam. Mit neuen Satellitenbildern wollten sie den Beweis der Arche erbringen, wie wir noch sehen werden.[477] Ergebnis? Keines.

David Fasold ist von der Realität der Arche und ihrer nachweisbaren Reste überzeugt. Nach seinen zahlreichen Entdeckungsreisen ist sich der Kreationist sicher, dass er die Arche der Bibel gefunden hat. Zusammen mit Ron Wyatt, Dr. John Baumgardner, Dr. Allen Roberts und anderen Teilnehmern will das Team erstaunliche »Beweise« für die künstliche Herkunft des bootförmigen Gebildes gefunden haben. Das Team will mittels Bodenradar, seismischen Messungen, »Wünschelruten« (»Frequenzgenerator« genannt) und anderen Instrumenten die ehemaligen Balken, Kammern für die Tiere und Metall von Nägeln aufgefunden haben. Nach Fasolds und Wyatts Aussagen wurde die Arche von Noah aus zementiertem Schilfrohr gebaut; auch der Metalldetektor habe den Umriss des Schiffes deutlich nachgewiesen. Zudem habe man »Ankersteine« der biblischen Arche in der Region gefunden. Es handelt sich um schwere Felsbrocken mit einem Befestigungsloch, die an Seilen vom Schiff herunterhingen, um es zu stabilisieren.

Nachdem Fasold und Wyatt den Fund der Arche auf dem Ararat bekannt gegeben hatten und die Presse dieses natürlich begierig aufnahm, machten sich zahlreiche weitere Menschen auf, ihre Angaben zu überprüfen. Doch weitere geologische Untersuchungen konnten die Angaben von Fasold nicht bestätigten. Magnetometrische und seismische Messungen, Radaruntersuchungen und sogar Bohrungen erbrachten keinerlei verwertbare

Ergebnisse. Bei der vermuteten Arche handelt es sich lediglich um geologische Strukturen, die auch im weiteren Umfeld der angeblichen Arche in verschiedenen Formen zu finden sind. Die Bohrungen zeigten auch verschiedene geologische Schichten und Gestein in der vermeintlichen Arche selbst.

Es scheint sich bei der Struktur nur um abgerutschten Schlamm und Geröll zu handeln, die sich bootförmig um einen Felsen legten. Der Kreationist und Archensucher Dr. John D. Morris bezeichnete das Gebilde sogar schlicht als einen »Haufen Dreck«. Dr. Morris wies zudem darauf hin, dass zum Beispiel die »Ankersteine« in 22 Kilometer Entfernung vom Fundort entfernt lagen und »sich praktisch kaum von den in dieser Gegend verwendeten Grabsteinen« unterscheiden, die man gegenwärtig noch auf Friedhöfen findet. Der mehrfach selbst auf dem Ararat gewesene Dr. Morris sieht auch in den angeblichen Nachweis von Metall »schlicht eine Übertreibung«. Er verweist darauf, dass es häufig auch Gestein mit natürlichem Eisenerz zu finden gibt. Für den Kreationisten und Präsident des ICR Dr. Morris ist sicher, dass es eine völlig natürliche Struktur ist.[478]

Der Amerikaner Daniel McGivern verliert trotzdem nicht den Mut und ist sich sicher, dass er die Arche finden wird, nach der er seit 1995 fahndet. Er startete am 15. Juli 2004 eine weitere Expedition:

»Der vergangene Sommer war der heißeste seit 500 Jahren. Die Schmelze war erheblich größer, die Sicht extrem gut. [...] Wir haben Satellitenfotos von der Arche gemacht. Das Wrack liegt auf dem Berg Ararat in der Türkei.«[479]

Stolz ist der Multimillionär, dass mit Hilfe des Satelliten »DigitalGlobe« hervorragende Bilder erzielt werden konnten. Zusammen mit dem türkischen Archäologen Professor Ahmet Arslan, der den Berg bereits 50-mal bestieg, will er »ein

›Dreamteam‹ von Geologen, Glaziologen,[480] Archäologen und forensischen Experten« zusammenstellen und die Expedition auch finanzieren.

McGivern ist sich sicher, dass die Arche einst unter fast 100 Metern Eis versteckt lag. Erst heiße Sommer bringen die Reste des Schiffes wieder ans Licht, argumentiert der Forscher. Dies sei auch der Grund, warum die Arche nicht immer zu finden sei. Nun aber habe er deutliche Satellitenaufnahmen, die ihm die genaue Lage verrieten. Es scheint auch, so McGivern, dass das Wrack im Jahre 1840 bei einem Erdbeben in drei bis sechs Teile zerbrochen ist. Ähnliches behaupteten auch andere »Archeologen«, wie etwa der Deutsche Naturkundler Dr. Friedrich Parrot. Er bestieg 1829 selbst den Ararat und berichtete über eine Arche. Parrot sagte auch, dass im Kloster Ahora Teile der Arche verwahrt würden. Ihm wurde zum Beispiel eine Ikone gezeigt, die aus dem Holz der Arche Noah geschnitzt worden sein soll. Aber auch dieses Kloster wurde bei dem Erdbeben und dem Ausbruch des Ararat 1840 verschüttet.[481]

Die armenische Kirche in dem Kloster Etschmiadsin verehrt bis heute eine Holzplanke als Reliquie. Auch diese soll angeblich Teil der Arche sein. Die Legende sagt, dass der fromme Mönch Jakob im 4. Jahrhundert auf der Suche nach dem Schiff war und dabei auf dem Ararat von einem Engel Gottes diese Planke der Arche als Geschenk erhielt. Untersuchungen des fraglichen Holzstückes gab es bisher nicht. Ebenso wie von dem Holz der Türen der Kirche »Hagia Sophia« (später zu einer Moschee umgebaut) in Istanbul, die ich bereits mehrfach in Augenschein nahm. Auch dieses mächtige Holz soll laut einer Legende von der Arche stammen.

Die Expedition von McGivern kam nicht zustande. Sicherheitsbedenken und die Terrorbedrohung, die es ihm die türkische Botschaft in Washington Ende September 2004 mitteilen musste, vereitelte das Unternehmen.

Inzwischen können sich »wissenschaftliche Exkursionen« die Klinke am Gipfel in die Hand geben. Für die lokale Bevölkerung sind sie mittlerweile sogar zu einer willkommenen Einnahmequelle geworden. Auch ein einfaches »Aussichtscenter« mit Blick auf die geologische Struktur wurde errichtet. Der ehemalige Astronaut James Irvin, der selbst auf den Spuren der Bibel 6-mal zu dem mythischen Berg reiste, ist sicher der prominenteste Suchende. Und wer in seine Fußspuren treten möchte, kann inzwischen über das Internet für rund 1.300 Euro eine Besteigung des Ararat buchen.

Auch wenn Dr. John D. Morris als Präsident und Kreationist des »Institute for Creation Research« die Funde von Fasold & Co. als Beweis ablehnt, glauben sie weiter an die Arche Noah als Tatsache. Solange Gott bei der Suche nicht persönlich eingreift, wird der Verbleib des Bootes ein Rätsel bleiben, meint zumindest Dr. Morris. Das ist natürlich auch eine Möglichkeit ...

Vielleicht wird ja auch immer an vollkommen falschen Orten gesucht. Da die Flut in Mesopotamien von Süden vom Golf her über die Region hereinbrach und laut dem hebräischen Wort für Berg auch ein Hügel gemeint gewesen sein kann, befindet sich die Arche vielleicht viel weiter südlich. Die aktuelle archäologische Forschung über das einstige Königreich Ararat beziehungsweise Urartu und damit den Landeplatz der Arche beweisen, dass sich das Reich weit in den Süden ausdehnte. Die Funde zeigen, dass sich Urartu bis in die Gegend der berühmten Stadt Ninive bei dem heutigen Mossul im Irak erstreckte. Könnte die Arche hier auf einem Hügel gestrandet sein, nachdem die Sintflut die »ganze Region« heimgesucht hatte?

Dazu noch einmal zu unserem Freund Henoch. Im äthiopischen *Buch Henoch* wird überliefert, dass die gefallenen Engel in einem »brennenden Tal« eingeschlossen und vernichtet wurden. Dieses liege »im Westen bei den Bergen des Goldes, Silbers, Eisens, des Weichmetalls und des Zinnes«.[482] In diesem Tal, »wo jene Engel, die die Erdbewohner verführten, gerichtet werden«, so weiter, fand die Sintflut statt. Begleitet von »feuerflüssigem Metall«, Schwefel, Beben und »großem Wogen und Wallen der Gewässer.«[483]

Wo soll dieses Tal der Flut und Katastrophen gewesen sein, »wo jene Engel, die die Erdbewohner verführten, gerichtet werden«? Irgendwo nahe des »Gipfels des Hermonsberges«, wo laut dem Buch *Henoch* ja die 200 rebellierenden Göttersöhne vom Himmel kamen?[484] Es gibt diesen Berg tatsächlich. Er liegt zwischen Syrien und dem Libanon; dort befinden sich auch die drei Quellen des Jordan. Laut dem *Buch der Richter* der Bibel[485] frönten dort verschiedene Völker den Kult des Gottes Baal, den wir aus Kapitel I.7 ja gut kennen. Das *5. Buch Moses*[486] nennt den Hermon noch unter zwei weiteren Namen: »Senir« und »Sirjon«. Senir bezeichneten nach der Bibel die Amoriter (= Amurriter) den fraglichen Berg, die aus dieser Region als Nomaden nach Osten (Mesopotamien) einwanderten.[487] Senir klingt ähnlich wie Nisir im *Epos des Gilgamesch* (der heute jedoch meist Nimusch genannt wird), wie wir oben schon sahen. Besteht hier irgendein Zusammenhang? Geographisch liegen hunderte Kilometer zwischen ihnen ...

Es zeigt sich mehr als deutlich, dass es bisher keinen klaren Beweis für die Arche gibt. Eher ist das Gegenteil der Fall – die gesamten Überlieferungen widersprechen sich offensichtlich. Kapitel I.3 zeigte auch, dass im *Epos des Gilgamesch* die Arche ein »Kasten« (Würfel) war. Das passt nicht zum Bericht der Bibel. Aber es könnte noch weiter verwirren. Im Epos wird von sechs Decks der Arche gesprochen, die sieben Etagen ergeben.[488]

Der Tempelturm von Babylon, dort, wo eine »neue Welt« nach der Flut begann, wies ebenfalls sechs »Decks« auf und damit sieben Stockwerke sowie eine quadratische Grundfläche (90 Meter Kantenlänge). So zeigen es Rekonstruktionen und Ausgrabungen vor rund 100 Jahren und überliefert es auch ein Keilschrifttext aus Uruk. Zufall?

Es ist meiner Meinung nach sehr fraglich, dass die Kreationisten oder wer auch immer eines Tages den Beweis für eine Arche finden werden. Auf dem Ararat, Hermon, in Brasilien oder wo auch immer auf dieser Welt. Doch eine nicht existierende oder bisher nicht gefundene Arche ist indes kein Beweis für eine nicht stattgefundene Sintflut oder Fluten. Ebenso belegt das Fehlen einer Arche keinesfalls, dass es keine versunkenen Kulturen auf unserem Planeten gab.

TEIL III

4 Eine versunkene, erste Zivilisation?

Gab es sie? Eine durch eine Flut und andere Katastrophen vernichtete Ur-Kultur auf unserer Erde? Quasi ein »Atlantis der Bibel«? Versank es durch den Anstieg des Meeres von bis zu 150 Metern am Ende der letzten Eiszeit? Durch einen Asteroideneinschlag? Durch viele einzelne lokale Katastrophen? Oder – wie ich persönlich denke – durch eine Mischung aus all diesen Theorien zusammen?

Archäologische Ausgrabung im Zweistromland haben belegt, dass bereits vor weit über 10.000 Jahren etwa in Muraibit am Mittleren Euphrat die ersten Menschen in festen Behausungen siedelten.[489] Eine uralte Kultur, die heute vor allem durch ihre »Idole der Fruchtbarkeit« bekannt ist. Üppige weibliche Steinfiguren als Symbol des Lebens und oftmals auch Stierdarstellungen als Symbol für die männliche Zeugungsfähigkeit – ein Bild, das bereits in den frühsten Höhlendarstellungen der Welt zu finden ist.[490]

Seit Jahrhunderten fahnden Menschen nach einer »Mutterkultur« auf Erden, die durch eine Naturkatastrophe vernichtet wurde. Mit erstaunlichem Ehrgeiz und nicht mehr zu zählenden Büchern und Artikeln suchen Menschen rund um die Welt zum Beispiel nach dem sagenhaften Inselreich Atlantis. Platon, ein griechischer Philosoph (427 bis 347 vor Christus), beschreibt in seinen Schriften eine solche Insel, die plötzlich im Meer versunken sein soll. Sie beheimatete eine hohe Kultur, die viele andere Kulturen der Erde durch ihr Wissen inspiriert haben soll.

Ignatius Donnelly (1831–1901), einst Vizegouverneur von Minnesota und zweimaliger Bewerber für das Amt des Vizepräsidenten der USA, begründete 1882 mit einem sehr spekulativen Buch den Boom der Atlantis-Forscher. Weit mehr als 50 Auflagen hat sein Klassiker *Atlantis, die vorsintflutliche Welt* bis heute erreicht, enthält jedoch fast ausnahmslos falsche Informationen. Oder besser gesagt Thesen, die heute aufgrund neuer Forschungen so nicht mehr haltbar sind. Dennoch hat Donnelly praktisch sämtliche heutigen Hypothesen wie Verbindungen zwischen der Alten und Neuen Welt, Sprachverwandtschaften, versunkene Inseln und Kontinente, weltweite Seefahrt und andere Dinge mehr beschrieben.[491]

Nicht minder prominent als Atlantis-Forscher wurde Paul Schliemann, angeblicher Enkel des legendären Archäologen Heinrich Schliemann. Im Jahre 1912 veröffentlichte er in dem Magazin *American* einen offensichtlich *unwahren* Artikel über Atlantis. Darin behauptet er, sein Großvater habe in seinem Nachlass Schriften und Fundobjekte aus Troja vermacht, die eindeutig auf Atlantis hinwiesen und zum Teil sogar von dort stammten. Den Beweis blieb Paul Schliemann jedoch schuldig.

James Churchward nahm einige Jahre später die Idee der versunkenen »Mutterzivilisation« wieder auf und verband sie mit dem legendären Kontinent Mu. Dieser soll einst im Pazifik versunken sein. Churchward veröffentlichte 1926 sein erstes von insgesamt fünf Büchern über den gigantischen Urkontinent, der fast den gesamten Pazifik, von Hawaii bis Australien und den Osterinseln bedeckt haben soll. Er war sich sicher, dass vor 50.000 Jahren hier eine Zivilisation lebte, die alle anderen Völker der Welt beeinflusst habe.[492] Erste Erkundungen der Ruinen der Maya in Mexiko im 18. Jahrhundert veranlassten Autoren in

Europa und den USA zu weiteren Atlantis-Thesen. Aufgrund der Tatsache, dass auch die Maya Stufenpyramiden bauten, spekulierte man, dass dieses Volk vielleicht ein Nachfahr der Menschen von Atlantis sei. Dabei blickten die Atlantis-Autoren auch auf die Pyramiden in Ägypten und sahen hier Zusammenhänge oder eine Art kulturelle Urquelle.

Die Gründe für solche Thesen sind aus der Sicht des 18. Jahrhunderts sehr leicht verständlich: Das Alter der vom Dschungel verschluckten Ruinen und die Schrift der Maya waren fremd und unbekannt. Moderne Hilfsmittel wie die Kohlenstoffdatierung (C^{14}) von organischem Material gab es nicht. Aus damaliger Sicht konnte es sich also durchaus um Ruinen von Atlantis-Nachfahren handeln, die vor Jahrtausenden in Mexiko (und auch Ägypten) strandeten. Teilweise sieht man das noch heute so, vor allem in der Esoterik und rund um die Mythen über das Jahr 2012, wie ich in meinem Buch *Die Akte 2012* (2010) zeigte. So etwa der Esoteriker Drunvalo Melchizedek, der sicher ist, dass die Maya vor mindestens 26.000 Jahren aus dem Kosmos gekommen seien. Nach dem Untergang von Atlantis vor 13.000 Jahren (durch einen physischen Polsprung) kamen sie nach Mexiko. Melchizedek behauptet weiter, dass diese Esoterik-Thesen nicht zu widerlegen seien, wenn er 2009 schreibt:

»Sie [die Maya, L.A.F.] *waren mindestens 26.000 Jahre auf der Erde. Die Wissenschaft kann das nicht widerlegen, weil sie nichts über die Maya wissen, nicht wissen, woher sie kamen oder sie wirklich kennen.«*[493]

Und weiter will der Autor wissen:

»Als Atlantis vor 13.000 Jahren wegen des erwähnten physischen Polsprungs sank, sprangen die Maya in ihre Boote und fuhren nach Yukatan, nicht weit von der Südwest-Ärea von Atlantis.«[494]

Das ist natürlich falsch und dennoch in ähnlicher Form weit verbreitet. »Die Wissenschaft« weiß sehr wohl sehr viel über das Volk der Maya.

Gern werden bis heute Verbindungen zu anderen Pyramiden in aller Welt gezogen. Auch wenn Kritiker und etablierte Archäologen stets betonen, dass teilweise Jahrtausende zwischen den einzelnen Bauten und Kulturen lagen. Etwa Pyramiden in China, Peru, Fernost, Korea, Ägypten und Europa. Oder auch angebliche Pyramiden in China am Dongting-See, die zehntausende Jahre alt sein sollen sowie die chinesische »Weiße Pyramide« bei Xian, wie ich es in meinem Beststeller *Verbotene Geschichte* 2010 diskutierte.

Weniger jedoch wird bis heute bei der Suche nach einer Ur-Kultur oder Spuren von Atlantis auf eine Meldung von 2002 aus Italien eingegangen. Es hieß darin, dass der Physiker Vitalij Anatoljevic Gokh nahe Sewastopol 37 »seltsame unterirdische Pyramiden auf der Krim« entdeckt habe. In einem Interview sagte Gokh 2002:

»Eigentlich habe ich anfangs nach Wasser gesucht. Nach der Pension habe ich mich meiner Datscha (meinem Häuschen) auf dem Lande bei Sewastopol gewidmet, wo es, wie überall auf der Krim, nur Felsen gibt. Daher ist es ein Problem, Wasser zu finden. Daher habe ich nach zahllosen Versuchen ein geohydrologisches Untersuchungsgerät entwickelt, mit dem ich viele Wasservorkommen entdeckt habe.

Auf die Pyramiden bin ich per Zufall gestoßen und zuerst habe ich es nicht geglaubt: aus den Berechnungen ergab sich ein unterirdischer Hohlraum, der eine ganz präzise Form hatte. Ich habe die Messungen mehrmals wiederholt, bevor ich mich davon überzeugen ließ, dass es Wirklichkeit so war. Und so ist es bei allen folgenden Pyramiden abgelaufen.«[495]

Gokh gab an, es handle sich um dreiseitige Pyramiden mit bis zu 45 Meter Höhe und einer Basislänge von bis zu 72 Metern.

Da sie sich einst »frei über die Erdoberfläche« erhoben hätten, nun aber komplett im Erdreich lägen, wird im italienischen Internet bis heute viel spekuliert. Zehntausende von Jahren sollen sie alt sein und natürlich mit Atlantis in Zusammenhang stehen.

Im Frühjahr 2014 kochte im Zuge der Krim-Krise zwischen Russland und der Ukraine das Thema um diese Pyramiden jedoch erneut hoch. Wie ich auf meinem Video-Kanal bei YouTube zeigte, kamen wilde Spekulation auf, dass die Russen auf der Krim einmarschierten, da es dort 65 Millionen (!) Jahre alte Pyramiden mit »außerirdischen Objekten« geben solle. Fakten dazu gab es leider keine.

Otto Heinrich Muck war 1954 einer der ersten Autoren, die versuchten, Atlantis ohne esoterische Phantastereien á la James Churchward nachzuweisen. Damit hatte Muck großen Erfolg.[496] Und natürlich suchte auch Muck weltweit nach Spuren einer versunkenen Ur-Kultur. Seiner Meinung nach – und nach Meinung der meisten anderen Autoren – lag die Insel im Atlantischen Ozean und versank im Jahre 8498 vor Christus. Maurice Chatelain hingegen will 1980 durch alte Schriften aus Tibet erfahren haben, dass Atlantis im Jahre 9564 vor Christus im Atlantik versank. Flüchtlinge der Insel strandeten dabei sogar in Tibet.[497]

Andere siedeln eine erste Zivilisation in der einst warmen Antarktis an.[498] Wieder andere im Bereich von Bimini[499], den Anden[500], Troja[501], in der Wüste Gobi, in der Nordsee[502] (Helgoland), auf der Insel Thera[503] (Santorin) nördlich von Kreta, vor oder bei Gibraltar[504] oder auch vor der Insel Zypern.[505] Sowie an vielen, vielen anderen Orten der Welt mehr.[506] Und der bekannte französische Grenzwissenschafts-Schriftsteller Robert Charroux vermutete gleich zahlreiche versunkene Inselreiche und brachte sie mit Außerirdischen in Verbindung.[507] Der deutsche Autor Dieter Bremer hingegen setzt Atlantis mit einer Raumstation der »Götter aus dem All« gleich.[508]

Die Nazis bedienten sich ebenfalls gern der Atlantis-Idee und siedelten auf der Insel die Heimat der Arier an. Der antisemitische Autor Karl Georg Zschaetzsch, der Atlantis ebenfalls im Atlantik sah, berichtete schon 1922 in einem Buch »über die verschollenen 29.500 Jahre und somit über die Geschichte des arischen Stammes«:

»Die Urheimat des blonden, blauäugigen, arischen Stammes, der bei uns auch allgemein unter den Namen Germanen bekannt ist, war die Insel Atlantis, welche durch die als Sintflut bekannte Katastrophe im Meere verschwand und deren Überreste noch in den Azoren-Insel über den Atlantischen Ozean emporragen.«[509]

Vor allem die »SS« unter Führung von Heinrich Himmler war im dritten Reich emsig bemüht, den Ursprung der angeblich überlegenden »arischen Rasse« in einer Mutterzivilisation nachzuweisen. Hoch im Norden, »jenseits der Nordwinde«, habe diese arische Welt gelegen, die den anderen Völkern himmelhoch überlegen gewesen sei. »Thule-Kultur« nannte man dieses Volk, bereits 1918 wurde eine »Thule-Gesellschaft« gegründet. Auch die Mythologien der Griechen, die von dem nordischen Volk der Hyperboreer berichten, zu denen der legendäre Gott Apollo reiste, wurden mit diesen »Ariern« verknüpft. Zumindest besagten Überlieferungen, dass auch die Hyperboreer ein versunkenes Volk seien. Ein Volk, das mit dem Gott Apollo in Verbindung stand, und zu dem einige auch Noah selbst zählen. So schreibt Victor K. Wendt 1984 in *Das Geheimnis der Hyperboreer* zum Beispiel:

»Auch der biblische Bericht von der Arche Noah wird uns verständlicher, wenn wir ihn nach unseren heutigen Kenntnissen betrachten und in Noah auch einen vor den steigenden Wasserfluten flüchtenden Hyperboreer sehen. Wie er bauten alle

eine Barke, luden Sämereien und Vieh ein und bestiegen mit Frau und Kindern das Boot, um sich dem Wind und der Meeresströmung anzuvertrauen. Sie haben auf Inseln oder an Küsten gesiedelt und teilten bereitwillig ihren geistigen Besitz. Schließlich sind sie in der Fremde in den fremden Völkern ganz untergegangen, wobei sich die Spur der von ihnen gebrachten Kultur erhielt.«[510]

So seltsam es klingen mag, aber tatsächlich haben sich weltweit Expeditionen der »SS« auf die Suche nach den Abkömmlingen dieser überlegenden Arier gemacht. Das führte »SS«-Mitglieder des sogenannten Institutes Ahnenerbe (Berlin) bis nach Tibet.[511]

Neben dem Inselreich von Atlantis, das in den Fluten des Meeres versunken sein soll, ist auch immer wieder von Mu die Rede.[512] Mu soll ebenfalls ein gewaltiger Kontinent gewesen sein, der einst wie Atlantis versank und von dem nur noch die Inseln Ozeaniens aus dem Meer ragen. Auf Tahiti beispielsweise erzählt man die Legende, dass ein gewaltiger Stein von den Göttern auf Mu geschleudert wurde, das dann in tausend Inseln zerbrach.[513] Josef F. Blumrich, einst Konstruktionsmitarbeiter bei der NASA, analysierte die Überlieferungen der Hopi-Indianer aus Arizona in Bezug auf solche Mythen. Auch diese sprechen von einer gewaltigen aber untergegangenen Landmasse im Pazifik, die sie Kásskara nennen und die auch mit den Astronautengöttern im Zusammenhang stehen soll.[514] Die Hopi-Indianer wissen nach Blumrich von gewaltigen geologischen Veränderungen der Erde und der Vernichtung von Völkern und Ländern. War es die in der Sintflut versunkene »Ur-Zivilisation«? Oder sollte man den Aussagen und Thesen Blumrichs zu Mu und den Hopi-Indianern keine große Beachtung schenken, da sie unwahr oder verdreht sind? So zumindest argumentiert André Kramer. Kramer, ein kritisch-kompetenter Kenner, aber dennoch Befürworter der Prä-Astronautik, fasste seine Zweifel an Mu und den Hopi in einer Analyse 2011 zusammen:

»Es bleibt also festzuhalten, dass der Umgang mit dem Glaubensgut der Hopi-Indianer von Seiten der Paläo-SETI viel zu undifferenziert und selektiv erfolgt ist. Viele wichtige Informationen wurden (aus Unwissenheit?) in der Diskussion unterschlagen und die Auslegung und Argumentation hinsichtlich eines vermuteten außerirdischen Einflusses auf die Hopi erscheint stark geprägt durch den Wunsch, diese These zu beweisen.

Eine eingehende Prüfung zeigt aber, dass ein solcher Zusammenhang als eher unwahrscheinlich und vielfach als das eigentlich Glaubenssystem der Hopi verfälschend darstellend anzusehen ist.

Überlieferungen, die mündlich tradiert werden, befinden sich immer im Wandel. Neue Kultureinflüsse und Interpretationen von Seiten derjenigen, die die Mythen weitergeben, sorgen dafür, dass es zu einem Fluss des religiösen Gutes kommt.

Das erschwert natürlich die Arbeit der Paläo-SETI sehr.«[515]

Damit meint Kramer unter anderem auch das, was bereits in diesem Buch zur Sprache kam: Mündliche Überlieferungen sind nicht zu datieren und schwer zu interpretieren. Aber selbst wenn es Mu niemals gab, soll es im Indischen Ozean ebenfalls einst einen heute versunkenen Kontinent gegeben haben. Dieser trägt den Namen Lemuria und wurde von dem englischen Zoologen Philip L. Scater 1864 hypothetisch angenommen. Die damalige Kapazität der Zoologie wollte durch diesen *Ur*-Kontinent tierische Verwandtschaften in unterschiedlichen Erdteilen erklären. Doch diesen Erdteil gab es – wenn überhaupt – lange vor den ersten Menschen. Esoteriker griffen diese Idee gern auf und bauen den Kontinent bis heute in ihre Weltsicht ein.

Und wenn es ihn doch gab? Dazu hat der Mystery-Autor Stefan Wogawa bereits vor rund zehn Jahren eine umfangreiche Analyse vorgelegt. Er resümierte:

»Es hat sich gezeigt, dass die Hypothese eines Kontinents Lemuria in den Naturwissenschaften entwickelt wurde, um zunächst die Verbreitung bestimmter Tierarten oder sogar den Übergang vom Affen zum Menschen – und das Fehlen des ›Missing Link‹ – zu erklären. Sie war nur zeitweilig plausibel und anerkannt, wurde dann von geeigneteren Theorien abgelöst. [...]

In Okkultismus und Esoterik, denen ganz andere Methoden, Wissen zu generieren und zu sichern, zugrunde liegen, ist es dennoch als phantastische Spekulation äußerst relevant geblieben. Dabei mag der Reiz, den das Geheimnisvolle nun einmal ausstrahlt, ebenso eine Rolle spielen wie die Sehnsucht nach dem ›verlorenen Paradies‹. Es mag auch der Wunsch beigetragen haben, an einem Wissen teilzuhaben, das anderen Menschen verborgen geblieben ist – einem Wissen, weit weg von der womöglich als zu nüchtern und zu kompliziert empfundenen Wissenschaft. Durch das Fehlen einer wissenschaftshistorischen Rekonstruktion der Lemuria-Hypothese sind deren naturwissenschaftliche Wurzeln heute verblasst, strahlen die Spekulationen inzwischen bis in die Alltagskultur aus.« [516]

Es ist heute nicht möglich, eine, die eine, datierbare und vor allem fest lokalisierbare Hochkultur nachzuweisen, die zum Beispiel lange vor den Sumerern oder Ur-Indern erblühte. Dennoch verweisen zahllose Veröffentlichungen immer wieder auf Einzelfunde, die scheinbar dem klassischen Entwicklungsbild der ersten Zivilisationen zu widersprechen scheinen. Eine »Wiege aller Kulturen«, wie es der Bestsellerautor Charles Berlitz nennt, soll es mit Blick auf solche Fundstücke einst wirklich gegeben haben.[517] Nur, wo?

Schon die Nazis waren der Meinung, dass die zahlreichen Megalithbauten im Norden und Westen Europas Spuren dieser versunkenen Welt sein könnten. Heute ist diese Idee noch immer aktuell, auch wenn der Hintergrund einer vermeintlichen »Herrenrasse« zum Glück fehlt.

Die Ruinen der Stadt Tiahuanaco (Tiwancu) am Titicacasee im heutigen Bolivien gelten ebenso als Indiz für eine atlantische Ursprungszivilisation. Es ist erstaunlich zu erfahren, dass die Ureinwohner der Andenregion eine sehr ähnliche Geschichte von einer Flut erzählen, wie sie auch die Bibel enthält. Der Schöpfergott Viracocha schuf das Licht, die Erde und dann den ersten Menschen. Diese ersten Menschen waren Riesen, die auf der Erde lebten, aber den Gesetzen Viracochas nicht folgten. So beschloss der Schöpfer, das brutale Geschlecht der Riesen zu vertilgen. Er verwandelte sie in Stein und ließ eine Flut kommen. Nach einer Sintflut von 60 Tagen trocknete die Erde; von Tiahuanaco aus begann eine neue Welt mit neuen Menschen.[518] Von überlebenden Paaren in einem Boot/Schiff erzählen bekanntlich viele Völker in Amerika. Gleiche Mythen-Kerne – gleiche Ursachen? Die Frage muss erlaubt sein und kann meiner Meinung nach bejaht werden.

Tatsächlich wird Tiahuanaco bis heute von einigen Autoren als »älteste Stadt der Erde« bezeichnet, die bereits bis zu 12.000 Jahre alt sei. Diese Datierung beruht allerdings nicht auf der üblichen Kohlenstoffisotopenanalyse (C^{14}), sondern auf eine Art »Astrodatierung«. Durch das Pendeln der Rotationsachse der Erde in einem Zyklus von 25.780 Jahren (Präzession) verschieben sich Sonnenläufe ebenso wie Sternpositionen am Himmel. Durch bestimmte Steinsetzungen, die etwa die Sonnenwenden anzeigen sollen, erkannte man, dass diese nicht mehr exakt auf den heutigen Sonnenaufgang weisen. Zurückgerechnet, wann dies der Fall gewesen sein mag, kamen zum Beispiel Professor Arthur Posnansky schon 1911 und später Dr. Hans Schindler-Bellamy auf derart alte Daten.[519] Der deutsche Autor und Architekt Edmund Kiss schloss sich durch weitere Berechnungen und wegen geologischer Spuren angeblicher Katastrophen 1937 diesen Ideen an. Er glaubte, dass Tiahuanaco und Puma Punku die Spuren einer arischen Kultur aus Atlantis seien.[520] Sogar von früheren Außerirdischen dort soll er gesprochen haben. Das alles sind Datierungen, die der etablierten Archäologie zuwiderlaufen und fast keine Beachtung finden. Sie seien »an den Haaren herbeigezogen«.[521]

Colin Wilson, ein Autor, der sich unter anderem der Atlantis-Thematik annimmt, sieht nicht nur in den Ruinen Tiahuanacos eine enorm alte Stätte, sondern in dem »Gott« Viracocha einen weißen Mann mit Bart, der aus dem versunkenen Atlantis kam.[522] Schon vor Jahrzehnten haben Forscher und Atlantis-Autoren die These vertreten, dass die Region um die Andenruinen von Tiahuanaco nicht nur alt, sondern *uralt* ist, also nicht aus dem Mittelalter stammt, wie es heute die Archäologie sagt, sondern 10.000 bis 15.000 Jahre oder sogar 100.000 Jahre alt ist. Erbaut sei Tiahuanaco demnach von Riesen, die einst die Erde bevölkerten und die durch verheerende (kosmische) Katastrophen vernichtet wurden. Die dort angeblich lebenden Atlantisbewohner seien vom Titicacasee mit ihren Booten in alle Länder der Welt gelangt.[523]

Posnansky, der vor 100 Jahren einer der Ersten systematische Forschungen in Tiahuanaco betrieb, zahlreiche Grabungen und Dokumentationen durchführte und immer wieder gegen Plünderer kämpfen musste, war sich sicher, dass der Titicacasee und Tiahuanaco einst tausende Meter angehoben wurden. Hier lebten die ersten Menschen, hier war der Garten Eden, so Posnansky. Für Archäologen, die zwar seine Arbeiten dort achten, ist diese Idee ein wissenschaftliches Unding. Doch »seine Verdienste wiegen seinen Irrtum auf«.[524]

Aber in der Tat sind Riesen weltweit in den Mythen der Menschheit zu finden. Nicht nur in der Bibel. Zum Beispiel erzählen auch die alten Völker Mexikos wie etwa die Azteken, dass es mehrere »Weltzeitalter« gegeben hat. Im ersten dieser Zeitalten lebten Riesen auf der Erde und das vierte Zeitalter sei sogar durch eine Sintflut untergegangen. So erzählen es die Sagen.[525]

Diese Überlieferungen der alten Völker wurden vielfach gedeutet, miteinander verbunden, interpretiert und auch esoterisch ausgelegt. Ebenso werden immer wieder Parallelen zwischen Funden und Sprachen aus aller Welt angeführt. Einen wirklich unstrittigen Beweis für eine untergegangen erste Kultur oder sogar Menschheit wurde dabei leider nicht erbracht. Es finden sich bislang keine Spuren auf dem Globus, die nahelegen können, dass genau hier oder dort der Ursprung *einer* Hochzivilisation lag. Deshalb geht die moderne Atlantis-Forschung heute andere Wege. Es scheint, als bemühe man sich nicht länger zum Beispiel eine versunkene Insel im Pazifik oder eine Ur-Kultur in den Anden zu belegen, sondern kleine Einzelhinweise auf ein uraltes Wissen zu finden.

So berichten die Aufzeichnungen der spanischen Eroberer Südamerikas von »hellhäutigen und bärtigen Männern« – der Rasse der Viracochas. Die Spanier erhielten von den Indios auch spontan diesen Namen; vielfach deuten Atlantisforscher diese Viracochas als Überlebende der versunkenen Insel. Der Chronist Pedro Pizarro, ein Vetter des legendären Eroberers Francisco Pizarro, notiert erstaunt in seiner *Relación de descubrimiento y conquista del Perú*, dass es in der Oberschicht der Inkas weiße Menschen gab:

»Dieses Volk ist weizenblond; unter den Herren und Frauen gab es einige weißer als die Spanier. Ich sah in diesem Land eine Frau mit ihrem Kinde, so hellhäutig, wie man sie selten zu sehen bekommt. Die Indios pflegten dann zu sagen, dass das Kinder der ›Idolos‹ [Götter] *seien.«*[526]

Der Ketschua-Chronist Santa Cruz Pachacuti-Yamqui behauptete sogar, dass der Gott Viracocha ein Kreuz trug, ein Kreuz auf einem Hügel erbaute, predigte und Menschen taufte. Dies gab christlichen Spekulationen Nahrung, dass er der Apostel Thomas gewesen sei, der von Asien aus die Botschaft Jesu bis nach Amerika verbreitete.[527] Woher kamen diese »Viracochas« und hellen Menschen?

Solche Schilderungen über hellhäutige und hellhaarige Menschen sind zahlreich. Waren es Nachfahren der Atlanter? Fremde Eroberer oder Flüchtlinge einer Katastrophe? Oder aber einfach Menschen mit einem Gen-Defekt? So wie noch heute Albinos im Schwarzafrika, die dort als Hexen gelten? Erst im Mai 2012 erschien in dem Magazin *Science*[528] eine erstaunliche Studie zu blonden Schwarzen auf den Salomonen im Pazifik. Nicholas J. Timpson von der Universität Bristol erklärte darin, dass es auf den Salomonen bis zu zehn Prozent blonde Bewohner gebe. Das Gen TYRP1 sei dafür verantwortlich, dessen Fehlen bei Menschen zu Albinismus führt. Ob diese genetische Variation durch lokale Evolution oder in der Vergangenheit »eingeführt worden ist, müssen weitere Untersuchungen zeigen«, so Timpson.

Die bereits erwähnten Funde der Donau-Kultur und ihre sonderbare »Schrift« verlegen bereits die möglichen Anfänge der Hochkultur um rund 2.000 Jahre in die Vergangenheit. Auch haben Ausgrabungen in Bilzingsleben bei Erfurt in Deutschland Beweise erbracht, dass hier bereits vor 400.000 Menschen siedelten. Ein sensationeller Fund, der den Beginn der ersten Siedlungen der Menschheit weit in der Zeit zurück verlagert.[529] Aber eine Hochkultur wie zum Beispiel Babylonien hatten diese Menschen sicherlich nicht. Diese muss woanders oder besser auf andere Art und Weise gesucht werden.

Die Erfindung der Schrift kann heute eigentlich nicht mehr sicher einem bestimmten Volk zugesprochen werden. Die Funde der Vinča-Kultur sind Jahrzehnte lang falsch datiert worden. Man kannte sie seit etwa 1905, nahm aber ein viel jüngeres Alter an. Erst durch die Dendrochronologie, die Datierung von Jahresabfolgen in Baumstämmen, und durch C^{14} erkannte man das wahre Alter der Tafeln und der Symbole. Der Archäologe Günther Dreyer verweist auf Schriftfunde aus Ägypten, die etwa 200 Jahre älter als die mesopotamischen »ersten Schriften« sind.[530] Verglichen mit den Fundstücken vom Balkan ist das zwar wenig, aber es lässt dennoch Zweifel an der sumerischen Herkunft der ersten geschriebenen Worte zu.

Eine interessante Bestätigung der Idee, dass Menschen durch die Flut am Schwarzen Meer beispielsweise in Richtung Balkan flohen, liefert die moderne Genetik. Das »Human Genom Project« zeigte auf, dass genetische Verwandtschaften rund um das Schwarze Meer, den Balkan und der Türkei bestehen.[531] Aber es werden wohl kaum die Schwarzmeer-Bewohner mit ihrer Flut-Geschichte in die ganze Welt gewandert sein.

Rätselhaft sind auch Schriftfunde aus Frankreich, die Glozel-Schriften. Diese sind seit über 40 Jahren bekannt und zeigen undeutbare Symbole, die sehr nach Schriftzeichen aussehen. Gefunden wurden die Stücke zwischen 1924 und 1930 von dem französischen Landwirt Emil Fradin, die ersten bei Ackerarbeiten am 1. März 1924. Glozel ist nur ein winziges Dorf in der Gemeinde Ferrières (Allier), 20 Kilometer südlich von Vichy, und scheint doch archäologischen äußerst interessant zu sein. Hans-Rudolf Hitz hat zahlreiche der in Glozel gefundenen Objekte untersucht und ist sicher, eine Art Alphabet von ihnen ableiten zu können – eine Schrift mit 111 Symbolen. Erstaunlich nur das sagenhafte Alter: Sie könnten aus der letzter Eiszeit stammen! Einige der Schriftsymbole sind neben Tieren abgebildet, die in der Eiszeit ausstarben. 10.000 oder sogar bis zu 15.000 Jahre und mehr könnten die rätselhaften Glozel-Objekte und die Schrift alt sein. Archäologisch einordnen lässt sich das nicht, und man warf und wirft dem Finder vor, er habe persönlich die rund 3.000 Fundstücke gefälscht.[532]

Noch rätselhafter werden die Glozel-Funde und vor allem deren seltsamen Schriftzeichen durch eine Fundstelle jenseits des Atlantiks. Im April 1982 entdeckte Russell Burrows nach eigenen Angaben ein verstecktes, künstliches Tunnelsystem in einem Tal im US-Bundesstaat Illinois. Darin fanden sich seltsame Figuren, Goldobjekte, unverständliche Wandbilder und zahlreiche weitere Dinge mehr. Unter den zahllosen Objekten sind auch solche, die scheinbar Schriftzeichen tragen, die jenen aus Glozel (und europäischen Runen) sehr ähneln. Auch gleicht eine Reihe der Gravuren und Figuren der inzwischen als »Burrows Cave« bezeichneten Fundstelle stilistisch Kunstobjekten aus Ägypten. Passend dazu will Russell Burrows in dem bis heute geheim gehaltenen Tunnelsystem einen Sarkophag mit einer Mumie gefunden haben.[533]

Der Autor Luc Bürgin berichtet mehrfach, dass seine Recherchen ergeben haben, dass Burrows die Fundstücke seit Jahren verkauft, um Geld zu machen.[534] Für die »etablierten Wissenschaft« sind die Funde aus Illinois jedoch ohnehin gefälscht. Außer zum Beispiel für Professor James Scherz von der Universität Wisconsin, der sie für uralte Artefakte hält. Solange das angebliche Höhlensystem nicht gründlich untersucht werden kann, bleibt die Alters-Frage offen. Bis heute ist das Höhlensystem aber ein Rätsel, selbst wenn der Archäologe Wayne May und sein Team mittels Bodenradar und Metalldetektoren die Angaben von Burrow bestätigt haben will, wie es die Autorenkollegen Reinhard Habeck und Klaus Dona 2004 berichten.[535]

Gibt es Parallelen zwischen diesen Schriften? Auch sonderbare Tafeln mit Schriftzeichen, die auf dem Grund des Meeres vor der Insel Malta gefunden wurden, ähneln stark denen von Glozel und Burrows Cave. Die Malta-Funde (zum Beispiel angebliche Tempel im Meer) sind tausende Jahre älter als die Schriften Ägyptens oder Mesopotamiens. Bis zu 8.000 und mehr Jahren könnten diese im Meer liegenden Monumente alt sein – und einmal mehr beweisen, dass Malta einst eine uralte Kultur besaß. Auch an Land stehen auf Malta uralte Tempelbauten mit astronomischen Bezügen, doch die Funde unter Wasser verlegen den Beginn noch weiter in die Vergangenheit zurück.

Der Entdecker der Unterwassermonumente, Hubert Zeitlmair, Präsident der Gesellschaft »Malta Discovery«, berichtet, dass die von ihm gefundenen Bauten in exakt 19 Meter Tiefe liegen. Doch das von ihm vermutete Alter der Entdeckung sprengt alle Chroniken der Geschichtsschreibung. Zeitlmair dazu:

»Die Fundstelle vor der Küste ist genau 19 Meter unter Wasser. Wir schätzen das Mindestalter der Tempel auf 51.840 Jahre, also zwei volle Erdpräzessionen!«[536]

Befuhren Menschen der Eiszeit oder sogar davor die Weltmeere und trugen ihr Wissen weiter? Wo liegt der Ursprung der maltesischen Zivilisation? Was war Malta? Denn in den Tagen der Eiszeit war das Mittelmeer nicht das, was es heute ist. Sein Spiegel lag viel tiefer; es könnte mögliche Spuren einer Kultur auf Malta noch für uns unter dem heutigen Meeresspiegel bereithalten. Das beweisen auch die »Gleise« von Malta und der Nachbarinsel Gozo, die »Cart Ruts«. Das sind parallele Rillen im Gestein, die auch unter dem Meeresspiegel zu finden sind und offenbar von Menschen stammen. Malta besitzt fraglos uralte Zeugnisse einer versunkenen Zivilisation. Wohl auch deshalb halten es einige für die Reste von Atlantis.

Auf Malta erkundete ich bei einer Exkursion mit dem Autor Alexander Knörr auch die sehr spannende Höhle Ghar Dalam. Die 144 Meter lange »Höhle der Finsternis«, wie die Malteser sie nennen, birgt im Osten der Insel ein Rätsel. Die große Höhle war voll mit festen und uralten Schlamm, den Archäologen nach und nach wegbuddelten. In diesen Schlammsedimenten fanden sich hunderte von Tierknochen, die teilweise von unlängst ausgestorbenen Tieren stammten. Heute kann man sie im angefügten Museum der Höhle besichtigen. Ebenso einen Rest des ursprünglichen Schlammes innerhalb der »Höhle der Finsternis«, an dem die Archäologen die einzelnen Sedimentschichten veranschaulichen. Zum Beispiel eine »Hirsch-Schicht« (Schicht Nr. 4) in 1,75 Metern Tiefe unter der Oberfläche des Schlammes.

Was war hier geschehen? Wurden alle diese Tiere und die dort auch gefundenen, längst ausgestorbene Zwergelefanten,

Bären oder Flusspferde, durch eine Flutwelle in die Höhle gespült? Alexander Knörr beschreibt es wie folgt:

»Tatsache ist, dass die wahrscheinlich verantwortliche Flutwelle gewaltige Ausmaße gehabt haben muss, und überall auf den maltesischen Inseln ihre noch heute nachweisbaren Spuren hinterließ!«[537]

In der Tat sind auch anderorts Spuren einer Flut zu finden. So etwa bei den uralten Tempeln der Insel, von denen einige von Schlamm bedeckt waren. Archäologen datieren diese maltesische Kultur auf ein Alter von 7.000 und mehr Jahren. Auch in Ghar Dalam wurden menschliche Spuren aus dem Neolithikum gefunden, die auf 7.200 Jahre datiert werden.[538] Datierungen der dortigen Tempel mit Hilfe astronomischer Ausrichtungen (Sonnenwenden) stufen diese Bauten jedoch teilweise doppelt so alt ein. Diese Methode ergibt ja auch für die Ruinen von Tiahuanaco und andere in aller Welt ein solches enormes Alter.

Mein 2012 verstorbener Freund und Mystery-Kollege Michael Kran, der ebenfalls mit mir auf Malta die Rätsel der Insel erkundete, fand aber noch etwas Erstaunliches. Aber an einem ganz anderen Ort der Welt mitten im Atlantik. Die Inseln der Azoren gelten bei Touristen als schöne Sonneninseln – doch bei einer Reihe Atlantis-Autoren als möglicher Rest von Atlantis selbst. Zusammen mit unserem Kollegen Hans-Dieter Gau begab er sich 2011 auf Spurensuche auf den Azoren.[539] Danach berichteten mir Kran und Gau, dass es dort – mitten im Atlantischen Ozean – im Gestein klar erkennbar ebenfalls solche »Cart Ruts« gibt. Das Phänomen der rätselhaften Fels-»Gleise« ist also nicht nur auf Malta und im Mittelmeerraum zu finden.[540] Fast 4.000 Kilometer Luftlinie von Malta entfernt auf den Azoren ebenso.

Doch damit noch nicht genug. Im Oktober 2010 traf ich mich mit Rafael Videla Eissmann (Chile), der mir Dokumente und Material seiner Forschungen übergab. Eissmann hatte in seinem Heimatland und anderen Gebieten Südamerikas nicht nur verschiedene archäologische Mysterien dokumentiert, etwa bisher unbekannte Ruinen, sondern auch »Cart Ruts«-ähnliche Spuren, und das weit über 10.000 Kilometer von den bekannten »Gleisen von Malta« entfernt. Sind alle diese Spuren Zeugen einer unbekannten, verschollenen und vor allem weltweiten Kultur? Wie alt sind diese Spuren und wozu dienten sie? Sind sämtliche »Cart Ruts« und andere megalithische Spuren in aller Welt gleich alt?

Mehr als nur seltsam und natürlich sehr umstritten ist auch, dass zum Beispiel auch Kollege Eissmann in Bolivien archäologische Funde dokumentierte, die mit einer Keilschrift beschriftet sind. Wie wir aber wissen, wurde diese vor Jahrtausenden von den Völkern im heutigen Südirak erfunden. Der Fund ist nach ihrem Fundort 1958 als »Fuente Magna Bowl« benannt worden. Trägt das Objekt tatsächlich Hinweise auf einen Kontakt zum Nahen Osten?[541] Oder ist es, wie es meistens heißt, bloß eine Fälschung?

Professor Charles H. Hapgood erstaunte die Fachwelt bereits 1966 mit der Idee, dass Menschen in der Eiszeit die Weltmeere nicht nur befuhren, sondern auch kartographierten.[542] Bis heute stützen sich zahlreiche Autoren auf die Ergebnisse von Hapgood, besonders jene, die nach Atlantis suchen. Hapgood machte sich die Arbeit, eine ganze Reihe sonderbarerer Seekarten zu untersuchen und mit modernen Erkenntnissen zu vergleichen. Vor allem richtete er sein Interesse auf die berühmte Karte des türkischen Admirals Piri Reis aus dem Jahre 1513, die im Topkapi-Palast in Istanbul am Bosporus zu finden ist. Sie zeigt angeblich nicht nur Teile Nord- und Südamerikas sowie Europas und Afrikas, sondern auch der Antarktis. Der südliche Kontinent ist dabei scheinbar mit einer einst tatsächlich existierenden Landbrücke mit dem Süden Südamerikas (heute Feuerland) verbunden. Kritiker erkennen nicht die Antarktis – oder auch nur Teile davon –, sondern lediglich den langgezogenen und nach Osten abgeknickten Südteil von Südamerika. Oder einfach Phantasie und Ungenauigkeiten, da Piri Reis auf seiner Karte selbst angibt, dass rund 20 andere Karten ihm als Vorlage dienten.[543]

Auch die seltsame Weltkarte des Oronteus Finaeus aus dem Jahre 1531 wird weiterhin hitzig diskutiert. Sie zeigt die Antarktis am Südpol in durchaus erstaunlich korrekter Darstellung. Angeblich erstaunlich korrekt, weil die Karte die Südarktis ohne ihren dicken Eispanzer mit Bergketten und Flussläufen zeigen soll. Bezeichnet ist das Land auf der Karte des Oronteus Finaeus als »Terra Australis«. Lange Zeit hat man einen bis dato unbekannten Südkontinent vermutet und bei der Entdeckung Australiens dem neuen Land den Namen eben dieses Südkontinentes gegeben: Australien.[544] Aus diesem Grunde meinen die Skeptiker, dass die angebliche Antarktis auf der Finaeus-Weltkarte in Wahrheit nur dieser Phantasiekontinent sei. Doch die Ähnlichkeit zwischen der Karte aus dem 16. Jahrhundert und moderner Darstellungen der erst 1820 entdeckten Antarktis sind ohne Zweifel vorhanden.[545]

Sind solche Karten Hinweise auf eine Kultur vor und während der letzten Eiszeit, wie es beispielsweise der Bestsellerautor Graham Hancock aber auch Colin Wilson und andere vermuten? Oder sogar auf eine Ur-Kultur in einer Antarktis ohne Eis?[546] Geologische oder auch kosmische Prozesse, so die Ideen weiter, hätten den Südkontinent nach und nach vereisen lassen und die angebliche Hochkultur dort verschwand. Vielleicht darum, weil die Erdachte bekanntlich wie ein Kinderkreisel um sich selbst »taumelt«, wobei auch der Nord- und somit der Südpol immer wieder verschoben werden? Das allerdings ist ein langsamer Prozess. Charles Hapgood war der Meinung, dass sich die Erdachse auch ruckartig verlagern kann. Albert Einstein faszinierte diese Idee, weshalb man sie heute gern als »Hapgood-Einsteinische-Theorie« bezeichnet. Sicher auch, um ihr einen wissenschaftlichen Touch zu verleihen. Dennoch belegt der Briefwechsel der beiden Forscher, den Hapgood im Anhang eines seiner Bücher veröffentlichte, Einsteins Interesse.[547]

Man hat sich das etwa wie folgt vorzustellen: Während der Eiszeit wuchs der Eispanzer über den Polen und vor allem der nördlichen Hemisphäre unaufhaltsam an. Kilometerdickes Eis lag über einstigem Land und die Gletscher formten langsam und mit gewaltigen Kräften die heutige Landschaft. Es gibt sogar Hinweise, dass die *gesamte Erde* in noch weit früheren und natürlich menschenleeren Zeiten komplett vereist war. »Schneeball Erde« nennt man dies heute. Die unvorstellbaren Eismassen während der letzten Eiszeit banden gigantische Wassermassen in sich und in anderen Teilen der Welt lagen weite Landflächen trocken, die heute Meeresboden sind.

Durch die Bindung enormer Eismengen in der nördlichen Hemisphäre soll, so die These weiter, die Eigenrotation der Erde gestört worden sein. Das »Taumeln« der Erde um ihre Rotationsachse und das Gewicht des Eispanzers wirkte auf diese Drehung immer weiter ein. Diese Drehung um die Eigenachse der Erde bezeichnet man als Präzession; sie benötigt rund 26.000 Jahre für einen vollständigen Zyklus. Der Präzessionszyklus nun soll durch die Eismassen gestört worden sein, bis die Erde durch die Fliehkräfte selbst zu kippen begann. Nicht der *Planet* selbst kippt dabei, sondern die *Erdkruste* verschiebt sich plötzlich als Ganzes über den flüssigen Untergrund. Wie die Schale eines Apfels liegen die Kontinente und die Kontinentalplatten als vergleichsweise dünne Schicht auf dem Erdinneren. Und diese »Schale« soll sich nach dieser Spekulation mit einem gigantischen Ruck verschieben lassen. Man kann es sich als schlagartige Kontinentaldrift globalen Ausmaßes vorstellen. Verheerende Klimaveränderungen rund um die Welt wären unausweichlich die Konsequenz eines solchen Szenarios. Sintfluten, Vereisungen, Feuersbrünste durch Vulkanismus, Temperaturschwankungen und auch eine Neuordnung der Meeresströme suchten nach dieser Idee einst den Globus heim. Die legendären, gut erhaltenen Mammuts Sibiriens und ihr plötzlicher Tod werden dabei immer wieder als Indiz genannt. Der Kinokracher *2012* von Roland Emmerich aus dem Jahre 2009 visualisiert ein solches Szenario recht eindrücklich.

Das klingt alles sehr einleuchtend: Eine spontane Verschiebung der Erdkruste brachte den Untergang. Aber lässt sich dieses Szenario denn überhaupt noch mit den bekannten Datierungen von Bauten anhand astronomischer Bezüge in graue Vorzeiten vereinbaren? Ich denke nicht. Gab es diese Erdkrustenverschiebung, dann hätten sich auch mutmaßlichen Stätten der versunkenen Mutterkultur auf dem Planeten verschoben. Inwiefern kann man dann solche angeblichen Urzeit-Ruinen überhaupt mit Hilfe der Präzession datieren, wenn sie doch heute nicht mehr an ihrem ursprünglichen Ort liegen?

Nach dem Untergang der ersten Menschheit jedenfalls sollen sich Überlebende an anderen Plätzen der Welt wieder niedergelassen haben. Noahs aus aller Welt besiedelten neue Gebiete. Schon in der Frühzeit der Entdeckungen in der Archäologie haben Abenteurer und Okkultisten solche Ideen vertreten. Nicht nur die Kultur der Maya im heutigen Mexiko wurde, wie wir gesehen haben, als Reich oder Kolonie von Atlantis angesehen, sondern natürlich auch Ägypten mit den großen Pyramiden in Gizeh. Im Weltbild des Nationalsozialismus und der »SS« mit ihrem »Ahnenerbe« im Dritten Reich hatten Hochkulturen angeblich »primitiver« Völker ebenfalls keinen Platz. Die Pyramiden von Gizeh etwa seien das Werk der Arier gewesen, behauptete die damalige Propaganda.[548] Im Nazi-Spielfilm *Germanen gegen Pharaonen* hieß es etwa, dass die blonden Super-Arier vor zehntausenden von Jahren Gizeh erbauten. Es war, so denke ich, für die Deutsche Propaganda des dritten Reiches wohl recht peinlich, dass man von dieser »Herrenrasse« ausgerechnet in Mitteleuropa keine großartigen Bauten antraf. Man gestand in diesem verzerrten Weltbild anderen Volksgruppen nicht zu, selbst und unabhängig große Kulturen erblühen zu lassen. Und leider werden auch wir Autoren der Prä-Astronautik bis heute dann und wann von unwissenden Kritikern mit eben diesem solchen Vorwurf »widerlegt«. Eben, dass wir den frühen Menschen angeblich nicht zutrauen, selbst beachtliche Monumente zu schaffen, sondern dass die Aliens helfen mussten.

Noch immer suchen Forscher aus allen Teilen der Welt Spuren dieser mutmaßlich untergegangenen Kultur. Nicht aber unbedingt nach einem festen Ort. Auch sucht man unterhalb des Meeresspiegels; logisch: Wenn es auf der Erde ein zivilisiertes Volk vor und während der letzten Eiszeit gab, können ihre Spuren folgerichtig auch unterhalb des Meeresspiegels zu finden sein. Tatsächlich glauben einige, dass man auch hier und dort fündig geworden ist. Wie etwa die Beispiele Malta und Schwarzes Meer weiter oben zeigen.

Aber auch im Bereich des Ostchinesischen Meeres vermutet man solche Spuren, wie ich 2010 in *Historia Mystica* diskutierte. 1987 tauchte dort Kihachiro Aratake an der Küste der kleinen Insel Yonaguni nahe Taiwan und entdeckte in etwa 27 Metern Tiefe das inzwischen weltberühmte »Yonaguni-Monument«. Auch wenn immer von japanischen Funden gesprochen wird, liegt diese seltsame Entdeckung auf dem Meeresgrund wesentlich näher bei Taiwan als an den japanischen Hauptinseln.

Aratake sah sich tief unten im Meer plötzlich einer Struktur gegenüber, die von scheinbar künstlicher Herkunft war. Terrassen, Treppen, exakte Winkel und Plattformen zeigten sich dem Taucher. Das gesamte Gebilde ist rund 200 Meter lang und 150 Meter breit und erregte weltweit großes Aufsehen in den Medien. Auch wenn gern von einer »Pyramide« gesprochen wird, die hier in fast 30 Metern Tiefe liegen soll, so ist die Struktur mit einer Pyramide keineswegs auch nur entfernt vergleichbar. Der Tauchlehrer und Entdecker Kihachiro taufte seinen Fund »Iseki-Point«, Ruinenplatz, und ist von der künstlichen Herkunft überzeugt. Überzeugt ist auch der Meeresforscher Professor

Masaaki Kimura von der Ryukyus Universität auf Okinawa, der seit 1995 die Strukturen erkundet. Er hält den Fund für die Spuren des einst im Pazifik versunkenen Kontinentes Mu.[549]

Professor Robert Schoch, Geologe der Universität Boston, hat die Monumente zusammen mit dem Atlantisforscher Graham Hancock untersucht.[550] Er ist jedoch anderer Meinung über die Entstehung des Gebildes, das er für eine natürliche Struktur hält, die aber durchaus von Menschenhand bearbeitet worden sein könnte:

»Ich glaube, dass das Gebilde als Resultat natürlicher Prozesse erklärt werden kann. [...] Die geologische Beschaffenheit des feinen Schlammsteins und Sandsteins der Region von Yonaguni, in Verbindung mit der Einwirkung von Wellen und Strömungen sowie den in früheren Jahrtausenden niedrigen Meeresspiegel in diesem Gebiet, führten zur Entstehung des heutigen Yonaguni-Monuments vor 9.000 bis 10.000 Jahren.«[551]

Auch der deutsche Geologe Dr. Wolf Wichmann ist sicher, dass Yonaguni ein natürliches Gebilde ist – kein »Atlantis des Pazifiks« und kein Rest einer eiszeitlichen Kultur. Auch Wichmann hat die Strukturen intensiv erkundet und er ist überzeugt, dass alles natürlich durch Erosion geformt wurde. Menschliche Bearbeitungen will auch er nicht ausschließen, wie er mir 2009 selbst mitteilte.[552]

Hancock verweist auf ähnliche Funde auf dem dortigen Festland. Der heilige Berg Miwa etwa ist seit Urzeiten ein Kultplatz und weist in der Tat Ähnlichkeiten zu den Yonaguni-Felsen im Meer auf. Die Menschen haben natürliche Steine bearbeitet und geglättet und diese vergöttlicht, so Hancock. Auch Professor Kimura ist sich sicher, dass Yonaguni 10.000 bis 12.000 Jahre alt sein muss.[553] Es versank, als der Meeresspiegel durch die Eisschmelze am Ende der Eiszeit stieg. Dabei ist es auch denkbar, dass Erdbeben den Landstrich versinken ließen oder zumindest den Untergang beschleunigten. Aber nützlich ist der Fels in der Brandung allemal. Für Kihachiro und seinen Taucherladen auf der Insel sowie das dortige Hotel seiner Eltern ist der Ansturm auf das Monument im Meer ein Glücksfall. Selbst wenn der Fels hier und dort von Menschen bearbeitet wurde, muss man sich eines vor Augen halten: Er könnte von einer Eiszeitkultur stammen, die man aber wohl kaum als eine Art »Hochkultur« mit überragenden Fähigkeiten betrachten darf.

Wesentlich spannender als das Yonaguni ist meiner Meinung nach eine Entdeckung, die 2001 und 2002 vor allem die Medien in Asien beschäftigte. Forscher des indischen Nationalen Institut für Meerestechnik in Madras fanden auf dem Meeresboden im Golf von Cambay im Arabischen Meer vor der Küste Indiens und Pakistans die Spuren einer uralten Kultur. Eine ganze Reihe Meldungen sprachen damals von einer Sensation, da die Ruinen auf dem Grund des Meeres bis zu 9.500 Jahre alt seien![554]

Die Reste von vermutlich zwei uralten Städten liegen dort in bis zu 40 Metern Tiefe. Städte mit umfangreichen Gebäudekomplexen, die mittels Sonaraufnahmen 1999/2000 ausgemacht wurden. Eine dieser Städte könnte sogar neun Kilometer lang und zwei Kilometer breit sein und sich entlang eines längst versunkenen Flussbettes erstrecken.

Die Strömung in diesem Meeresgebiet ist enorm stark und die Sicht unter Wasser schlecht. Deshalb haben die Forscher Bagger und Tauchboote für die Erkundung nutzen müssen. Mittels eines Verfahrens, des »Sub-bottom-profiling«, ließen sich Strukturen unterhalb des Meeresbodens nachweisen. Murli Manohar Joshi, indischer Minister für Ozeanische Technologie, berichtete begeistert, man habe Tausende Fundstücke bergen können, die eindeutig von Menschen stammten oder von Menschen bearbeitet wurden. Datierungen mit der Radiokarbonmethode erbrachten, dass das untersuchte Material etwa aus dem Jahre 7595 vor Christus stammt. Somit spricht man diese Funde der Harappa-Kultur (Indus-Kultur) zu, die erst seit den 1920er Jahren genauer bekannt ist. Sie wird bisher auf das dritte Jahrtausend vor Christus datiert. Bis heute sind Schrift, Sprache und das Verschwinden dieser technologisch fortschrittlichen Kultur nicht vollständig geklärt.

Die Entdeckungen im Golf von Cambay nun verlegen die Harappa-Kultur wesentlich weiter zurück in die Vergangenheit. Die wirklichen Ausmaße der Strukturen sind bisher noch gar nicht ermittelt worden. Doch schon jetzt zeigen die Forschungen, dass es sich um riesige Siedlungen handelt. Dichtemessungen der rechteckigen Gebäudereste mit dem umgebenden Meeresboden legen die Vermutung nahe, dass sie aus massiven Steinen errichtet wurden. So konnten sie auch den Meeresströmungen trotzen. Selbst einen 600 Meter langen Staudamm förderten die Analysen des Meeresbodens innerhalb des ehemaligen Flussbettes zutage. Professor Glenn Milne, Geologe der Universität Durham (Großbritannien), ist sich sicher, dass das Gebiet und damit diese Kulturbereiche zum Ende der letzten Eiszeit überschwemmt wurden. Damit sind diese Städte rund doppelt so alt wie die Zivilisation der Sumerer in Untermesopotamien, die bislang als die älteste Zivilisation der Welt betrachtet wird.[555]

Leider sind exakte Forschungen nicht nur aufgrund der problematischen Eigenschaften des Meeres dort schwierig, sondern zudem wegen der Nähe zu Pakistan. Das nationale Institut für Meerestechnik (NIOT) jedenfalls kündigte weitere Untersuchungen an. Vor allem auch, da natürlich Zweifel an den Gesamtfunden bestehen. Der Leiter der Expedition, der führende NIOT-Geologe B. Badrinaryan, berichtete 2010, dass die versunkenen Städte bis zu 400 Meter unter dem Meeres*boden* lägen. Sedimente und geologische Prozesse hätten diese immer weiter verschüttet. Er wehrt sich gegen die Vorwürfe, die Aufnahme der Expedition seinen gefälscht oder manipuliert. Anhand der geborgenen Funde ist Badrinaryan sogar überzeugt, dass hier 4.500 Jahre vor den Sumerern »eine bislang unbekannte Zivilisation« blühte, »die in einer Flut unterging, was wiederum durch regionale und globale Flutmythen bestätigt wird.«[556] Wir sahen ja bereits weiter oben, dass auch Indien von einer Flut berichtet.

Hier im Arabischen Meer scheint folglich eine versunkene Kultur mit ihren Städten verborgen zu liegen. Untergegangen in einer realen »Sintflut« vor vielen Jahrtausenden, vor den ersten Kulturen im Zweistromland im Irak. Wanderten diese Menschen nach Sumer? Kamen die Sumerer aus dem Osten oder von den indischen Küstengegenden, wie es immer wieder vermutete wird?[557] Oder aus dem Norden aus dem Bereich Urartu/Ararat – wenn dort nach einer Flut eine »Arche« gestrandet sein sollte? Vielleicht vom erstaunlichen Megalith-Heiligtum Göbekli Tepe in der Türkei, das 12.500 oder mehr Jahre alt ist. Es gilt auch als eine Art »Ursprung« der Religionen inklusive der Anunnaki und der neolithischen Revolution (Beginn der Landwirtschaft), so die Ausgrabungen, Forschungen und Thesen des Chefarchäologen Dr. Klaus Schmidt, der dort seit 1994 gräbt.[558] In dem Magazin *Moderne Archäologie* scheute Dr. Schmidt 2003 sogar nicht den Vergleich des Göbekli Tepe als »ein anatolisches Stonehenge«. Ja, nach der Flut baute Noah (oder wer auch immer) persönlich dieses Heiligtum, weil die Bibel[559] sagt: »Noah aber baute dem Herrn einen Altar« zum Dank und opferte ihm dort? Aber wo waren diese Flüchtlinge eigentlich, bis die Kultur der Sumerer begann? Es klafft eine zeitliche Lücke zwischen dem Göbekli Tepe, der Funden im Golf vor Indien oder auch dem Szenario am Schwarzen Meer. Lebten sie nach dem Untergang als einfache Agrarkulturen? Über Jahrtausende? Quasi ein Rückschritt ohne Städtebau oder dergleichen?

Für zahlreiche Autoren sind derartige Funde, egal wo auf der Erde, allesamt Hinweise und Indizien auf einstige, versunkene Ur-Kulturen. Ich sehe das ebenso. Graham Hancock hat beispielsweise in seinem Buch *Underworld* 2002 nicht nur die Rätsel Indiens, sondern global Unterwasserspuren versunkener Welten dokumentiert.[560]

Das alte Ägypten ist natürlich auch und gerade für alle diejenige, die es sich zur Aufgabe gemacht haben, diese »Atlantis-Ur-Zivilisation« nachzuweisen, von großem Interesse. Zumal Ägypten und seine Pharaonen als die älteste Zivilisation in Afrika angesehen werden, die sich am Nil nach und nach entwickelte. Das ist jedoch ein Irrtum. Westlich des fruchtbaren Nildeltas liegt die libysche Wüste mit ihren lebensfeindlichen Regionen aus Sand, Steineinöden und Gebirgen. Das war aber nicht immer so. Gewaltige Klimaveränderungen haben in der nördlichen Sahara die Topographie radikal verändert. Einst war dort eine fruchtbare Region mit Seen, Flüssen und einer üppigen Vegetation und Tierwelt. Zahlreiche Felszeichnungen in dieser Region belegen das. Etwa 1.000 Jahre vor dem Beginn der ägyptischen Kultur änderte sich jedoch das Klima dort nachhaltig zu der trockenen Region, wie wir sie heute kennen. Hier lebte auf einem Gebiet, das größer als Europa ist, ein hochentwickeltes Volk, bei dem zahlreiche als »typisch ägyptisch« geltende Dinge bereits vorhanden waren. Besonders sticht die Mumifizierung hervor, die eigentlich als Erfindung des Alten Ägypten gilt.

Doch schon Jahrtausende zuvor wandten die dortigen Völker diese Technik perfekt an. Auch die Anbetung des Stieres ist nachweisbar. Ebenso nachweisbar sind kultische Abbildungen von Menschen mit Hundeköpfen, die im Alten Ägypten als Abbild des Tortengottes Anubis (Schakalkopf) gelten. Algerien, Mali, Libyen, Niger, Chad, Sudan und auch das heutige West-Ägypten waren Siedlungsgebiete dieser Kultur. Funde von Töpferwaren im Niltal zeigen auch, dass diese Menschen nach Ägypten einwanderten. Wahrscheinlich wegen der drastischen Klimaveränderung und der Verödung des einst fruchtbaren Siedlungslandes. Sicher ist inzwischen, dass Ägypten von dieser noch weithin unbekannten Kultur maßgeblich beeinflusst wurde. Die 5.600 Jahre alte Mumie eines in »typisch ägyptischer Technik« einbalsamierten zweieinhalb Jahre alten Jungen aus dem Akakusgebirge in Libyen und Fossilienfunde zeichnen ein ganz anderes Bild der heutigen Sahara. Die Kindermumie aus Libyen ist älter als alle Mumien Ägyptens. Satellitenbilder der NASA haben die Spuren von Seen und Flüssen gefunden, wo heute nur staubtrockenen Wüsten liegen.[561]

Subtropisches Klima in der heutigen Sahara klingt zwar erstaunlich, ist dennoch eine Tatsache. Eine Hochkultur, die Städte und Tempel baute, lebte dort allerdings nicht. Wohl aber eine hochentwickelte Gesellschaft mit einem ausgereiften Kult- und Glaubenssystem, das bis nach Ägypten reichte. Löwen- und Stierkult waren ebenso weit verbreitet wie der Glaube an einem Leben nach dem Tode und anders mehr. Das »Sahara-Volk« erscheint wie die »Mutterkultur Ägyptens«.

Und tatsächlich sollen auch in Ägypten Spuren zu finden sein, die viel, viel weiter in die Vergangenheit reichen, als es die etablierte Wissenschaft zugesteht.

TEIL III

5 Spurensuche in Ägypten

Kleine und große Spuren einer versunkenen »Ur-Kultur« lassen sich durchaus auf der Erde finden. Hat die Bibel also doch recht? Erzählen die Bücher *Henoch* in gewisser Weise also doch die Wahrheit? Das uralte Volk in der heutigen Sahara mit seinem gigantischen Siedlungsgebiet in Nordafrika versank nicht in einer Sintflut. Im Gegenteil: Sein Land trocknete sprichwörtlich aus. Doch seit Jahren wollen einige Forscher auch in Gizeh in Ägypten deutliche Beweise gefunden haben, dass die Pyramiden und auch der Sphinx Jahrtausende älter sind, als es heute in den Geschichtsbüchern steht. Eben Spuren einer verschwundenen Mutterkultur.

4.500 Jahre ist das einzig noch stehende der sieben Weltwunder in Gizeh alt und stammt aus der IV. Dynastie Ägyptens. So steht es in jedem Buch über das Alte Ägypten. Die IV. Dynastie gilt als die »klassische Pyramidenepoche«. Zuvor, in der III. Dynastie, »übten« die Pharaonen und ihre emsigen Architekten noch beim Pyramidenbau. Angefangen mit dem legendären Architekten Imhotep, der seinem Pharao Djoser (2630 bis 2611 vor Christus) in Sakkara die weltberühmte Stufenpyramide erbaute. Später folgte der Pharao Snofru (2575 bis 2551 vor

Christus), der gleich drei Pyramiden gebaut haben soll und mit dem das sogenannte Alte Reich begann. Vor dem Zeitalter der Pyramiden gab es als Grabanlage der Herrscher nur die Mastaba (= »Steinbank«). Dabei ließ man für den Pharao senkrecht Schächte in die Erde, darüber errichteten die Arbeiter eine Art Terrasse aus Stein und Holz. Die spätere Stufenpyramide von Sakkara ist quasi eine gewaltige und ebenerdige Mastaba, auf der der Visionär Imhotep einfach bis auf 60 Meter Höhe zusätzliche Mastabas in Stufen aufschichtete.

Pharao Snofru war besessen von der Errichtung einer richtigen Pyramide. Deshalb schuf er zu Lebzeiten drei dieser Monumente, wobei eines, die »Knickpyramide« von Dahschur aufgrund eines falschen Neigungswinkels sogar einzustürzen drohte.[562] Erst seine dritte Pyramide, die »Rote Pyramide«, war eine wirkliche Pyramide und sein Nachfolger Cheops (2551 bis 2528 vor Christus) übertraf alles bisher Erreichte mit seinem gigantischen Grabmal in Gizeh.

Diese Lehrmeinung der wissenschaftlichen Community klingt nachvollziehbar und verständlich: Von einem einfachen Grab in der Erde mit einer Steinterrasse darüber (Mastaba), über eine Stufenpyramide[563] und über den Versuch mit einer »Knickpyramide« bis hin zu den perfekten Pyramiden von Gizeh. Ein Lernprozess der frühen Architekten durch Ausprobieren also.[564]

König Cheops erbaute die größte Pyramide Ägyptens. Vor allem sein Werk ist es, das weltweit mit Ägypten in Verbindung gebracht wird. Die Besonderheit seiner Pyramide ist ihre Höhe von rund 147 Metern. Der Sohn des Cheops, der Herrscher Chephren (2520 bis 2494 vor Christus), erbaute ebenfalls eine nur unwesentlich kleinere Pyramide in Gizeh. Aber deren Besonderheit ist der Sphinx, die diesem Pharao zugesprochen wird. Chephren soll es gewesen sein, der aus einem natürlichen Fels das seltsame Biest aus Löwe und Mensch schaffen ließ; es soll sogar sein Abbild darstellen. Als Beweis dafür wird von den Archäologen eine 3,6 Meter hohe Granitstele herangezogen, die

Pharao Thutmosis IV. aus der XVIII. Dynastie in einer Freiluftkapelle direkt zwischen den Pranken der Sphinx errichten ließ.[565] Das geschah rund 1.100 Jahre nach Pharao Chephren. Die sogenannte Traumstele schildert, wie dem König noch in seinen Tagen als Prinz im Traum die/der Sphinx erschien und ihm offenbarte, er werde König, wenn er die Sphinx restauriere. Die 1816/1817 durch Giovanni Battista Caviglia ausgegrabene Stele berichtet von diesen Restaurierungsarbeiten von Thutmosis IV. und soll auch den Namen Chephren genannt haben.

Die stark beschädigten Texte enthalten Wortfragmente, die schon kurz nach der Entdeckung der »Traumstele« ergänzt wurden, sodass die Ägyptologen den Namen »(Re)-chaef« erhielten. Ein anderer Name des heute gebräuchlichen Namen Chephren. Doch ob diese Art der Textergänzung zutreffend ist, ist anzuzweifeln. Schon allein die Tatsache, dass der angebliche Königsname des Chephren nicht in einer Kartusche steht, widerspricht der angeblichen Interpretation. Sämtliche Herrschernamen wurden im Alten Ägypten in einer ovalen Umrandung niedergeschrieben – nicht aber der mutmaßliche Name auf der »Traumstele«. Auch darum ist Gizeh ein Zankapfel der »Mystery-Autoren« und der archäologischen Meinung.

Bereits 1956 berichtete das *Mitteilungsblatt des Deutschen Archäologischen Institutes* in Kairo von einer weiteren Stele, die 1936 von dem Ägyptologen Selim Hassan gefunden wurde. Pharao Amenophis II. – der Vorgänger von Thutmosis IV. – errichtete in Gizeh nicht nur einen Tempel und rief offenbar eine neue Verehrung der Sphinx ins Leben, sondern stellte auch eine Stele mit einem Text auf, der Chephren als Erbauer der Sphinx benennt. Kein Beweis, aber eine »indirekte Beweisführung« für den angeblichen Bauherren.[566] Auch der berühmte Archäologe Mark Lehner ist überzeugt, dass die Sphinx Chephren zuzusprechen sei. Das Baumaterial des sogenannten Taltempels des Chephren stammt, so Lehner, aus jener Senke, in der der Sphinx steht.[567]

Anders sieht das wiederum Dr. Rainer Stadelmann, einst oberster Chef des »Deutschen Archäologischen Institutes« in Kairo. Dr. Stadelmann ist überzeugt, dass die Senke, in der sich der Sphinx befindet, »sicher Teil der Steinbrüche des Cheops« gewesen sei. Warum hätten die Arbeiter des Cheops, so der Ägyptologe in seinem Standardwerk über die Pyramiden weiter, den Sockel der Sphinx bei ihren Steinbrucharbeiten stehen lassen sollen?[568] Er schreibt die Kolossalstatue Pharao Cheops zu – zumindest trägt er Argumente für diese These zusammen, die Pharao Chephren als »sicheren Bauherren« gar nicht mehr sicher erscheinen lassen.[569]

Zu guter Letzt wurde mehrfach versucht, das Antlitz der mächtigen Kolossalstatue anhand markanter anatomischer Merkmale mit Cheops und Chephren zu vergleichen. Mark Lehner hat zusammen mit Ulrich Kapp von 1979 bis 1983 versucht, das ursprüngliche Aussehen nachzubilden. Er nutze eine anerkannte Statue des Chephren und legte ihre Züge über das Gesicht der Sphinx. Dass dabei eine Ähnlichkeit mit dem Herrscher entstehen *muss*, ist eigentlich offenkundig.[570] Ebenso bei Computerexperten, die sonst Gesichter unbekannter Toten rekonstruieren, und die sich sicher sind, dass der Sphinx nicht Cheops darstellt. Ähnlichkeiten zu einem bestimmten Menschen werden immer nachweisbar sein. Es ist somit unsicher und umstritten, wer das Mischwesen schuf und wen es letztlich darstellen soll. Vielleicht wurde die Figur zum Beispiel durch Pharao Thutmosis IV. oder seinen Vater Amenhotep II. rund 1.000 Jahre nach Cheops und Chephren möglicherweise umgebaut aber zumindest restauriert.

Oder aber ganz anders: Pharao Chephren selbst ist der Sphinx tatsächlich zuzuordnen, doch unter anderen Voraussetzungen. Er hat eine vorhandene Kolossalstatue für seine Zwecke eingebunden und vielleicht nur den Kopf umgestaltet. Augenscheinlich ist, dass der Löwenkörper der Sphinx im Maßstab 22 zu 1 und der Menschenkopf darauf in 30 zu 1 nachgebildet wurden. Ist dies das Ergebnis davon, dass König Chephren einen ursprünglichen und größeren Kopf (zum Beispiel den eines Löwen, wie es heißt) zu seinem eigenen umarbeiten ließ? Zahllose Autoren der Grenzwissenschaft halten diese Idee für möglich.

Die drei Hauptpyramiden von Gizeh standen schon immer im Blickfeld von Esoterikern, Okkultisten, Freaks und Atlantissuchern. In den USA ist der »Seher« und »schlafende Prophet« Edgar Cayce in diesem Zusammenhang besonders interessant. Cayce schilderte in seinen angeblichen »übersinnlichen Prophezeiungen« in den dreißiger Jahren des letzten Jahrhunderts umfassend Einzelheiten über Atlantis und die Zukunft der Welt. Auch und vor allem die Pyramiden von Gizeh und die legendäre »Kammer der Urkunden« oder »Halle der Aufzeichnungen« bei/unter der Sphinx sind Themen des Sehers.[571]

Einhundert Jahre, so der Prophet 1932, wurde an der großen Pyramide von Gizeh gebaut. Von 10490 bis 10390 vor Christus habe sich diese Bauphase erstreckt. Der schlafende Prophet Cayce schilderte in einer seiner sogenannten Readings am 30. Juli 1932 das wie folgt:

»Etwa 10.500 Jahre, bevor Christus in dieses Land kam, versuchte man zuerst, das wiederherzustellen und daran weiterzubauen, was schon begonnen war an der sogenannten Sphinx, [...] wo in jener Periode die Aufzeichnungen von Arart und Araaraat aufbewahrt wurden.«[572]

Edgar Cayce war nicht nur von Atlantis überzeugt, sondern auch von einer atlantischen Hochkultur in Anatolien, in jener Region, wo laut der Bibel die legendäre Arche Noah anlandete. Und diese Atlantisbewohner seien für die Errichtung der Pyramide des Cheops verantwortlich. Interessant ist, dass auch Dr. Klaus Schmidt vom »Deutschen Archäologischen Institut« in Berlin in der Südosttürkei Göbekli Tepe ausgräbt. Mit bis zu 50 Tonnen schweren Steinen wurde hier in der dunklen Frühzeit der Kultur einst gebaut. »Es gibt in der menschlichen Geschichte nichts Vergleichbares«, ist der Archäologe begeistert.[573] Auch die legendäre Stadt Jericho nördlich des Toten Meeres im westlichen Jordantal, »war revolutionär und stieß alle unsere Ansichten über die Anfänge des Siedlungswesens um«, wie es der Archäologe Sir Leonard Woolley ausdrückte. Sie galt lange Zeit als erste Stadt der Welt. »Die Ausgrabung Jerichos«, so Sir Woolley weiter, »hat die Geschichte der menschlichen Zivilisation um zwei- bis dreitausend Jahre hinausgeschoben«.[574]

Hätte Edgar Cayce die Arbeiten von Dr. Schmidt in Anatolien gekannt – er wäre wohl begeistert gewesen! Die Aussagen von Cayce machen nur einen kleinen Teil derer aus, die solche Daten im Zusammenhang etwa mit Atlantis annehmen. Bei Jericho jedoch hat noch niemand an Atlantis gedacht.

Robert Bauval und Adrian Gilbert versuchten 1994 ebenfalls, Gizeh mit dem Jahr 10.500 vor Christus in Verbindung zu bringen. Bauval und Gilbert sind sicher, dass die drei Pyramiden auf dem Gizeh-Plateau nach einem »Masterplan« als Sinnbild der Gürtelsterne des Orion erbaut wurden. Nach Gilbert und Bauval entspricht jeweils eine der Pyramiden einem der Sterne des Sternbilds des Orion. Orion setzten die Alten Ägypter mit ihrem wichtigen Gott Osiris gleich, zu dem der Pharao nach seinem Tode aufsteigt.[575] Eine Gizeh-These, die bis heute sehr weite Kreise zieht.

Tatsächlich ist es augenscheinlich, dass die Pyramiden von Gizeh in Größe und Ausrichtung den Gürtelsternen des Orion ähneln. Laut Bauval und Gilbert ist das kein Zufall, sondern berechnete Absicht der Konstrukteure von Gizeh. Doch das Autorenduo geht seit 1994 noch weiter. Ihren umfangreichen Berechnungen nach verweist die Anlage von Gizeh eindeutig auf das Jahr 10.450 vor Christus und somit in eine geschichtliche Dunkelzeit.[576]

Woher stammt dieses Datum, das inzwischen von vielen anderen Autoren übernommen wurde? Das Jahr, in dem Atlantis versank? Das Baudatum der Gizeh-Pyramiden aus diesem oder jenem Grund? Gilbert und Bauval stützen ihre Thesen auf astronomische Berechnungen, aber verweisen namentlich dennoch auch auf Edgar Cayce und seine Prophezeiungen über Atlantis und die Pyramiden.[577] War es Absicht, dass man diesen Zeitpunkt ermittelte? Oder ist es ein Indiz, dass der Visionär Cayce, der den Untergang von Atlantis auf 10.700 vor Christus datiert, sogar Recht hatte? Oder all die anderen Autoren, die der Sintflut immer wieder ein Alter von 12.000 Jahren geben?[578] Graham Hancock, der 1996 zusammen mit Bauval den »Schlüssel zur Sphinx« gefunden haben will und sich in einem gemeinsamen Buch auf die »Suche nach dem geheimen Ursprung der Zivilisation« machte, vertritt ebenfalls diese Zeitangabe. Auf der gesamten Welt spürte Hancock versunkenen Welten nach und kam immer wieder auf 10.500 vor Christus. Etwa durch astronomische Deutungen und quasi als »Stichjahr« einer angenommenen Ur-Kultur unserer Menschheit. Gizeh macht bei diesen Überlegungen selbstredend keine Ausnahme.[579] Mit Astronautengötter-Thesen haben diese Autoren aber nichts zu schaffen. Ebenso stellte ich bereits die Frage, wie etwa die Katastrophen-Thesen von Hapgood, auf die sich viele dieser Autoren berufen, mit astronomischen Datierungen von heute vereinbaren lassen.

Aber schon einmal soll sich eine Atlantis-Prophezeiung von Cayce als wahr und korrekt herausgestellt haben. Er »sah« beispielsweise im Dezember 1933 in einem seiner »Readings«, dass nahe Bimini (Bahamas) Teile von Atlantis gefunden werden würden. Angeblich sollte dies 1968 oder 1969 geschehen, so der Seher. Und tatsächlich fand man exakt im angekündigten Jahr die berühmten Unterwasserstrukturen um Bimini (Insel Andros), die einige für Atlantis oder wenigstens für Reste davon halten. Die Piloten, die von ihrem Flugzeug aus im Meer unter sich die Spuren von »Poseidia« fanden, stehen bis heute in »Verruf«, wie ich es 2009 in meinem Buch *Historia Mystica* darlegte. Es waren zwei Piloten der »Association for Research and Enlightenment Inc.« (ARE). Die ARE wurde 1947 gegründet, hat ihren Hauptsitz in Virginia Beach, USA – und ist die Oberorganisation der »Edgar Cayce Zentren«, die sich in 25 Ländern der Erde finden. Damit steht diese Organisation dem »schlafenden Propheten« Cayce natürlich sehr nahe. Man mag hier vermuten, dass die Entdeckung aus diesem Grund auf das vorhergesagte Jahr 1968 fiel. Also quasi, um die Prophezeiung zu erfüllen. Jedoch ändert das nichts daran, dass es solche sehr sonderbaren Unterwasserruinen in diesem Gebiet wirklich gibt.[580]

Die Spurensuche nach möglichen Hinweisen auf eine frühe Zivilisation geht weiter. Allerdings machten nach der Veröffentlichung der Orion-These 1994 durch Bauval und Gilbert erhebliche Zweifel die Runde. Augenscheinlich sei, dass die Gürtelsterne des Orion nicht dem Abbild der Pyramiden in der Form entsprechen, die das Duo vermittelt. Im Bildteil ihres Bestsellers stellen sie die Orion-Gürtelsterne und die drei Gizeh-Haupt-Pyramiden nebeneinander – drehten dabei aber das Foto der Pyramiden um 180 Grad, so dass Norden unten liegt. Demnach hätten die Pharaonen die Pyramiden verkehrt herum gebaut, auch wenn sie ohne Frage in der Anordnung den Gürtelsternen des Orion ähneln. Zudem: Keine anderen der zahllosen Pyramiden in Ägypten entsprechen den anderen Sternen des Sternbildes des Orion. »Willkür« werfen die Kritiker Bauval und Gilbert angesichts dieser und weiterer Gegenargumente vor.[581] Gleichfalls wird bis heute argumentiert, dass allein geologische Gegebenheiten in Gizeh die einstigen Bauherren zu dieser Anordnung zwangen.

Die Kritiker sagen weiter, dass auch das Jahr 10.500 vor Christus rein willkürlich ermittelt worden sei. Oder aber, man wollte es eben nur mit den Aussagen Edgar Cayce in Konsens bringen. Tatsächlich verweisen Bauval und Gilbert in ihrem Buch *Das Geheimnis des Orion* selbst auch mehrfach auf Edgar Cayce. So lesen wir etwa:

»Doch so sehr wir uns auch bemühen, solche unwissenschaftlichen Behauptungen zu ignorieren, die Äußerungen von Edgar Cayce muten in der Rückschau unheimlich an, wenn man bedenkt, dass er seit langem tot ist und unseres Wissens nie in seinem Leben in Ägypten war.«[582]

Robert Bauval verfolgte die Spur »seiner« Datierung der Pyramiden weiter und tat sich dann mit Graham Hancock zusammen. Auch Treffen mit Gruppen, die das Erbe des Edgar Cayce erhalten – allen voran die »Edgar Cayce Foundation« (ECE) – inklusive Treffen mit Charles Thomas Cayce, dem Enkel Edgars und Präsidenten der ECE, standen nun an.[583] Das Duo Bauval und Hancock widmeten sich bei ihren Forschungen vor allen auch der rätselhaften Sphinx von Gizeh, ihrem Alter, der »Halle der Aufzeichnungen« und anderen Dingen mehr.

Ihren astronomischen Berechnungen nach verweist die Sphinx durch ihre Ausrichtung auf eine im Dunkeln liegende Vorzeit. Etwa, so wird oft argumentiert, auf das erste, mythologische Götter-Zeitalter Ägyptens. Der weltberühmte Königspapyrus von Turin, der 1820 in Luxor in Ägypten gefunden wurde, berichtet zum Beispiel von diesem ersten Zeitalter. Ebenso spricht die Königsliste von enormen Lebensdauern der mythischen Vorzeit. Der Gott Ptah wird in diesem Papyrus als Herrscher eines ersten Geschlechtes von Göttern genannt, die vor den Pharaonen herrschten. Jedoch ist der Text aus der Zeit Ramses des Großen (etwa 1303 bis 1213 vor Christus) gerade bei dieser »Götterherrschaft« sehr lückenhaft.[584] Die Pharaonen bestanden später zu Lebzeiten darauf, dass sie von den Göttern im Himmel abstammten oder ihre menschlichen Vertreter seien. Selbstverständlich werden solche Mythologien von irgendwelchen Gottheiten, die auf Erden herrschten, in der Ägyptologie nicht ernst genommen. Sie gelten eher als Versuch der Ägypter, ihre Herkunft zu erklären, da als gesichert angesehen wird, dass sich Ägypten aus der sogenannten Naqada-Kultur (ab etwa

4500 vor Christus) entwickelte. Ab ca. 3100 vor Christus spricht man von der I. Dynastie Ägyptens.[585]

Es wird also offiziell 6.500 Jahre ägyptische Geschichte geschrieben. Das ist schon allerhand. Wobei ich aber denke, dass der Einfluss der westlichen Sahara-Kultur, wie bereits beschrieben, noch zu klären sein wird. 6,5 Jahrtausende sind für »alternative Historiker« aber noch zu jung. Zu jung, wenn es um die Frage nach einer Ur-Kultur geht. Da kommt dann unser Freund Sphinx wieder ins Spiel.

Der 72 Meter lange und 20 Meter hohe Sphinx als Abbild eines Löwen blickt genau nach Osten, wo das Sternbild des Löwen zur Tagundnachtgleiche (Frühlings-Äquinoktium) aufgeht. Aber nicht mehr heute, sondern eben etwa im Jahre 10.500 vor Christus![586] Also erneut das Jahr, um das sich inzwischen alle Autoren, die eine untergegangene Kultur suchen, drehen. Graham Hancock selbst hatte jedoch schon vor seiner Zusammenarbeit mit Bauval ein fraglos beeindruckendes Buch veröffentlicht, in dem er »das sensationelle Vermächtnis einer verschollenen Hochkultur« nachzuweisen versuchte. Er war sich nach Computersimulationen des frühen Sternenhimmels über Gizeh sicher, dass die Sphinx durch ihre Ausrichtung auf das Jahr 10.450 vor Christus verweise.[587] Auch den »Orion-Plan« der Pyramiden von Gizeh von Bauval/Gilbert fügte er in seine Überlegungen ein.

Leider sind es nur astronomische Spekulationen, die eine Hochkultur oder vorsintflutliche Gesellschaft belegen. Auch das Fixdatum 10.450 vor Christus ist eigentlich unsinnig. Auch wenn es tatsächlich in die Epoche globaler Klimaveränderungen fällt, scheint bei ihm doch Cayce Pate gestanden zu haben. Die Autoren selbst erwähnen verschiedentlich auch eine Zeitspanne und kein fixes Jahr. Hancock zum Beispiel schreibt:

»Der große Sphinx ist ein Äquinoktialfixpunkt für das Zeitalter des Löwen und verweist auf ein Datum zwischen 10970 und 8810 vor Christus.«[588]

Wieso also dann vor 12.500 Jahren? Hancock und Bauval nehmen an, »dass der Grundriss der Anlage der drei großen Pyramiden von Gizeh bereits im Jahr 10.500 vor Christus physikalisch festgelegt wurde – vielleicht in Form von niedrigen Plattformen.«[589] Dies war der »Masterplan« nach einer Idee eines bisher unbekannten Volkes. Die Baupläne wurden über die Jahrtausende weitergegeben, bis man die Pyramiden vor 4.500 Jahren tatsächlich errichtete. Auch die legendäre »Halle der Aufzeichnungen« mit ihren angeblichen enormen Wissensschätzen soll durch ihre astronomische Position 30 Meter hinter der Sphinx auf das Cayce-Datum verweisen. Nach Cayce sollte sie 1998 gefunden werden, was aber wohl bisher nicht geschah – wenn wir uns nicht auf das Terrain der »Verschwörung der Ägyptologen« begeben wollen.

Dazu kam Anfang 2009 etwas Interessantes heraus: Dr. Zahi Hawass, der legendäre und sehr umstrittene damalige Chef von Gizeh, plante angeblich zusammen mit der Cayce-Gruppe »Association for Research & Enlightenment« nach geheimen Kammern unter der Sphinx zu suchen. Wir warten aber noch immer auf klare Aussagen und Ergebnisse.

Eine Frage stellt sich, die meist übersehen wird: Kannten die Alten Ägypter vor 4.500 oder sogar 12.500 Jahren überhaupt das Sternbild des Löwen?

Im Hathor-Tempel in Dendera fand sich tatsächlich ein Deckenrelief mit scheinbar typischen Tierkreiszeichen oder Sternbildern. Heute ist es im Louvre in Paris zu bewundern, da es zu Napoleons Zeit in Ägypten entdeckt und mitgenommen wurde. Diese Darstellung stammt aus der griechischen Ptolemäerzeit (rund 300 bis 50 vor Christus) Ägyptens. Genauer gesagt aus deren Ende; es ist – aus Sicht der natürlich nicht von allen akzeptierten Datierung der klassischen Archäologie – also rund 2.400 Jahre nach den Pyramiden gefertigt worden.[590]

Graham Hancock ist überzeugt, dass weltweit Spuren zu finden sind, die eben auf die aus Gizeh abgeleitete Zeitepoche verweisen.[591] Auch wenn man die astronomisch Thesen nicht als Beweis für eine in einer Sintflut versunkene Kultur betrachten kann und darf, sind letztlich dennoch große und kleine Indizien zu finden. Etwa die beiden Städte im Golf von Cambay bei Indien. Aber auch in Ägypten haben sich Forscher greifbarer und nicht nur astronomischer Mittel bedient, um zu neuen Datierungen zu erlangen.

Dass die Pyramiden und der Sphinx von Einwanderern wie den Überlebenden von Atlantis erbaut wurden, ist eine sehr alte Spekulation, oftmals mit esoterischen und okkulten Zügen versehen und darum in der Archäologie natürlich selten ernst genommen. Vergleichbar mit dem oben erwähnten Rätsel der hellhäutigen Menschen bei den Inkas. Zum Beispiel hat der Franzose Robert Charroux in einer Reihe von Büchern als einer der ersten Autoren der Neuzeit Gizeh immer wieder mit Atlantis und sogar Außerirdischen von der Venus in Verbindung gebracht. Selbst die Sphinx könnte seiner Meinung nach ein Abbild eines Venusmenschen sein, wie er 1971 behauptete.[592]

Nachdem Jahrzehnte lang die wildesten Thesen zum Alter der Sphinx kursierten, trat 1992 John Anthony West auf den Plan, der behauptete, das Monument sei in Wahrheit doppelt so alt als von den Archäologen angenommen. Der Geologie-Professor Robert Schoch teilt diese Ansicht. Schoch hat dazu die Verwitterungsspuren am Körper der Sphinx und an den umgeben Felsen untersucht: Diese verwiesen auf eine wesentlich frühere Epoche Ägyptens, in der es ein feuchtes und regnerisches Klima gab. Die Erosion des Sandsteins sei typisch für Wassermassen, so Schoch, die hier über lange Zeit den Stein ausgewaschen hätten.[593] Jeder Tourist kann sie bei einem Besuch in Gizeh sehen.

Für West und Schoch steht damit fest, dass die Sphinx nicht von den Pharaonen der IV. Dynastie erbaut worden sein kann. Ihre spektakulären Datierungen anhand der geologischen Struktur des Gesteins gehen jedoch auseinander. West meint, dass sie bis zu 12.000 Jahre alt sein kann. Schoch datiert die Sphinx allerdings auf 5000 bis 7000 vor Christus und nicht wie West in die Eiszeit und damit als Erbe von Atlantis.[594] Beide Angaben sind für die klassische Ägyptologie natürlich vollkommen indiskutabel, denn damals gab es kein ägyptisches Reich. Wohl aber die Sahara-Kultur in einem subtropischen Klima. Auch Professor Schoch kommt angesichts dieser Altersangabe nicht um das Thema Plato, Atlantis und eine versunkenen Urwelt herum.[595] Irgendwer muss die Sphinx ja vor bis zu 9.000 Jahren erbaut haben und da es in dieser fernen Epoche der Menschheit keine Spuren einer solchen Zivilisation gibt, muss sie verschwunden sein. So seine Überlegungen. Auch die Mythen und Legenden um den versunkenen Kontinent Lemuria sind zumindest für ihn von Interesse.[596] Auch wenn ich den Ideen um Atlantis und meinetwegen auch Mu aufgeschlossen gegenüberstehe, sehe ich in dem angeblichen Kontinent Lemuria im Indischen Ozean nichts Wahres. Es ist lediglich eine Idee von Okkultisten und anderen Autoren, die Spekulationen des Zoologen Philip Sclater von 1864 (falsch) interpretierten. Der Autor Stefan Wogawa hat dies 2003 in seiner Arbeit *Urkontinent Lemuria – Von der wissenschaftlichen Hypothese zur okkultistischen Spekulation*[597] blitzsauber dargelegt.

Für Archäologen und Ägyptenforscher sind die geologischen Arbeiten und die daraus abgeleiteten Schlussfolgerungen wissenschaftlicher Unfug. Professor Schoch und seinen Mitstreiten ist das egal, denn sie sind keine Archäologen, sondern bewerten die vorliegen Fakten aus Sicht der Geologie. Spätere Pharaonen, so ihr Argument, hätten die mächtige Sphinx lediglich ausgegraben. Die meiste Zeit ihres Lebens war das Monument vom Sand der Wüste zugeweht. Vielleicht hat Pharao Chephren, bislang der mutmaßliche Schöpfer, der Sphinx lediglich seinen Stempel aufgesetzt. Dass der Sphinx auch tatsächlich Jahrtausende unter Sand begraben lag, ist für West ein wichtiges Indiz für ihr enormes Alter. So wären der Körper und der umliegende

Steinbruch vor Sandstürmen und damit der Verwitterung geschützt gewesen. Für West ein Beweis, dass die Erosionen auf einen wesentlich älteren Sphinx hindeuten.[598]

Auch wenn eine Zurückdatierung auf die Eiszeit oder zu deren Ende seit Jahrzehnten immer wieder versucht wird,[599] erklären die Ägyptologen die These von West & Co. an und um den Sphinx mit den unterschiedlichen Gesteinsschichten auf dem Plateau von Gizeh. Dr. Zahi Hawass beispielsweise verwies bereits 1994 darauf, dass der Kopf aus hartem Kalkstein besteht und darunter weichere Gesteinsschichten (Kalk- und Mergel-Schichten im Wechsel und letztlich ein urzeitliches Riff) liegen. Eine unterschiedliche Verwitterung sei deshalb zu erwarten.[600]

Die Datierung der Pyramiden selbst auf die IV. Dynastie Ägyptens und die Verbindung mit den Herrscher Cheops und Chephren wird von zahlreichen Autoren bestritten. Für Cheops beispielsweise dient als Beleg eine umstrittene Königskartusche innerhalb der Pyramide, über der »Königskammer« in einer Entlastungskammer. Seit Jahrzehnten zweifeln Skeptiker nicht unbedingt die Kartusche mit dem Namen des Pharao Cheops an, sondern ihren Ursprung: Sie soll von ihrem Entdeckter Oberst Howard Vyse gefälscht worden sein. Dieser hat um 1835 mit brachialer Gewalt – Sprengungen – die Pyramiden erkunden wollen und 1837 die Kartusche mit dem Cheops-Namen gefunden. Nur in der Kammer, die Vyse selbst öffnete und erkundete, finden sich Inschriften. Auch weisen Kritiker auf eine Reihe anderer Umstände hin, wie etwa, dass Vyse in seinem Tagebuch am Tag der angeblichen Entdeckung die Hieroglyphen nicht erwähnt.[601] Tatsächlich gibt es eine Reihe von Ungereimtheiten. Fotos beweisen, dass die Kartusche aber nicht falsch geschrieben wurde, wie es seit bald 30 Jahren behauptet wird. Auch wird kaum bedacht, dass fast alle der über 100 Pyramiden in Ägypten gar keine Inschriften besitzen. Was wir an prachtvollen Wandbildern und Inschriften vor allem kennen, stammt aus den (späteren) Gräbern aus dem Tal der Könige und den

Pyramiden ab der V. Dynastie, die man zum Beispiel in Sakkara selbst betreten kann.

Interessant sind auch Forschungen des Physikers Professor Dr. Willy Wölfli von der Eidgenössischen Technischen Hochschule in Zürich und anderen. Diese haben mit Hilfe der Radiokarbondatierung versucht, die drei Pyramiden von Gizeh zu datieren – und die Messergebnisse erstaunen doch sehr. Nach ihren Radiokarbondatierungen und anderen Analysen wies die Pyramiden des Cheops ein Alter auf, das einige hundert Jahre höher lag, als es in den Geschichtsbüchern steht. Auch die Pyramide des Chephren zeigte einen Widerspruch, der rund 650 Jahre entsprach. Die dritte Pyramide, die kleinste und Pharao Mykerinos zugesprochene, könnte sogar einige Jahrhunderte jünger als sein, als es die Archäologie besagt. Doch lieferten die Analysen auch ältere Messwerte von bis zu 557 Jahren vor der akzeptierten Erbauungszeit dieser Pyramide. Radiokarbon-Messungen an anderen Pyramiden und Gräbern in Ägypten, wie etwa an Monumenten in Sakkara, erbrachten ebenfalls von der offiziellen Chronik abweichende Datierungen.[602]

Kein Zweifel, dass die Ergebnisse nicht so beeindruckend sind wie die Datierungen des Professor Schoch. Doch auch 500 zusätzliche Jahre für die Pyramiden sind merkwürdig und lassen bei vielen Autoren Zweifel an Cheops, seinem Sohn und seinen Enkel als Bauherren von Gizeh aufkommen.

Wer aber baute dann und wann in Gizeh diese gewaltigen Monumente und wofür eigentlich? Als Rätsel und als Indiz, dass die Gizeh-Pyramiden nicht als Gräber dienten, werden zum Beispiel immer wieder die leeren Grabkammern angeführt. Wo ist die Mumie des Herrschers? Im Jahre 832 nach Christus drang der Kalif Abdullah Al-Mamun in die Cheops-Pyramide ein und soll nach alten Schriften *nichts* gefunden habe, heißt es. Doch das berühmte *Hitat* von Ahmed Al-Makrizi (1364–1442), das immer wieder als Quelle angeführt wird, widerspricht dieser These mehrfach. Zum Beispiel:

»Es heißt, man habe auf dem Körper, der in der Pyramide begraben liegt, ein ganz zerfallenes Gewand gefunden, von dem nur noch die goldenen Fäden übrig geblieben waren; die Dicke der Schicht von Myrrhe und Aloe, mit der der Leichnam überzogen war, soll eine Spanne betragen haben.«[603]

Auch von einem mit einem »goldenen Deckel« verschlossenem Sarg und anderen Dingen mehr, die an die inneren Sarkophage erinnern, spricht das *Hitat*. Spannend aber auch die Tatsache, dass ein »viereckiger Brunnenschacht von 10 Ellen Tiefe« erwähnt wird, von dem aus vier Pforten abgehen, durch die man vier mit »Leichnahmen angefüllte Räume« erreichen kann:

»Ihrer Leiber gleichen den unseren, doch sind sie nicht von großer Statur. Von ihren Körpern und ihrem Haar ist nichts abgefallen; kein Greis, keiner, dessen Haar weiß ist, befindet sich unter ihnen. Ihre Körper sind kräftig gebaut; es ist völlig unmöglich, eines ihrer Glieder zu entfernen.«[604]

Im *Hitat* wimmelt es von phantastischen Geschichten über die Pyramiden. Noch phantastischer sind natürlich die Hinweise, dass man die Pyramiden vor der Sintflut erbaut habe. In den Sternen sah man einst eine Vernichtung kommen und stellte verängstig fest, »dass es eine Wasserflut sei, die über die Erde und alles Lebendige und alle Pflanzen auf ihr Verderben bringen werde«.[605] König Saurid b. Sahluk habe daraufhin die Pyramiden als Gräber für sich und seine Angehörigen erbauen lassen. Andere Überlieferungen widersprechen diesen Aussagen und nennen klar Cheops als Baumeister.

Persische Überlieferungen wiederum wollen wissen, dass eine Sintflut kam, doch »die gesamte Kulturwelt überflutete sie nicht; sie ging nicht über die Bergwand von Hulwan hinaus und gelangte nicht bis zu den Reichen des Ostens«. Die Weisen (Magier) warnten »die Bewohner des Westens« vor der Flut und diese bauten die Pyramiden in Gizeh als Zufluchtsstätte. Bis zur halben Höhe der Pyramiden könne man noch immer die Spuren der Überflutung sehen.[606]

Auch »der erste Hermes, den die Araber Idris nennen« wird als Bauherr der Pyramiden genannt. Auch er sah in den Sternen das Unheil der Flut kommen. Abu t-Taijib al-Mutanabbi, so schildert es das *Hitat*, will nicht nur wissen, dass Al-Mamun in der Pyramide einen verschlossenen Sarg mit »morschen Knochen« darin fand, sondern kennt auch die Hermes-Legende. Er nennt Henoch als Baumeister:

»Es gibt Leute, die sagen: Der erste Hermes, welcher der ›Dreifache‹ genannt wird, in seiner Eigenschaft als Prophet, König und Weiser genannt wurde (es ist der, den die Hebräer Henoch, den Sohn des Jared, des Sohnes des Mahalalel, des Sohnes des Henan, des Sohnes des Enos, des Sohnes Seths, des Sohnes Abraham – über ihm sei Heil – nennen, und das ist Idris), der las in den Sternen, dass die Sintflut kommen werde. Da ließ er die Pyramiden und in ihnen Schätze, gelehrte Schriften und alles, worum er sich sorgte, dass es verloren gehen und verschwinden könnte, bergen, um die Dinge zu schützen und wohl zu bewahren.«[607]

König Saurid b. Sahluk b. Sarjak wird ebenfalls als Erbauer genannt. Auch Saddad b. Ad soll infolge eines warnenden Traumgerichts Gizeh gebaut haben. Nur sechs Monate habe die Arbeit angeblich gedauert.

Widersprüchliche Angaben – keine Frage. Zumal im *Hitat* selbst immer wieder die Pyramiden als *Gräber von Königen* erwähnt werden. Also genau das, was »alternative Historiker« so energisch abstreiten.

Henoch, der »Schreiber der Gerechtigkeit«, als Bauherr fügt sich zeitlich natürlich wunderschön in die Epoche der Sintflut ein. Bei Henoch erfahren wir ja auch, dass ihm 30

Tage lang von seinem Herrn Wissen offenbart wurde, dass er in 360 Büchern niederschrieb.[608] Diese Bücher aus göttlicher Quelle sollte Henoch bewahren und weitergeben, wie es verschiedentlich heißt. Etwa:

»Henoch! Ich habe dir alles gesagt, und du hast alles auf Erden gesehen, und alles hast du in diese Bücher geschrieben. Ich habe die Erschaffung von all dem ersonnen; ich schuf vom Höchsten bis zum Niedrigsten. Mein Ratgeber war dabei. [...] Nimm dich zusammen, Henoch, und erkenne den, der mit dir spricht! Nimm die Bücher, die du geschrieben! Ich gebe dir die Engel Semiel und Rafuel und den, der dich zu mir gebracht. Sieh auf die Erde hinab und sag deinen Söhnen alles, was ich dir erzählte, und alles was du gesehen vom unteren Himmel bis zu meinem Thron!«[609]

Sind solche und ähnliche Aussagen über den Propheten Henoch ursächlich für die Erwähnung des Patriarchen als Bauherr der Pyramiden im *Hitat*? Wunschdenken unserer Vorväter? Und was ist mit den anderen angeblichen Baumeistern von Gizeh inklusive Cheops, die sich in den Schriften finden?

Das in Gizeh etwas mit Blick auf Sagen und Mythen nicht stimmt, ist offenkundig. Ein Indiz für eine versunkene Kultur beziehungsweise ein verlorenes Wissen? Vielleicht. Aber wenn man dem *Hitat* glauben möchte, dass Saurid alias Henoch die Pyramiden errichten ließ, muss man auch glauben, dass nur sechs Monate für den Bau notwendig waren. Das klingt mehr als unwahrscheinlich. Gleichfalls werden dabei all die anderen Pyramiden in Ägypten ignoriert.

Rund 20 Jahre sollen laut den Archäologen die Bauarbeiten unter Pharao Cheops gedauert haben. Die verschiedenen Hinweise, dass eine Mumie oder Mumienreste innerhalb der Pyramide gefunden wurden, sind durchaus glaubhaft. Dies zeigte ich schon 2009 in einem Artikel in dem Magazin *Q'Phaze*.[610]

Eine C^{14}-Datierung wäre hier wünschenswert gewesen, doch die möglichen Funde sind alle verschollen. Aber was ist mit den seltsamen Räumen mit den seltsam gut erhaltenen Leichnahmen, von denen ebenfalls gesprochen wird?

Und hier ist stößt man erneut auf die »Halle der Aufzeichnungen« mit den angeblich dort verborgenen Wissensschatz einer versunkenen Zivilisation. Unter ganz Gizeh, so alte Legenden und Schilderungen, liege ein Labyrinth verborgen. Versteckte Räume, Tunnel und sogar gewaltige Säle schlummern dort unentdeckt vor der Welt. Herodot, der legendäre und viel zitierte »Vater der Geschichtsschreibung«, bereiste 448 vor Christus Ägypten. Er notierte alles, was ihm Priester und andere über Land, Leute und Pyramiden erzählten und berichtet darüber in den neun Büchern der *Historien.* Auch er will ein Labyrinth mit eigenen Augen gesehen haben und »es übersteigt alle Worte«. Dieses jedoch liegt nicht, wie fälschlicherweise oftmals behauptet, in Gizeh, sondern angeblich etwa 100 Kilometer südlich bei der Oase El Fayoum. Allerdings zeigt bereits eine oberflächliche Betrachtung auch bei der Oase El Fayoum, dass hier kein Labyrinth zu finden ist, wie es Herodot gesehen haben will. Herodot war nicht nur, wie er immer wieder zitiert wird, der Begründer der Geschichtsschreibung – er war auch der Berichterstatter »zahlloser Geschichten«. Sind diese auch alle tatsächlich wahr?

Alle Bauten Griechenlands zusammengenommen, so der Grieche Herodot, könnten es nicht mit dem gewaltigen Labyrinth aufnehmen. Sogar einen See soll es geben (Moeris-See), der von Menschen künstlich geschaffen wurde und in dessen Mitte zwei weitere Pyramiden stünden. Schon lange werden diese Beschreibungen Herodots angezweifelt.[611] Alexander von Humboldt sah jedoch vor über 200 Jahren bei diesen Pyramiden-Beschreibungen Ähnlichkeiten zu amerikanischen Zivilisationen.[612]

Herodot erzählt bereits 2.000 Jahre vor Ahmed Al-Makrizi über Ägypten und die Pyramiden. Während Herodot etwa von hölzernen Gerätschaften als Hilfsmittel beim Pyramidenbau spricht, weiß das *Hitat* von wundersamen »beschriebenen Blättern«. Diese wurden von den Arbeiten auf die Steine gelegt und diese hätten sich daraufhin von selbst bewegt. Herodot macht zwei Jahrtausende früher nicht weniger rätselhafte Angaben über Gizeh. Auch wenn Kritiker teilweise meinen, dass Herodot rein fiktive Informationen gab, die lediglich seine Leser in Griechenland unterhalten sollten.[613] Seine Chroniken berichten von wahrlich phantastischen Dingen. In seinen *Historien* schildert er das gigantische Labyrinth, geheime Kammern, Schächte und Tunnel. Natürlich auch »wundersame« Dinge über die Pyramiden von Gizeh. Was die angeblichen Hilfsmittel beim Bau der Pyramide bei Herodot (Hölzer) und bei Ahmed Al-Makrizi (»beschriebene Blätter«) angeht, öffnen diese den Spekulationen Tür und Tor. Sie helfen nur keineswegs weiter.

Für Okkultisten wie Edgar Cayce oder bereits 1864 Charles Piazzi Smyth und John Taylor (der Verleger von Oberst Howard Vyse, der wiederum die Cheops-Kartusche gefälscht haben soll), die Gizeh mit der Bibel in Verbindung brachten, sind solche Herodot-Berichte Beweise für die wildesten Thesen. Sogar in der modernen Welt der UFO-Sekten verbindet man diese Berichte mit außerirdischen Siedlern und Atlantis. Beispielsweise soll die Pyramide 6257 vor Christus Richtfest gefeiert haben, nachdem unfassbare 6.000 Jahre lang von außerirdischen Atlantern daran gebaut worden war.[614] Billy Meier aus der Schweiz, einer der prominentesten Vertreter der UFO-Gurus, hat nach eigenen Angaben sogar ein derartiges unterirdisches System in Gizeh gemeinsam mit Aliens besucht. Er behauptet, eine 500 Meter hohe Halle gesehen zu haben, in der UFOs standen. Das Alter der Hallen gibt der UFO-Guru Meier mit 10.000 Jahren an; sie seien von Aliens »durch eine gewaltige unterirdische atomare Explosion« geschaffen worden.[615]

Ungeachtet dieser wirren Behauptungen hält sich das Gerücht über geheime Kammern in Gizeh noch immer. Enthalten sie

Spuren einer versunkenen Kultur, wie man gern anzunehmen geneigt ist? Die Bücher unseres Freundes Henoch? Der Archäologe Dr. Zahi Hawass, spätestens seit der inszenierten »Live-Öffnung« des Sperrstein am Ende des Gantenbrink-Schacht der Cheops-Pyramide im September 2002 spöttisch mit »Indiana Jones« verglichen, sorgte auch durch eine andere Entdeckung für Schlagzeilen. Er persönlich habe, so ließ er es 1999 verkünden, einen fast 30 Meter tiefen Schacht »genau in der Mitte zwischen der Chephren-Pyramide und dem Sphinx« gefunden.[616] Im inneren des unterirdischen Systems lagen eine Reihe von Kammern verborgen, die Dr. Hawass als »Osiris-Grab« bezeichnete und die erneut Anlass zu Spekulationen gaben und geben. Heute steht Grundwasser in dem Schacht und die Spekulationen reißen nicht ab, selbst wenn mehrere Vor-Ort-Recherchen die ganze Sache wenig spektakulär erscheinen lassen. Inzwischen hat das »National Research Institute of Astronomy and Geophysics« in Kairo mit einem »Ground Penetrating Radar« (GPR) dieses und anderer Gebiete Gizehs untersucht. Man fand eine Reihe »geheimer« Kammern, und so hieß es 2006 in dem Untersuchungsbericht über die GPR-Forschungsergebnisse:

»Die Ergebnisse dieser Studien unterstützen die Möglichkeit der Präsenz unentdeckter Relikte von hohem Wert.«[617]

Doch schon eher waren Dr. Hawass solche Räume unter der Sphinx und anderswo mit Sicherheit bekannt. In einer Fernsehdokumentation von 1995 beispielsweise führt er das TV-Team selbst in unterirdischen Räumen herum.[618] Am 2. März 1999 brachte der Sender *FOX* sogar das Live-Spezial *Öffnung des verlorenen Grabes – Live aus Ägypten* mit der Entdeckung der Kammern und präsentierte einem erstaunten Publikum die unterirdische Welt von Gizeh.[619]

Damit sind versteckte Kammern und Räume bei den Pyramiden von Gizeh unlängst zu einer Realität geworden. Doch zu oft werden sie aufgebauscht und dabei verschwiegen, dass es in Gizeh von Gräbern aus unterschiedlichen Zeiten nur so wimmelt. Zum Beispiel: Hawass selbst foppte die Medienwelt mit der Aussage, er selbst habe das unterirdische »Osiris-Grab« gefunden. Eben jene bis heute heiß diskutierte Anlage, die ich erstmals im Februar 2006 aufsuchte, als dort die Radar-Messungen durchgeführt wurden.

Diese Schachtanlage liegt jedoch nicht – wie oft berichtet – in oder unter einer Pyramide, sondern unter dem Aufweg der Chephren-Pyramide, etwa zwischen dieser und der Sphinx. Hawass log auch hier wieder, denn der Ägyptologe Professor Dr. Selim Hassan entdeckte dieses Grab schon 1933/1934.[620] Das muss einem Dr. Hawass bekannt gewesen sein. Auch, dass Dr. Hassan die Grabanlage damals auf nur etwa 600 vor Christus datierte.

Daraus lernen wir, dass auch scheinbar offiziellen Berichten der etablierten Medienwelt nicht immer blind geglaubt werden darf.

Lange Jahre hat man auch den 20-Zentimeter-Sperrstein am Ende des »Gantenbrink-Schachtes« in der Cheops-Pyramide als Indiz für verborgene Hohlräume angesehen. Obwohl Dr. Zahi Hawass in den Jahren nach der Entdeckung nicht müde wurde zu behaupten, dass nichts hinter dem Stein liege und es auch keine »Tür« sei. Dann aber wieder von einer wichtigen Entdeckung durch Rudolf Gantenbrink sprach.[621] Dass er nach dem Durchbohren des am 9. März 1993 von Gantenbrink mit einem kleinen, mobilen Roboter entdeckten Steins im September 2002 vor einem TV-Millionenpublikum von einer »großen Entdeckung« sprach, zu der weitere Forschungen nötig seien, ließ seine vorherigen Äußerungen in den Hintergrund rücken. Ägyptologen sehen diese Aktion bis heute mit Hohn, sie erkennen keinerlei wissenschaftlichen und archäologischen Wert. Es war eine Unterhaltungsshow, wie sie Hawass liebt. Diese Meinung teile auch ich. Auch war ganz klar in der Sendung zu sehen, dass Dr. Hawass wusste, was hinter dem Stein lag. Als nämlich »live« das Loch gebohrt und die

Kamera durchgesteckt wurde, war die Show zu Ende. Ein kurzer Kommentar und der Showmaster meinte, er müsse nun weg. Kritiker sagen bis heute auch, es sei Geldverschwendung gewesen. Das sehe ich jedoch etwas anders.

Der Roboter von 2002 wurde nicht von der Ägyptischen Altertümerverwaltung bezahlt und mit Sicherheit wurde durch die Ausstrahlung der Hawass-Show in weit über 100 Ländern auch Geld *verdient*. Sponsor der »Pyramid-Rover«-Mission war das Magazin *National Geographic*, das am 23. September 2002 bekanntgab, dass auch in dem anderen (südlichen) Schacht bei einer weiteren Erkundung eine solche »Tür« gefunden wurde.[622] Werbung für Ägypten und Dr. Hawass war es allemal.

Die Roboter-Mission »Djedi« um den Briten Dr. Robert Richardson wiederum fand in dem winzigen Hohlraum am Ende des Schachtes mit ihrem Roboter kleine Hieroglyphen in roter Farbe. Auch das sorgte und sorgt erneut für Diskussionen.[623] »Geheimkammern« mit dem Wissen einer Ur-Kultur – bisher Fehlanzeige.

Doch auch hier kommen wieder Zweifel auf.

Der Archäologe John Ora Kinnaman (1877–1961) ist von einem seltsamen Geheimnis umgeben. Er war zu Lebzeiten ein anerkannter Archäologe und Mitglied einer Reihe seriöser Gesellschaften. Außerdem Herausgeber einiger archäologischer Fachmagazine – und er gehörte den (angeblich) mysteriösen Freimaurern an. Kinnaman und der britische Forscher W. M. Flinders Petrie, ebenfalls einer Freimaurer-Loge zugehörig, haben vor über 70 Jahren sensationelle Funde in Gizeh gemacht. Sie wollen 1938 in der Cheops-Pyramide einen bereits 1925 gefundenen Geheimraum betreten und dort unergründliche Schriften und dergleichen mehr entdeckt haben.[624]

Interessant, dass damals vor allem durch die finanziellen Mittel von J. D. Rockefeller an Professor Henry Breasted die Ägyptenforschungen ins Leben gerufen wurde. Professor Breasted gründete daraufhin nicht nur das renommierte »Oriental Institute of Chicago«, sondern Rockefeller jr. und er selbst waren ebenfalls Freimaurer. Und auch Vyse, der Entdecker der Inschrift Pharao Cheops in der großen Pyramide, gehörte der Loge an. Kinnaman behauptet, dass in den ominösen Kammern Beweise liegen, die Gizeh auf ein Alter von unglaublichen 45.000 Jahren datierten.

Und wo ist diese angebliche Kammer nun? Wo sind die angeblichen Beweise? Gibt es Parallelen zu den uralten Berichten über versteckte Räume des Wissens und den Funden im Bereich der Sphinx? Ist eine Verschwörung im Gange? Ein kaum erkennbares Internetvideo soll beispielsweise genau das belegen, da es angeblich zeigt, wie nachts zahllose Lastwagen Material aus dem Bereich der Sphinx abtransportieren. Zeigt das sehr dunkle und unscharfe Video den Aushub geheimer Grabungen?

Die meisten Atlantis-Fans konzentrieren sich auf die Pyramide von Cheops. Sie ist ja auch die höchste Pyramide der Welt. Doch das gesamte Gizeh-Plateau soll voller Rätsel und Kammern sein, darunter die Pyramide des Pharao Chephren. Hier will der Deutsche Autor Erdogan Ercivan ebenfalls geheime Räume nachgewiesen haben, wie er in einem seiner Bücher 2007 berichtet.[625] Nachdem schon im Jahre 1977 Schallmessungen in der Chephren-Pyramide Hohlräume zeigten, so der umstrittene Autor Ercivan, kam es im Jahr 2000 zu neueren Untersuchungen. Jean-Pierre Baron und Gilles Dormion sowie Jean-Yves Verdhurt erhielten von der Ägyptischen Altertümerverwaltung die Genehmigung, die Pyramide des Chephren genauer zu untersuchen. Mit modernsten Methoden rückten sie der Pyramide auf dem Leib und konnten tatsächlich positive Ergebnisse verzeichnen. Unmittelbar in der Nähe des Sarkophags innerhalb der Pyramiden wiesen ihre Untersuchungen einen Hohlraum nach, mittels Geo-Radar zusätzlich eine Struktur, die scheinbar einen Zugang zu diesem Raum bildet.

Umgehend informierten die beiden Professor Gaballa Ali Gaballa, dem Generalsekretär der ägyptischen Altertümer, über ihre Entdeckung. Doch Ali Gaballa reagierte alles andere als erfreut über diese Neuigkeit und verbot umgehend weitere Nachforschungen. Erdogan Ercivan berichtet, dass er selbst im November 2006 mit dem Ingenieur Herbert Gross eigene (nicht genehmigte) Nachforschungen an Ort und Stelle durchführte. Sie bedienten sich des Elektromagneten-Reflexionverfahrens (EMR), um die Hauptkammer der Chephren-Pyramide zu untersuchen, und konnten die mysteriösen Hohlräume ebenfalls nachweisen. Gross sei danach sicher gewesen, dass die Schächte und Hohlräume eine »künstliche Einrichtung« sei, die in keinem Fall natürlich beim Bau entstanden sein könnte.[626]

Bei seinen Recherchen erfuhr Ercivan angeblich auch, dass den Ägyptologen diese neuerliche Entdeckung längst bekannt und bereits erforscht sei. Sogar ein rätselhaftes »Foto« bekam er nach eigener Aussage über dunkle Kanäle zugespielt, das diesen neuen Raum neben dem Hauptraum in der Chephren-Pyramide zeigen soll. Auf dem Bild sieht man ein sogenanntes Kragge-wölbe, das vor allem aus der Cheops-Pyramide bekannt ist. Jedoch ist auf der Aufnahme klar zu erkennen, dass es umgekehrt verläuft; von oben nach unten. Auch erkennt man an der rechten Seite eine Öffnung, die gewisse Ähnlichkeit mit den Lüftungsschächten der Pyramide des Cheops hat. Im Hintergrund erkennt man weiter zwei schmale Öffnungen, die irgendwo in das Innere der Pyramide führen. Alles in allem ist zu sehen, dass die gesamte Anlage auf dem ominösen »Foto« künstlich erschaffen wurde. Ercivan resümierend:

»Nunmehr sind die Ägyptologen gefordert, eine Erklärung abzugeben, warum wir über die Existenz weiterer Räume in den Pyramiden bis jetzt offiziell nichts erfahren durften. Was versucht man uns vorzuenthalten?«[627]

Was hat es mit dem ominösen Bild auf sich? Eine Fälschung? Woher stammt das Bild überhaupt? Und was geht wirklich in Gizeh vor? Wird die Öffentlichkeit tatsächlich belogen und betrogen, wie so viele Menschen denken? Oder geht alles seinen rechten, wissenschaftlichen Weg? Oder existiert im Erdreich von Gizeh sogar ein ganzes Labyrinth von versteckten Kammern, Tunneln und Räumlichkeiten, wie es beispielsweise der Autor Andreas von Rétyi in seinem Buch *Geheimakte Gizeh-Plateau* (2005) vermutet? Und wird dort wirklich im Geheimen geforscht, so dass Gizeh »möglicherweise Schauplatz einer archäologischen Verschwörung« ist, wie es mein Kollege von Rétyi weiter vermutet? Was steckt hinter der Aussage, dass in dem senkrechten Schacht in der »unvollendeten Grabkammer« unter der Pyramide des Cheops etwas vertuscht werden soll? Von Rétyi schildert, dass der Schacht offenbar künstlich verschlossen und mit Sand getarnt ist. Dies konnte er zum Beispiel anhand der wechselnden Tiefe des Schachtes bei verschiedenen Besuchen sehen. Auch andere Besucher haben in dieser Kammer derartige Beobachtungen gemacht.

Ebenso stimmt etwas in den Entlastungskammern in der Cheops-Pyramide nicht. Dort, wo die Hieroglyphen der Bauarbeiter des Cheops zu finden sind. Mein Autorenkollege Alireza Zarei berichtete mir, dass er durch Zufall hineingelangte, da bei seinem Besuch dort nämlich eine Leiter in der Pyramide stand. So konnte er darin Forschungen in den Wänden dokumentieren. Der umstrittene Autor Stefan Erdmann wiederum vermutete mehrfach, dass es einen Tunnel von der Sphinx zu dem unterirdischen Schacht in der Cheops-Pyramide gebe. 2011 berichtete er mir dann, dass er inzwischen Beweise dafür habe. Welche sagte er nicht.

Was mag hinter all diesen Spekulationen stecken? Gizeh ist tatsächlich durchlöchert. Bekanntlich aber buddelten die Menschen hier zu unterschiedlichen Zeiten der ägyptischen Geschichte. Die wilden Spekulationen über Geheimniskrämerei in Gizeh und die damit zusammenhängende Mauer um die gesamte Anlage, sind jedoch vom Tisch. Die Gerüchte um die »Gizeh-Mauer« erwiesen sich alle klar als haltlos, wie ich es 2010 in *Verbotene Geschichte* belegen konnte. Dennoch bin auch ich überzeugt, dass es eine »geheime Ägyptologie« gibt. Aber: Was genau ist denn wann »geheim«? Muss über jede Aktivität in Gizeh weltweit in den etablierten Massenmedien berichtet werden, damit sie nicht mehr als »geheim« gilt?[628] Muss ein Fund oder eine Aktivität dort in der *BILD*, *The Sun* oder *The Guardian* stehen, damit diese eben nicht »geheim« ist? Oder reichen dafür archäologische Magazine und Grabungsberichte, die jedoch die mediale Masse eben nicht kennt?

Andrew Collins war 2009 der bisher letzte Autor, der »Ägyptens größtes Geheimnis aufgedeckt« haben wollte. Eben im Sinne der »verlorenen Unterwelt« von Gizeh. Natürlich auch mit Berufung auf die Untersuchungen vom Februar 2006 des »National Research Institute of Astronomy and Geophysics«. Immerhin verleiteten schon die GPR-Untersuchungen 2006 zu diesem Resümee des Analyseberichtes:

»... können wir davon ausgehen, dass eine bedeutende Vielfalt unentdeckter archäologischer Strukturen an dem Gizeh-Plateau bleiben, die noch ungeklärt sind. Diese Strukturen können ein Netzwerk von Tunneln und Schächten sein, die zu wertvollen Gräbern führen.«[629]

Solche Ergebnisse verlocken dazu, zum Beispiel die »Kammer der Aufzeichnungen« und Spuren einer unbekannten Ur-Kultur in Ägypten zu suchen. Es vergeht aber kein Jahr, in dem nicht irgendwer das »Pyramiden-Rätsel« gelöst haben will. 2011 war es zum Beispiel Steven Myers (USA). Myers schreibt in seinen Büchern *The Great Pyramid Prosperity Maschine* und *Lost Technologies of the Great Pyramid*, die Cheops-Pyramide sei eine Art »Wasserpumpe« gewesen. Eine These, die eigentlich schon sehr alt ist und die auch Stefan Erdmann mehrfach anführte. Myers:

»Die Große Pyramide wurde nicht als Grab für einen selbsternannten Gott-Menschen erbaut, sie war die Hochwassermarke

einer fortgeschrittenen Zivilisation. [...] Die Große Pyramide ist eine hochentwickelte und technisch anspruchsvolle Wasserpumpen-Vorrichtung!«[630]

Aber auch ein Blick auf ein Buch von Andrew Collins lohnt sich. *Beneath the Pyramids* erschien bei der »A.R.E. Press« in Virginia Beach – und dahinter steckt natürlich die »Association for Research and Enlightenment« um Edgar Cayce.[631] Dr. Hawass sind Collins Thesen natürlich nicht entgangen. Auf seiner Webseite schimpft er:

»Die Story zeigt, wie sich Leute ohne archäologischen Hintergrund die Medien und das Internet zunutze machen, um Schlagzeilen zu machen. [...] Als ich diese Geschichte über neue Entdeckungen in Gizeh im Internet sah, wusste ich, das ist irreführend. Der Artikel berichtet, dass ein riesiges System von Tunneln und Höhlen gefunden wurde. Jedoch kann ich dazu nur sagen, dass es an der Stelle kein unterirdisches Höhlensystem gibt.«[632]

»Schlagzeilen machen« kann zwar auch Hawass sehr gut, dennoch lassen Ergebnisse bei der Suche nach handfesten Funden einer uralten und versunkenen Kultur in Gizeh auf sich warten. Auch wenn ich überzeugt bin, dass es dort verborgene Kammern gibt, natürliche ebenso wie künstliche. Auch die Sphinx selbst hat solche Kammern; vollgestopft mit Schutt und Holzbalken, aber ohne Schätze oder Geheimnisse.

»Sagen« und die Bibel behaupten nicht nur, dass »Gottessöhne« vom Himmel kamen, dass eine »Ur-Menschheit« in einer Naturkatastrophe umkam, sondern auch, dass all dies in weit zurückliegender Vorzeit stattfand.

Dennoch gibt es Spuren und mögliche Hinweise auf eine uralte Kultur. Nicht nur mutmaßlich versunkene Monumente wie etwa bei den Bahamas oder vor der Küste Indiens. Auch »kleinere« Hinweise deuten dies an. Etwa versunkene, zweifellos menschliche Spuren um die Insel Malta, wie die über Land ins Meer und auf dem Meeresboden weiterführenden »Gleise«. Ebenso die versunkenen Tempelanlagen, die es dort angeblichen geben soll.[633]

Auch *im* legendären Titicacasee in den Anden liegen Spuren menschlicher Aktivitäten auf dem Seegrund. Altäre oder kleine Tempel schlummern dort. Forschungen zeigen demnach, dass es Gesellschaften oder sogar Kulturen gab, die untergingen bzw. noch weiter in der Geschichte zurückreichen. So wie die Ausgrabungen von Dr. Schmidt in der Türkei die Anfänge der Zivilisation viel weiter in die Vergangenheit rückten, zeugen Spuren von einer noch älteren Geschichte des Menschen. Keine lokal begrenzte nach dem Schema Atlantis, sondern weltweite Frühkulturen.

Und Henoch könnte doch Recht haben.

TEIL III

6 Riesen – zwischen Mythen und Fakten

Haben Mythologien Recht, wenn sie provokant behaupten, dass die Kinder der Menschen und der himmlischen Wesen riesenhafte Kreaturen waren? So sagen die alten Schriften etwa:

»*Alle anderen* [Wächter, L.A.F.] *bei ihnen nahmen sich Weiber, und jeder von ihnen wählte sich eine aus. Dann begann sie, zu ihnen zu gehen und sich an ihnen zu verunreinigen. [...] Sie wurden schwanger und gebaren Riesen, die 3.000 Ellen groß waren.*«[634]

Vorwurfsvoll heißt es an anderer Stelle im *Buch Henoch* in deutlichen Worten zum Beispiel auch:

»*Warum verließet ihr den hohen, heiligen und ewigen Himmel, verunreinigtet euch mit den Menschentöchtern, nahmt euch Weiber, tatet wie die Erdenkinder und zeugtet Riesensöhne?*«[635]

In der Flut kamen diese Riesen fast alle um. Schöne Märchen der Bibel und unserer Vorfahren, könnte man meinen. Doch auch in Amerika erzählt man sich eine solche Geschichte über frevelhafte Riesen, einen zornigen Gott, eine tödliche Flut und einen Neuanfang. Zum Beispiel in Tiahuanaco im heutigen Bolivien. Der Gott Viracocha vertilgte laut diesen Legenden der Inkas aus Peru die Riesen vom Antlitz der Erde.[636]

Nordamerikanische Indianer stellen keine Ausnahme dar, wenn es um das Thema Riesen geht. Dabei ist es sogar erstaunlich, wie viele Mythologien über eine Flut und ein Riesengeschlecht in Nordamerika von den zahlreichen Indianervölkern erzählt werden. Fast jedes Volk auf dem amerikanischen Kontinent kennt eine Katastrophe oder Flut.

In North Dakota liegt heute das Terrain der Arikara-Indianer. Sie sprechen von dem Gott Nishánu, der ein Geschlecht von Riesen schuf, das jedoch nach einiger Zeit begann, ihren Schöpfer zu verspotten. So suchte er einige wenige »Lieblingskinder« aus, rette sie und ließ die restlichen Riesen in einer Flut ersaufen.[637]

Nach einer Legende der Mohave-Indianer überlebten die Menschen eine Flutkatastrophe, als sie der Gott Mastamho auf den Arm nahm und auf das Gebirge »Avikwamé« (Newberry Mountains in Kalifornien) setzte.[638]

Andere Stämme wie etwa die Chipewyan scheinen sogar eine *kosmische* Katastrophe zu schildern, die an die üblichen Atlantis-Thesen erinnern. So soll etwa vor der Sintflut eine Art »Weltschneefall« die Erde unter sich begraben haben und die Achomawi-Indianer wissen:

»Er schüttelte es über dem Osten und warf es gen Westen. Die Erde bebte, die Welt begann sich umzuwälzen, der Mond trieb davon, die Sonne stand still.«[639]

Erinnerungen an die These von Professor Hapgood und anderen, dass sich der Erdmantel ruckartig verschob, werden hier wach.

Mythologische Riesenwesen finden sich in allen Kulturen quer durch die Geschichte der Menschheit und ihre Religionen. Die Griechen kannten sie ebenso wie ungezählte »klassische Sagen«

aus Mitteleuropa. Dort soll es Berge gegeben haben, auf denen Riesen lebten, die hin und wieder die Menschen erschreckten. Bestes Beispiel hierfür ist der Riese »Rübezahl« aus dem Riesengebirge. Der letzte lebende Riese aus dem Odenwald wurde sogar von Kaiser Maximilian bei einem Turnier in Worms am Rhein höchst persönlich getötet. In der folkloristischen Tradition Mittel- und Nordeuropas sind Riesen oft Bergbewohner, die hin und wieder ins Tal kommen und ahnungslose Menschen verängstigen. Kirchhoch seien sie teilweise gewesen, die Erde bebte unter ihren gewaltigen Füßen. Diese Riesen sind in der Sagenwelt mit Feen oder Trollen zu vergleichen: Sie lebten in den Köpfen der Menschen tatsächlich und waren Teil der mystischen Welt, dennoch ein realer Teil des Lebens auf der Erde. Und überall auf der Welt werden solche Giganten von Königen, Kaisern oder heldenhaften Kriegern im Kampf bezwungen.

In den weiter zurückliegenden religiösen Glaubensrichtungen waren Riesen Teil der Schöpfung oder auch ein missglückter Schöpfungsakt der Götter der Sterne. Ähnlich wie die Bibel Riesen als Kinder der Wächter bezeichnet, die es zu vernichten galt. In der Bibel ist Goliath aus dem Lande Gat der berühmteste aller Hünen. Das *1. Buch Samuel* weiß über ihn:

»Da trat aus dem Lager der Philister ein Vorkämpfer namens Goliath aus Gat hervor. Er war sechs Ellen und eine Spanne groß. Auf seinem Kopf hatte er einen Helm aus Bronze, und er trug einen Schuppenpanzer aus Bronze, der fünftausend Schekel wog. Er hatte bronzene Schienen an den Beinen, und zwischen seinen Schultern hing ein Sichelschwert aus Bronze. Der Schaft seines Speeres war [so dick] *wie ein Weberbaum, und die eiserne Sperrspitze wog sechshundert Schekel.«*[640]

Eine beeindruckende Gestalt. Doch diese Story soll lediglich nachträglich in die Geschichte Davids eingefügt worden, also ein »Märchen« sein. So sagt es die Exegese.[641] Ebenso ist es natürlich weiterhin umstritten, ob es den genannten König David einst wirklich gab. Auch wenn ich selbst bei meinen Recherchen in Jerusalem das »Grab Davids« besuchte. Es war natürlich leer. Der Streit nach archäologischen David-Beweisen dauert an. Jedoch hat die spannende Bibel-Archäologie 1993 und 1994 eine Steininschrift in aramäisch gefunden, die das »Haus David« (דודתיב) klar nennt. Die »Tel-Dan-Inschrift« stammt aus dem 8. oder 9. Jahrhundert vor Christus und ist bisher die einzige archäologische Erwähnung Davids.[642]

Doch wie groß war dieser angebliche Gigant und was wogen seine Waffen? Das lässt sich aufgrund variierender Ellenlängen und Gewichte nicht mehr sicher beantworten. Eine Elle setzt sich aus 2 Spannen = 6 Handbreit zusammen. Ein Schekel wiederum aus 2 Beka = 20 Gera. Wie bei dem Problem der Maße der Arche Noah liegen auch hier wieder »königliche Elle« und »normale Elle« und die »babylonische Elle« vor. Von 44 Zentimetern bis 55 Zentimetern steht alles zur Auswahl, da es in den unterschiedlichen Bibelwerken die verschiedensten Angaben gibt.[643] Durchschnittlich kann man Goliath eine Größe zwischen drei Metern und maximal bis zu 3,5 Metern zubilligen. Sein Schuppenpanzer wog fast 60 Kilogramm und seine eiserne Sperrspitze etwa sieben Kilogramm. Fast doppelt so groß wie die übrige Bevölkerung muss der Riese gewesen sein.

Ist denn wirklich alles nur ein Märchen?

Archäologen haben auf dem Hügel Tell es-Safi, der etwa auf halben Weg zwischen Gaza und Jerusalem liegt, eine seltsame Inschrift gefunden. Der archäologische Fundort Tell es-Safi wird mit der Stadt Gat gleichgesetzt, der Heimat Goliats. Forscher der Ludwig-Maximilians-Universität (München) haben dort eine unscheinbare, 3.000 Jahre alte Tonscherbe ans Licht gebracht, die 2005 für Schlagzeilen sorgte. Stefan Wimmer befasste sich mit der Entzifferung und deutete die Inschriften der Tonscherbe als frühe kanaanäische Alphabetschrift. Scheinbar handelt es sich hier um eine Art Urschrift der Philister, die noch aus ihrer ursprünglichen Heimat stammen könnte. Die Scherbe enthält in einer Namensliste eine frühe Form des Namens Goliath. Wimmer:

»Ich dachte unmittelbar an den Phillisternamen Goliat, doch schien mir der Gedanke allzu verwegen. Niemand in der Fachwelt, meinte ich, würde uns glauben, dass wir sozusagen Goliat gefunden hätten. Die Stadt Gat, in der wir gruben, wird in der Bibel ja als Heimat des legendären Riesen genannt, und tatsächlich dort auf einen historischen Beleg zu stoßen, muss nüchternen Wissenschaftlern als zu schön, um wahr zu sein, erscheinen.«[644]

Ein Beweis, dass ein gewaltiger Riese mit Namen Goliath lebte, ist es »wohl kaum«, wie Wimmer betonte. Aber es ist ein Hinweis, dass der Name Goliath in der Stadt Gat nicht unbekannt war.

Sind auch die Berichte über den Riesen »Og von Baschan, der noch von den Riesen übrig geblieben war und in Aschtarot und Edrei wohnte«[645] auch nur Legenden der Bibel? Noch Moses hatte bei der angeblichen Landnahme nach dem Exodus mit diesem König Og vom Riesengeschlecht zu tun. Er besiegte das Reich Ogs und somit die letzten der Riesen.[646] Dies war das Geschlecht der Rafaiter und Amoriter, der riesenhaften Wesen. Bemerkenswert ist die Erwähnung des steinernen (auch eisernen) Sarges von König Og, den die Israeliten in der Hauptstadt Rabba gefunden haben wollen. Er war »neun gewöhnliche Ellen lang und vier breit«, heißt es in der Bibel.[647] In anderen Übersetzungen wird dieser fast vier Meter lange Sarg als »Bett« wiedergegeben. Ein Sarg oder auch Bett von dieser Dimension musste einfach einem Riesen gehören. Interessant ist es, dass einige Bibelkommentatoren zu diesem Vers angeben, es könne sich um ein Dolmengrab gehandelt habe, die in jener Gegend um den Jordan, aber auch andernorts in aller Welt zu finden sind.

Dolmen oder Hünengräber sind eigentlich klassisches Merkmal der steinzeitlichen Kultur(en) der »Megalithiker«. Ein überaus rätselhaftes Volk oder eine Kultur, die vor bis zu 8.000 Jahren oder mehr in den küstennahen Gebieten, aber auch im Binnenland Europas unerklärliche Steinbauten schuf. Gewaltige Monolithen wurde entweder aufgereiht wie in der Bretagne oder auch zu »steinernen Tischen«, eben Dolmen, übereinandergeschichtet. Für Atlantissucher sind dies seit Jahrhunderten Hinweise auf die Atlantisbewohner. Unverständlich standen spätere Generationen in aller Welt vor solchen Leistungen. Unglaubliche Gewichte wurden hier bewegt – das konnte nur das Werk von Riesen gewesen sein. Aber war das »Bett« des Og tatsächlich nur ein einfacher Dolmen? Diese Monumente sollten die Autoren und Redakteure der Bibel doch eigentlich gekannt haben.

Die biblischen Titanen erstaunten nicht nur durch ihren Wuchs. Sie hatten auch andere anatomisch Merkmale, wollen wir der Heiligen Schrift glauben. So wurde einst der Riese Lachmi, der Bruder Goliaths aus dem Geschlecht der Raphaiter, von Jonatan, einem Neffen Davids, erschlagen – und der Geselle sah recht sonderbar aus:

»Und wieder kam es zum Kampfe bei Gat. Da war dort ein riesengroßer Mann, der an den Händen je sechs Finger und an den Füßen je sechs Zehen hatte, zusammen vierundzwanzig. Er war ebenfalls Nachkomme des Rapha.«[648]

Eine fremdartige Kreatur. Doch letztlich wurden alle biblischen Riesen von David und seinen Kriegern getötet. Auch der Riese Sippai oder Saph (Saf) wurde erschlagen,[649] ebenso der Gigant Ischbi aus Nob, trotz seines 300 Schekel schweren Speeres und seinem neuem Schwert am Gürtel.[650] Goliath aus Gat, fraglos der berühmteste aller biblischen Gewaltigen, wurde von Elhanan erschlagen. (Oder eben von David enthauptet, wie es die legendäre Geschichte David gegen Goliath der Bibel und im

Koran weiß.[651]) Und nicht zuletzt König Og, der von den Israeliten bei der Landnahme Kanaans niedermacht und dessen Bett legendär wurde.[652]

Demnach kamen nicht alle Riesen in der Sintflut um, was eigentlich Sinn und Zweck der Flut war, wenn *Genesis* und das *Buch Henoch* Recht haben. Wie wir schon sahen, versuchen jüdische Legenden die Existenz von Riesen nach der Flut dadurch zu erklären, dass Noah Og in seiner Arche mitnahm. Er saß aus Platzmangel auf dem Dach der Arche und verliebte sich später sogar in Sarah, die Frau Abrahams. Die griechische *Apokalypse des Baruch* (auch *3. Baruch* genannt, 2. Jahrhundert nach Christus) enthält eine erstaunliches Detail zum Thema Flut und Riesen:

»Es brachte Gott die Sintflut auf die Erde und tilgte alles Fleisch und auch die 4.090.000 Riesen. Das Wasser stand um fünfzehn Ellen höher, als je die höchsten Berge waren.«[653]

Eine seltsam genaue Angabe über die Anzahl der angeblich auf Erden existierenden Riesen und ihr Ende. Fraglos auch eine sehr große Anzahl von Riesen an sich. Ist es eine reine Phantasieangabe? Ebenso wie die Angabe, dass das Wasser der Flut 15 Ellen (wie in der Bibel auch) über den Bergen stand?

Für die heutige Zeit sind Riesen nichts weiter als Märchen, an die höchstens noch die Kinder glauben. Man kennt vielleicht den legendären Zyklopen Polyphem des Odysseus mit nur einem Auge auf der Stirn, der von ihm und seinen Mannen listig besiegt wurde.[654] Vielleicht auch noch den »Kampf David gegen Goliath«, der heute gern als Synonym für Kriege oder Kämpfe der USA gegen »Schurkenstaaten« benutzt wird. Oder man denkt an Affenmenschen wie den Yeti in Asien und den Bigfoot in Nordamerika, die noch heute existieren sollen. Über eine reale Existenz einstiger Riesenwesen wird selten ernsthaft nachgedacht.

Anders natürlich in der Grenzwissenschaft. Schon seit Jahrzehnten sind Hünen fester Bestandteil der zum Teil wildesten Spekulationen. Der französische Autor Denis Saurat dachte schon vor 50 Jahren ernsthaft über die Existenz von Riesen in der Vergangenheit nach und verknüpfte sie mit dem Thema Atlantis. Saurat glaubte nachweisen zu können, dass einst ein Mond auf die Erde stürzte und auf diese Weise eine Sintflut auslöste. (Unser jetziger Mond wäre demnach nicht der erste oder zumindest nicht der einzige am Himmel gewesen. Suarat schreibt auch, dass er in geschichtlicher Zeit der Erde wesentlich näher gewesen sei als heute.) Dies habe zu Riesenwuchs geführt.[655] Auch der deutsche Autor Walter Closs forschte Jahrzehnte auf diesem Gebiet und war sogar sicher, dass ein *bewohnter* Vorzeitmond auf die Erde stürzte.[656]

Ungeachtet der unzähligen Spekulationen sehen nüchterne Skeptiker in den Riesenerzählungen aus aller Welt reine Märchen, allerdings vielleicht mit einem realen Hintergrund. Genetisch bedingte Mutationen oder Krankheiten könnten Riesenwuchs verursachen und Menschen zu Mythologien über Giganten inspirieren, heißt es. Und ein Blick ins *Guinness Buch der Rekorde* verrät unter der Kategorie »Der menschliche Körper«, dass 1940 Robert Wadlow (USA) starb, der 2,72 Meter groß gewesen war. Dr. Vladimir Berginer, Neurologe an der Universität von Negev, Israel, ist zum Beispiel überzeugt, dass die Geschichte über den biblischen Goliath ein geschichtlicher Fakt ist. Goliath habe an »Akromegalie«, einer Form des Riesenwuchses, gelitten, so der Forscher im Februar 2000.[657] Beweisen lässt sich das natürlich nicht.

Plausibel klingt auch die Idee, dass urzeitliche Knochenfunde wie etwa Beinknochen eines Mammuts als Überreste von Riesen verstanden wurden. Wie ein Lauffeuer habe sich der Fund eines Mammutbeines aus Unkenntnis über die wahre Herkunft der Fundstücke als Riesenfund verbreitet. Und die Sagen von Zyklopen mit nur einem Auge fußen auf Funden von Schädeln urzeitlicher Elefanten mit ihrem Rüsselloch auf den griechischen Mittelmeerinseln. Dass Knochen von Mammuts auch als Riesenknochen interpretiert wurden, ist eine Tatsache, für die es zahlreiche Beispiele gibt.

Um 1613 wurde im Oppenheimer Wirtshaus mit dem treffenden Namen »Zum Riesen« ein 1,27 Meter langer Knochen verwahrt und präsentiert. 1577 wurden bei Reiden nahe des Vierwaldstätter Sees vermeintliche »Riesenknochen« gefunden. Felix Platter, ein Arzt aus Basel, errechnete anhand der Knochen eine Größe von mehr als fünf Metern für die Kreatur. Erst im 19. Jahrhundert erkannte man die Knochen als Reste eines Mammuts. Auch der »Kremser Riese« aus Niederösterreich, von dem 1645 in Krems an der Donau bei Bauarbeiten zu einer Schanzanlage Knochen und ein Zahn gefunden wurden, stellte sich als Mammut heraus.[658]

Es dauerte Jahrhunderte, bis die sagenhaften Riesen in das Interesse der Wissenschaft rückten. Professor Dr. Gustav H. E. von Königswald aus Köln verließ 1930 Deutschland, um als Staatsgeologe im niederländisch-indischen geologischen Amt in Bandoeng auf der Insel Java neue Aufgaben wahrzunehmen. Er stieß 1935 in den legendären Apotheken in Hongkong neben allerlei dubiosen Dingen auch auf »Drachenzähne«. Sie sahen aus wie die eines Menschen, waren aber fünfmal so groß und hatten sechsmal dickere Wurzeln wie jene von heutigen Menschen. Der »Giganthropus« war entdeckt. Dr. von Königswald förderte im Laufe der Jahre allerlei Knochen wie etwa Unterkiefer dieser Riesen ans Licht. »Es besteht kein Grund, diese Formen vom Stammbaum des Menschen auszuschließen«, war sich der Forscher 1949 sicher.[659] Da der Wissenschaftler den Einheimischen eine Belohnung von einem Cent pro Fundstück versprach, zerbrachen sie leider zahlreiche Funde absichtlich, um auf diese Weise mehr Fragmente und damit Geld zu erhalten. Der »Riese von Java« ist inzwischen fester Bestandteil der Urzeit geworden und trägt die Namen Meganthropus und Gigantopithekus. Ein

Gigant von bis zu 3,65 Meter Größe und 350 Kilogramm Gewicht, dessen Überreste in China, Indien, Pakistan und anderen Gebieten zu finden ist.

Aber das waren sicher *keine* Menschen mit abnormen Größen, sondern eher gewaltige Affen. Kaum das, was die Heiligen Schriften uns berichten.

Die Kreationisten sind sich sicher, dass es Riesen gab. In kleinen Museen und Privatsammlungen präsentieren sie zahllose angebliche Beweise für einstige Giganten auf der Erde. Sie sollen nach den Weltanschauungen der Kreationisten gemeinsam mit den Dinosauriern gelebt haben. Der Kreationist Joe Taylor stellt zum Beispiel in seinem »Mt. Blanco Fossil Museum«[660] in Crosbyton, Texas, nicht nur Riesenfußspuren aus, sondern auch den Oberschenkelknochen eines solchen Giganten. Doch dass die Objekte echt sind, darf bezweifelt werden. Und es wird natürlich auch energisch bezweifelt.[661]

Riesenspuren soll es auch andernorts zu bewundern geben. Legendär sind inzwischen die zahlreichen seltsamen und heftig umstrittenen Spuren im Bereich des Paluxy Rivers bei Glen Rose in Texas. Seit vielen Jahrzehnten sind sie bekannt und sollen ebenfalls belegen, dass Menschen und Saurier gemeinsam existiert haben. Schon mein Freund und Kollege Erich von Däniken hatte Mitte der 1970er Jahre über die rätselhaften Fußspuren berichtet.[662] Diese Spuren, die im deutschsprachigen Raum vor allem durch Hans-Joachim Zillmer (wieder) bekannt und diskutiert wurden, scheinen von Riesen zu stammen. Sie liegen jedoch in geologischen Erdschichten, die nach der langläufigen Theorie der Erdgeschichte Millionen von Jahren alt sind. Sie stammen aus Zeiten, in denen es noch nicht einmal die primitivsten, humanoiden Vorfahren der Menschen gegeben haben soll. Kollege Zillmer hält in seinen Veröffentlichungen dagegen, dass die Spuren nicht nur echt sind, sondern die geologischen Erdschichten der Funde nicht ein solches enormes Alter haben.[663] Als Kreationist, wie ihm seine

Kritiker vorwerfen, sieht sich Zillmer jedoch nicht, wie er es bei zahlreichen Gesprächen mit mir betonte.

Dennoch halten die zahlreiche Kritiker solche Thesen und Funde für »herrlich naiv«, »absoluten Dummfug«, »in seiner intellektuellen Spärlichkeit total erbärmlich« oder auch schlicht »amüsant«. Die Spuren der Riesen/Menschen seien auch allesamt gefälscht oder falsch interpretiert und niemals menschlich. So die Kritiken dieser Funde.

Hier reihen sich auch die »Steine von Ica« aus Peru ein, die ich in meinem Buch *Verbotene Geschichte* (2010) diskutierte. Die Steine zeigen Gravuren von Menschen *und* Sauriern in einer Art Koexistenz, sind seit rund 40 Jahren in Europa weit bekannt und werden von etablierten Archäologen allesamt als Schwindel angesehen. 2010 wies ich jedoch darauf hin, dass Maria del Carmen Olazar Benguria und Feliy Arenas Mariscal aus Spanien im Herbst 2002 vor Ort mit Hilfe der »Universidad Autonoma de Madrid« neue gravierte »Ica-Steine« ausgruben. Diese sollen bis zu fast 100.000 Jahre alt sein, wie es eine Thermolumineszenz-Datierung am 15. Oktober 2002 an der Universität in Madrid ergab.

Ähnlich verhält es sich mit den sonderbaren »Dinosaurier-Figuren« aus Acámbaro in Mexiko. Der deutsche Auswanderer Waldemar Julsrud trug ab etwa 1945 an die 33.000 dieser Figuren zusammen, die nach seinem Tode 1952 fast alle gestohlen wurden. Rund 1.000 dieser Figuren sind im »Museo Waldemar Julsrud« in Acámbaro noch zu sehen (andere lagern dort im Archiv). Für Archäologen sind sie sämtlich Fälschungen, die zum Beispiel einst durch Monster-Groschen-Comics und »Godzilla«-Filme inspiriert wurden.[664]

Bei solchen Funden ist in der Tat Skepsis angebracht, wie es ein Beispiel aus dem Jahre 1986 zeigt. Professor Dr. Holger Preuschoft von der Ruhr-Universität in Bochum forschte damals auf der japanischen Insel Kyushu und machte dabei einen angeblich sensationellen Fund. In einer 15 Millionen Jahre alten

Erdschicht aus dem Miozän fand er 41,30 Zentimeter lange menschliche Fußabdrücke unbekannter Herkunft. Der bislang unbekannte Verursacher des Abdrucks trägt heute den Namen »Pedimpressopithecus japonicus«.[665] Doch diese Meldung ist inzwischen als Lüge entlarvt, wie unter anderem mein Schweizer Autorenkollege Luc Bürgin recherchierte.

Ein Fake wird auch die Meldung sein, die immer Sommer 2008 im Internet kursierte: »Riesen-Fußspuren auf Borneo gefunden.« Am 9. Juni 2008 hätten Dorfbewohner im Daro-Bezirk auf Borneo gigantische Spuren von menschlichen Füßen entdeckt. Ein Tan Scoon Kuang habe die Spuren auf 1,20 Meter Länge und 42 Zentimeter Breite vermessen, berichtete die *Borneo Post* damals.[666] Doch schon kurz darauf, nachdem sich die Meldung im Internet bereits verbreitet hatte, erklärte der Anthropologe Dr. Charles Leh, dass die Spuren eines Riesen schlicht gefälscht wurden.[667]

Das Internet wimmelt von solchen Gags, falschen Gerüchten und wilden Behauptungen. »Kopieren und Einfügen« gibt es nicht erst seit »Dr.« zu Guttenberg, sondern es ist längst normal, allerlei »Zeug« und Gerüchte im Internet in Windeseile weiterzuverbreiten. Selbst Fake-Bilder, die Computerkünstler ohne böse Absichten anfertigen und auf der Page *worth1000.com* posten, um sich in ihrem Können zu messen, kursieren seit Jahren als »echt« im Internet und sogar in gedruckten Büchern. Immer wieder tauchen User auf, die solche Bilder bis heute als Indizien und sogar Beweise nehmen.

2011 tauchte im Internet auch ein Video auf, das angeblich beweist, dass auf Sardinien unterschiedliche Knochen von Riesen gefunden wurden. Der Hobbyarchäologe Luigi Muscas berichtet darin, dass die Funde 12.000 Jahre alt seien und es noch zahlreiche weitere Riesen von fünf und sogar rund 6,5 Meter Größe im Erdreich auf Sardinien gebe. Muscas erzählt im Interview weiter, dass zum Beispiel ein Bauer der Insel ihm Knochen übergab, die er auf seinem Feld gefunden habe. Aber erst wenn der Bauer in Rente gehe, werde er dem Hobbyarchäologen den exakten Ort des Riesenskelettes offenbaren. Na ja.

Woher das Video »Riesen Menschen Skelette, ausgegraben in Sardinen« stammt, ist fraglich. In Italien kennt man Muscas jedoch. Auch als Autor von Büchern über Riesen wie *Il Popolo dei Giganti – Figli delle Stelle* (»Das Volk der Riesen – Söhne der Sonne«, 2007) und *I Giganti e il Culto delle Stelle* (»Die Riesen und die Anbetung der Sterne«, 2009). Bei letzterem Buch finden wir auf dem Cover ein Bild von »worth1000.com« ...

Aber zurück in die dunklen Zeiten der Bibel: Die Titanen der Bibel lebten im »Land der Riesen« Baschan, dem Reich von Og.[668] Auch Goliath gehörte dem Riesen-Geschlecht der Refaim an. Es findet sich bis heute auf den Golanhöhen ein 5.200 Jahre altes Monument mit dem Namen »Gilgal Refaim« (»Rujm el-Hiri« auf Arabisch). Eine Spur der Erinnerung an dieses verschollene Geschlecht? Die 150 Meter große Anlage besteht aus vier konzentrischen Kreisen, wie sie vor allem aus der megalithischen Zeit Europas bekannt sind, und liegt im Land Baschan, dem »Land der Riesen«. Bis zu 5,5 Tonnen wogen die Monolithen, die im Kreiszentrum einen über 20 Meter im Durchmesser und rund sechs Metern hohen »Carin« bildeten. Ein »Cairn« ist ein künstlicher Hügel aus Monolithen mit Kammern im Inneren, die vor allem aus der Steinzeit Frankreichs und Großbritanniens bekannt sind. Bis zu 42.000 Tonnen Monolithen und Gestein sollen in der Vorzeit in diesem Gebiet in zahlreichen Monumenten verbaut worden sein.[669]

Lebten hier einst nach der Flut wirklich Riesen? Dr. Jonathan Tubb, ein Archäologe des Britischen Museums in London, forschte und arbeitete viele Jahre im Nahen Osten. Mit Kollegen des Britisches Museums hat Dr. Tubb in Tel es-Sa'idiyeh Skelettreste ausgegraben, die scheinbar von biblischen Riesen stammen.[670] Derartige Funde aus Syrien, Palästina und anderen Regionen des Nahen Ostens und auch Amerika sorgen seit Jahren für Aufmerksamkeit und zahlreiche Gerüchte. Peter Kolosimo, Autor einer Reihe grenzwissenschaftlicher Bücher, hat mehrfach auf Funde rätselhafter Gebrauchsgegenstände hingewiesen, die offenbar von Riesen stammen. So soll ein französischer Hauptmann mit Namen Lafenechére in Agadir, Marokko, 500 Äxte gefunden haben, die jeweils acht Kilogramm wogen. Umgerechnet auf ihre Benutzer, müssten diese bis zu vier Meter große Titanen gewesen sein.[671]

1833 kam es zu einer unheimlichen Entdeckung. Soldaten fanden bei Lampock Rancho in Kalifornien das Skelett eines 3,65 Meter großen Riesen. In seinem Grab lagen angeblich gewaltige Steinbeile und Steinblöcke mit unverständlichen Schriftsymbolen. Auch auf der Insel Santa Maria bei Los Angeles soll ein ganz ähnliches Hünengrab entdeckt worden sein.[672]

Nicht nur in der Vergangenheit fanden sich scheinbare Riesen-Werkzeuge. So vermeldete die angesehene Universität von Oxford im September 2009 den Fund von gigantischen Stein-Beilen in einem See in Botswana. Sie lagen in dem Trockensee Makgadikgadi in der Kalahariwüste zusammen mit Tausenden anderen steinzeitlichen Objekten. Vier der Steinzeitwerkzeuge schienen von Giganten zu stammen. Sie waren bis zu 30 Zentimeter groß und damit für einen normalen Urmenschen nicht zu handhaben. Das exakte Alter der Funde ist unbekannt, meldeten Forscher der »School of Geography and the Environment« an der University of Oxford um Professor David S. G. Thomas. Nachweisbar sind aber natürlich auch in dieser Region Klimakatastrophen und dergleichen in der Urzeit.[673] Riesen mit entsprechenden Steinwerkzeugen in der Steinzeit in Afrika? Oder nur undefinierbare »Kultobjekte«, wie die zu groß geratenen Äxte interpretiert werden?

Natürlich gibt es weltweit zudem Bilder von mutmaßlichen Riesen. Als Felszeichnungen oder auch auf Kunstwerken. Vor über 80 Jahren berichtet zum Beispiel Eugen Georg in seinem Buch *The Adventure of Mankind* von einem scheinbar urzeitlichen Riesen in den USA:

»Im nördlichen Teil von Arizona wurden vor einigen Jahren Felszeichnungen gefunden. Dr. Ales Hrdlick, Präsident der Anthropologischen Association, hat darüber berichtet. So phantastisch die von ihm mitgeteilten Tatsachen auch erscheinen, sie verdienen höchste Aufmerksamkeit. Es handelt sich um nicht mehr und nicht weniger als um einen von Menschenhand in die Felswand geritzten Dinosaurier, der sich auf die Hinterbeine und den gewaltigen Schwanz aufstützt. Und eine zweite Zeichnung zeigt einen Saurier, der einen Menschen attackiert.«[674]

Und es wird noch spannender, denn etwa fünf Meter riesig soll der Mensch im Größenvergleich gewesen sein. Das würde auch eine dritte Gravur belegen, wo ein solcher Titan neben einen Mastodon stehe. Georg ist weiter sicher, »dass der damalige Mensch um vieles größer gewesen ist als der Mensch in historischen Zeiten«.

Im März 2012 sorgte erneut ein Riesen-Fund in der grenzwissenschaftlichen Szene für Unruhe. Luc Bürgin berichtete, dass man dem Unternehmer Gregor Spörri in dem Dorf Bir Hooker in Ägypten 1988 den 35 Zentimeter langen mumifizierten Finger eines Riesen zeigte. Bürgin zum Beispiel am 8. März 2012 auf den Webseiten des Kopp-Verlags:

»Eine über 35 Zentimeter lange Monsterkralle! Ein uralter mumifizierter Riesenfinger, der sich keiner bekannten Kreatur zuordnen lässt.«

Das Magazin *Mysteries* (Nr. 2/2012) von Luc Bürgin und die *BILD* (9. März 2012) präsentierten erste Fotos dieses seltsamen Riesenfingers. Seitdem wird das Objekt im Internet hitzig diskutiert. Zumal Meldungen auftauchten, bis 2014 erscheine ein Fotobuch von Spörri zum Fund, die für viel Spekulationen sorgten. Das »Relikt von Bir Hooker« – wie so oft ein werbewirksamer Schwindel?!

Doch solche riesenhaften Kreaturen sollen auch noch in *geschichtlicher* Zeit gelebt haben. Zum Beispiel in Amerika. Im Juni 1520 berichten die vor Sán Julián ankernden spanischen Seefahrer von einem derart großen Menschen, »dass ihm unsere Köpfe kaum bis zum Gürtel reichten«. Die Entdeckerlegende Ferdinand Magellan (1480–1521) nahm zwei der Riesen gefangen um sie nach Europa zu bringen. Doch beide starben angeblich auf der Überfahrt. Auch andere Europäer berichten in den folgenden Jahrzehnten von Menschen, die drei, ja sogar 3,60 Meter groß wurden. Selbst Gräber dieses Volkes sollen 1615 von Jakob Le Maire und Willem C. Schouten gefunden worden sein. Um 1712 berichten die Spanier im chilenischen Valdiva von einem Titanenstamm im Inland des unwirklichen Patagoniens in Südamerika. Dessen Angehörige würden um die drei Meter groß. Und mit Blick auf die Bibel und den Bruder des Riesen Goliath mit sechs Fingern und sechs Zehen rückt der 1891 von Arbeitern in Crittenden, Arizona, ausgegrabene Riese von drei Metern Größe mit sechs Zehen in ein anderes Licht.[675] Commodore Byron und seine Soldaten sahen in Patagonien angeblich am 18. Dezember 1764 Riesen. »Die Einwohner waren sehr groß, wenigstens sieben Fuß hoch«, und sollen aufgrund ihrer Fellkleindung ein »fürchterliches Aussehen« gehabt haben. Auch seien sie »weder sehr wild noch räuberisch« und hätten sich über die Geschenke von Byron gefreut.[676]

Spannend wird es auch, wenn man altes Kartenmaterial studiert. So etwa die Karte *Fretum Magellanicum* des niederländischen Kartografen Petrus Bertius von 1606.[677] Dort finden wir in Südpatagonien die »Berge der Giganten« eingezeichnet. Der französische Entdecker André Thevet fertigte 1575 ebenfalls eine erstaunliche Karte von Südamerika. »Die Region der Giganten« findet sich dort ebenfalls in Patagonien verzeichnet. Ebenso die »Inseln der großen Männer« und die »Insel der Riesen« vor der Westküste sowie ein Gebiet der Giganten. In seiner Veröffentlichung mit dieser Karte berichtet er 1575 von »gigantischen Männern«.[678] Als letztes Beispiel sei Theodor de Bry genannt. De Bry verzeichnet auf seiner Karte von Mittel- und Südamerika aus dem Jahr 1592 im Süden Patagoniens ebenfalls ein »Gigantvm Regio« – das »Land der Giganten«.[679] Mein Kollege Rafael Eissmann aus Chile wies mich darauf hin, dass es zahlreiche Berichte aus ganz Südamerika gibt, die eben von sonderbaren Titanen und von Riesengräbern erzählen. 2010 fasste er seine Erkenntnisse in einem 266-seitigen Bericht zusammen, den er mir übergab.

»Hier liegt der Riese Og«, stand einst an einem Grab nahe Jerusalem. Jener Riese, den Noah gerettet haben soll. 1670 wurde in diesem Grab angeblich ein 4,5 Pfund schwerer Zahn entdeckt, was noch 1827 im berühmten Lexikon »Brockhaus« zu lesen war. Weiter heißt es, dass nach einem Erdbeben auf der Insel Kreta ein Riesen-Skelett von 46 Ellen(!) Größe zutage kam und 1613 etwa wurde ein Grab eines Riesen in Deutschland ausgegraben, in dem ein gewaltiger Riese schlummerte.[680]

Im Museo Weilbauer in Quito, Ecuador, sind bis heute einige rätselhafte Riesenwerkzeuge ausgestellt. Die Objekte sind etwa 2.000 Jahre alt und aufgrund ihrer enormen Größe für normale Menschen schlicht unbrauchbar. Wohl auch aus diesem Grund sind die Beile, Äxte und Messerklingen aus dem Museum amtlich wiederum als »Kultobjekte« bezeichnet.[681] Wer – außer Titanen – könnte auch mit solchen Gegenständen arbeiten? Diese ominösen Objekte waren auf einer Ausstellung rätselhafter Funde der Geschichte in Wien zu sehen. Die Initiatoren der Ausstellung *Unsolved Mysteries*, Reinhard Habeck und Klaus Dona, stießen in Südamerika aber noch auf weitere, erstaunliche Spuren einstiger Riesenwesen.

Im südamerikanischen (spanischen) Internet kursiert die Geschichte des Paters Carlos Miguel Vaca, der 1962 oder 1965 in einer Höhle in der Provinz Loja in Ecuador auf das Skelett eines bis zu gewaltigen 7,60 Meter großen Riesen gestoßen sei.[682] Klaus Dona nahm im Dezember 2002 die Spur dieses

Paters und seines Fundes auf. Doch Padre Vaca war nur vier Wochen zuvor im Alter von 94 Jahren verstorben. Dennoch kam Dona in Kontakt mit der Familie Vaca, die ihm versicherte, »dass alles den Tatsachen entspreche«, was über den rätselhaften Fund berichtet werde. Ihm wurden nicht nur die Skelettteile des angeblichen Giganten im Nachlass des Padres gezeigt, sondern auch ein von elf Wissenschaftlern aus Ecuador unterzeichnetes Dokument. Es bestätigte, dass die Knochen von einem Riesen stammten. Ebenso fanden sich Dokumente, die die exakten Fundstellen des Paters Vaca verzeichnen. Einen der »Riesenknochen« untersuchte ein Professor für Anatomie der Universitär Wien und identifizierte ihn als »Os Occipitale« (= Hinterhauptbein), einen menschlichen Hinterkopfknochen. Doch der Knochen aus Ecuador muss zu einem sage und schreibe 7,50 Meter großen Menschen gehört haben. Und genau von solchen »Gewaltigen« berichtete nicht nur der Fund von Vaca, sondern auch Juan de Olmos. De Olmos, Leutnant Gouverneur von Puerto Viejo in Ecuador, meldete 1543 ebenso wie später Pedro Cieza de Leon im Jahr 1553 in Ecuador gefundene Skelette von menschlichen Riesen.[683]

Wann ist ein Riese eigentlich ein »echter« Riese? Diese Frage könnte man auch angesichts seltsamer Funde in Nevada stellen. Dort wurden in den »Loveland-Höhlen« Mumien und Skelette von 2,50 Meter großen Menschen mit roten Haaren gefunden. Diese Roten Riesen sollen einstmals sogar die Angehörigen des normalwüchsigen Indianerstammes der Paiute (Piute) gejagt und verspeist haben.[684]

Riesen sind mutmaßlich mehr als imaginäre Wesen einer nicht greifbaren Fabelwelt. Es könnte sie gegeben haben. Verschiedene Autoren verfolgen die These, dass es diese Kreaturen in Zeiten der Dinosaurier gegeben hat. Dies entzieht sich zeitlich völlig der möglichen Sintflut(en). Dabei berufen sich diese Autoren sich auf die versteinerten Spuren von Menschen in uralten geologischen Erdschichten. Nicht nur um jene aus der Zeit der Urzeitechsen – auch auf noch ältere oder jüngere Schichten. Etwa die 70 Fußspuren von Laetoli im Nordosten von Tansania, die 1978 von Mary Leakey und einer Expedition gefunden wurden. Sie sind 3,6 bis 3,8 Millionen Jahre alt und damit wesentlich älter als die Menschheit selbst.[685] Woher also stammen sie? Und woher stammen Funde, die in die Zeiten der Dinosaurier zurückreichen, als die Säugetiere noch nicht mal ihren Siegeszug begonnen hatten? Selbst Abdrücke von Schuhsohlen sollen darunter sein.

Auch verweisen zahlreiche »alternative Historiker« auf Entdeckungen von künstlichen Gegenständen in uralten geologischen Schichten, die sämtliche Zeitrahmen sprengen, etwa in Kohlebergwerken.[686] Gab es eine Menschheit vor der Menschheit? Eine Menschheit, die nicht zum Ende der letzten Eiszeit vor rund 12.000 verschwand, sondern deren zeitliche Erfassung in Jahrmillionen erfolgen muss?

Oder hat der viel diskutierte deutsche Autor Dieter Bremer recht, der in einem seiner Bücher behauptet, dass die Datierungen der Erdgeschichte schlicht und einfach komplett falsch sind?[687] Obwohl Bremer in Deutschland damit vor allem im Internet viel Gegenwind erntete, werden erdgeschichtliche Chronologien immer wieder von unterschiedlichen Seiten infrage gestellt.

Doch auch weniger spektakuläre und spekulative Entdeckungen der Wissenschaft geben zu denken. So Funde von Thomas E. Lee, den stellvertretenden Kurator für altindianische Kulturen am Nationalmuseum von Kanada in Toronto. Auf der Manitoulin-Insel im Huronsee im Bereich der Großen Seen in Nordamerika fand er 1951 Siedlungsspuren, die nicht in die bis dato geltenden Thesen über die Besiedlung Amerikas passen. Bisher nahm man an, dass die ersten Einwanderer während der Eiszeit über die damals begehbare Beringstraße nach Alaska und dann weiter Richtung Süden wanderten. Die Funde auf der Manitoulin-Insel datiert Lee und ihm folgende Experten wie Dr. Ernst Antevs auf »mindestens 30.000 Jahre«. Einige Dutzend andere

Geologen bestimmten die von Lee gefunden Werkzeuge anhand der Erdschichten wiederum auf ein Alter von 75.000, 100.000 oder sogar 125.000 Jahre.

Eine »Berliner Mauer« errichteten die Gelehrten angesichts der Funde und der daraus resultierenden, grundlegenden Umdatierung der Besiedlung Amerikas um ihre Köpfe. Das wirft ihnen Dr. Antevs vor. »Es musste beseitigt werden. Und es wurde beseitigt«, resümierte Lee die Unterdrückung seiner Funde schon 1966.[688]

Flut und Riesen aber auch Atlantis werden sehr oft in einem Atemzug genannt. Zahlreiche Bauten sollen von ihnen stammen. In aller Welt. Natürlich werden auch die Pyramiden von Gizeh sehr gern als Werk zum Zwecke XY eines göttlichen Geschlechtes von Titanen gehandelt. Das haben wir schon gesehen. Wer aber wie ich mehrfach in Ägypten recherchierte (oder auch nur »Google« nutzt) sieht klar, dass die niedrigen Gänge innerhalb der Pyramiden wohl eher auf Zwerge denn Giganten hinweisen.

Die Geschichte der Menschheit und der Riesen hat Lücken und wirft Fragen auf. Die Frage nach dem Ursprung der Riesen beantwortet das *Buch Henoch*: Es waren die Kinder der »Wächter des Himmels«, die Engel, die vom Himmel herniederkamen, um sich Menschenfrauen zuzuwenden. Eine Menschheit ging danach in einer Flut zugrunde. Doch wann diese Riesen lebten, ist unklar und unsicher. Unsicher ist aber nicht mehr die Frage, ob es eine Kultur oder bessere Kulturen vor der Flut oder den Fluten gab. Zumindest legen die Indizien und Beweise nahe, das Henoch Recht hat.

Die »Wächter« alias »Engel« waren Gesandte des Himmels, Gottes rechte Hand und seine Stimme.

TEIL IV

Anhang

»Glanz und Elend der Astronautengötter«

Wo sind sie nun – die mutmaßlichen Astronautengötter? Wo mögen die Außerirdischen von einst heute sein? Wo ist ein »Alien-Artefakt« aus grauer Vorzeit? Vorausgesetzt natürlich, es gab und gibt sie und sie waren tatsächlich hier. Und wo sind die greifbaren Belege für die Gewaltigen der Vergangenheit?

Dieses Buch ist eine Spurensuche nach den »Göttern der Vorzeit«, die man nach Belieben hätte erweitern können. Doch ich habe diese Publikation bereits sehr gekürzt, um mich auf die drei Hauptaussagen (versunkene 1. Kultur/Menschheit, Flut, Riesen) zu konzentrieren.

Aber auch wenn die geschätzten Kollegen der Prä-Astronautik oder ich selbst als Autor noch so viel über die Wächter und die außerirdischen Götter spekulieren, schreiben und analysieren: Die Idee der Götter von den Sternen *ist* unbewiesen und jeder noch so winzige Hinweis der Pro-Vertreter für diese These bleibt umstritten. Und teilweise, da haben die Kritiker ganz klar recht, sogar längst widerlegt.

Aber Kritiker sollten die Materie der Däniken-Forschung und der »alternativen Archäologie« schon wenigstens genau(er) kennen, bevor sie alles verteufeln. »Däniken ist eine Hämorrhoide am Hintern der Archäologen«, sagte schmunzelnd, aber doch anerkennend im Mai 2012 Professor Harald Lesch in einer Alien-Dokumentation auf dem Sender »Phoenix«. Es gibt erschreckende Beispiele von Kritikern, die diese Ideen ruck-zuck im Ganzen widerlegt haben wollen, gleichzeitig dabei das gesamte Themen und seine Autoren durch den Kakao ziehen. Ein Beispiel soll es kurz verdeutlichen.

Ein fraglos kompetenter Astronom und Blogger hat zahlreiche hervorragende Texte veröffentlicht, in denen er auch oft auf fraglos dumme Esoterik-Ideen eingeht. Dieser von mir geschätzte Autor besuchte 2008 eines schönen Tages einen Vortrag von Erich von Däniken und lauschte dort seinen Ausführungen. Er war zwar zuvor schon ein *Gegner* der Prä-Astronautik, aber staunte, als von Däniken erzählte, das Abraham einst von den Astronautengöttern zu einer Raumstation in das All geflogen wurde und von dort die Erde aus dem Orbit sah. Ich zitiere die entsprechenden Schriften dazu hier nun nicht, da ich denke, sie sind meinen geschätzten Leserinnen und Lesern bekannt.

Nun veröffentlichte dieser Astronom auf seinem Blog und in einem Magazin für Skeptiker einen Artikel, in dem es in etwa heißt, dass diese Überlieferung von Däniken erfunden wurde. Er hätte das im Däniken-Vortrag erwähnte Buch *Apokryphe des Abraham* nicht finden können. »Google« lief bei ihm ins Leere. Dennoch fand er den Text dann doch (die *Apokalypse des Abraham*) und meinte, dass von Däniken gelogen oder die Texte bei seinem Vortrag falsch zitiert habe. Seit vier Jahren nun verweist der Autor auf diese Analyse des Däniken-Vortrages, um damit seinen Blog-Lesern zu »beweisen«, dass die Prä-Astronautik schlicht und einfach falsch und widerlegt ist. Punkt.

Das ist natürlich Quatsch. Auch wenn der besagte Autor noch andere und sehr fragliche Thesen in diesem Artikel anzweifelt – aber die Bücher von Dänikens und seiner Kollegen kennt er nicht. Widerlegte und angeblich widerlegte Einzelfälle der Ancient Alien-Idee widerlegen nicht die gesamte Idee. Ebenso wie der Sender »PRO 7« 2011 in einer *Galileo-Spezial*-Sendung reißerisch die These, dass die »Goldflieger« aus Kolumbien Flugzeuge darstellen könnten, nicht widerlegt hat.

Machen wir uns nichts vor: Pro *und* Contra argumentieren oft einseitig und engstirnig ihre Standpunkte. Und machen wir uns noch in anderer Hinsicht nichts vor: Die Prä-Astronautik ist eine an die 100 Jahre alte Spekulation und keine nach wissenschaftlichen Standards arbeitende »etablierte Forschung«. Auch dieses Buch macht da keine Ausnahme.

Der Kritiker Emil-Heinz Schmitz nannte 1978 sein Contra-Buch *Beweisnot – Glanz und Elend der Astronautengötter*. Damit spielte er darauf an, dass die Prä-Astronautik keinen eindeutigen Beweis hat. Meiner Meinung nach trifft das zu. Dennoch bin ich felsenfest überzeugt, dass es auch und vor allem in den in diesem Buch diskutierten »Mythologien« und Ideen reale Wahrheiten stecken. Um es einfach zu sagen: Unsere Ahnen erfanden derartige Geschichten und kulturgeschichtlich sei kein Platz für außerirdische Götter – das reicht mir nicht! »Das Ende einer Legende« postulierte Schmitz auf dem Cover seines Contra-Buches. In oftmals harschen Worten wettert er darin vor allem gegen Erich von Däniken. Die Aussagen Henochs und der *Genesis* zu den Mischehen zum Beispiel »widerlegt« er in sehr wenigen Worten als unwahre Legenden.

Mit diesem Buch möchte ich aufzeigen, dass der Gedanke, ja die Vorstellung von Lehrmeistern aus dem Himmel eben keine hirnlose Fantasterei ist. Vom »Ende einer Legende« kann in keinem Fall gesprochen werden. Ob es mir gelungen ist, Sie so weit zu interessieren, dass Sie weiter in die Materie einsteigen möchten, entscheiden Sie, liebe Leserinnen und Leser.

Lars A. Fischinger
Eisenhüttenstadt
Herbst 2014

Biografie

Täglich erfahren wir mehr ...

Seit über 25 Jahren befasst sich der in dem münsterländischen Dorf Lette geborene »Kult-Experte **Lars A. Fischinger**« (Daily Record, Glasgow 9. August 2001 & BILD) intensiv mit den Rätseln der Welt und offenen Fragen aus Mythologie, Archäologie, den Grenzwissenschaften und der Weltraumforschung, aber auch der Geschichtsschreibung des Menschen, der Bibel und Prä-Astronautik, und forscht über umstrittene archäologische Funde bis hin zu alten Kulten und Religionen.

Bereits in seiner Kindheit interessierte er sich für das Rätselhafte, Unglaubliche, die Sterne und *Star Wars*. Der Filmklassiker *Reise zum Mittelpunkt der Erde* schickte ihn auf seine erste »Expedition« ins Unentdeckte, die allerdings endete, bevor sie so recht begonnen hatte. Im selben Jahr hörte er von einer nächtlichen »UFO-Landung« in einem Wald nahe seines Wohnorts. Damals fanden auch archäologische Ausgrabungen einstiger Kirchen seines Dorfes statt, die er täglich aufmerksam beobachtete. Er war sechs Jahre alt, und künftig wurde jedes alte Gemäuer, jede Ruine und jede fantastische Geschichte auf der Welt systematisch hinterfragt. Das örtliche Planetarium in Münster wurde zur Pilgerstätte, und verschlossene Türen in Museen, Burgen und Kellern *mussten* geöffnet werden.

Beim Graben mit Freunden auf einer Wiese nur wenige Schritte neben seinem Elternhaus fand der Teenager einen Urnenfriedhof der Steinzeit, der bis zu 5.300 Jahre alte Funde der »Trichterbecher-Kultur« aus dem Neolithikum enthielt. Es folgten offizielle Grabungen durch sogleich verständigte Archäologen, worauf die Funde teilweise im lokalen Museum ausgestellt wurden. Weitere Grabungen des Jungen, heimlich auf öffentlichen Baustellen durchgeführt, brachten jedoch nur noch versteinerte Tiere ans Licht – Seeigel. Auch am erstmals 890 nach Christus erwähnten Rittersitz »Haus Lette«, heute die Grundschule und Schwimmhalle seines Heimatdorfes, grub der Junge nach Schätzen. Seine Funde kündeten von einstigen Stallungen und waren ebenso unspektakulär wie die Funde bei Grabungen in einem Wald, wo sich einst eine Schießanlage befand, und an einer 1.700 Jahre alten germanischen Befestigungsanlage.

Im Jahr 1989 kam Fischinger durch zwei Fernsehsendungen – *Erinnerungen an die Zukunft* und *Botschaft der Götter* von und mit Erich von Däniken – erstmals in Kontakt mit dem Thema der Ancient Aliens, der Himmelssöhne – und damit der *Prä-Astronautik.* Die Idee »Die Götter waren Astronauten« vereinte alle seine Vermutungen, und die lebenslange Forschung nach Beweisen begann. Schließlich erschien 1996 sein erstes eigenes Buch, dem bisher mehr als ein Dutzend weitere Bücher unter anderem bei Moewig, Ansata und jetzt Amra folgten.

Das Schreiben von Büchern und Artikeln und Forschen ist für Fischinger keine Arbeit im klassischen Sinn, es ist vielmehr ein Vergnügen, eine Freude, eine Bereicherung seines Wissens und gleichzeitig seine Mission und leidenschaftliche Berufung. Heute, nach unzähligen Reisen, fügt sich für ihn das Bild des Planeten und der wahren Geschichte seiner Bevölkerung und ihrer Einflüsse in unfassbarer Weise zu einem großen globalen Ganzen. Nicht nur als kleiner Junge war die Welt voller Geheimnisse – *sie ist es bis heute geblieben!*

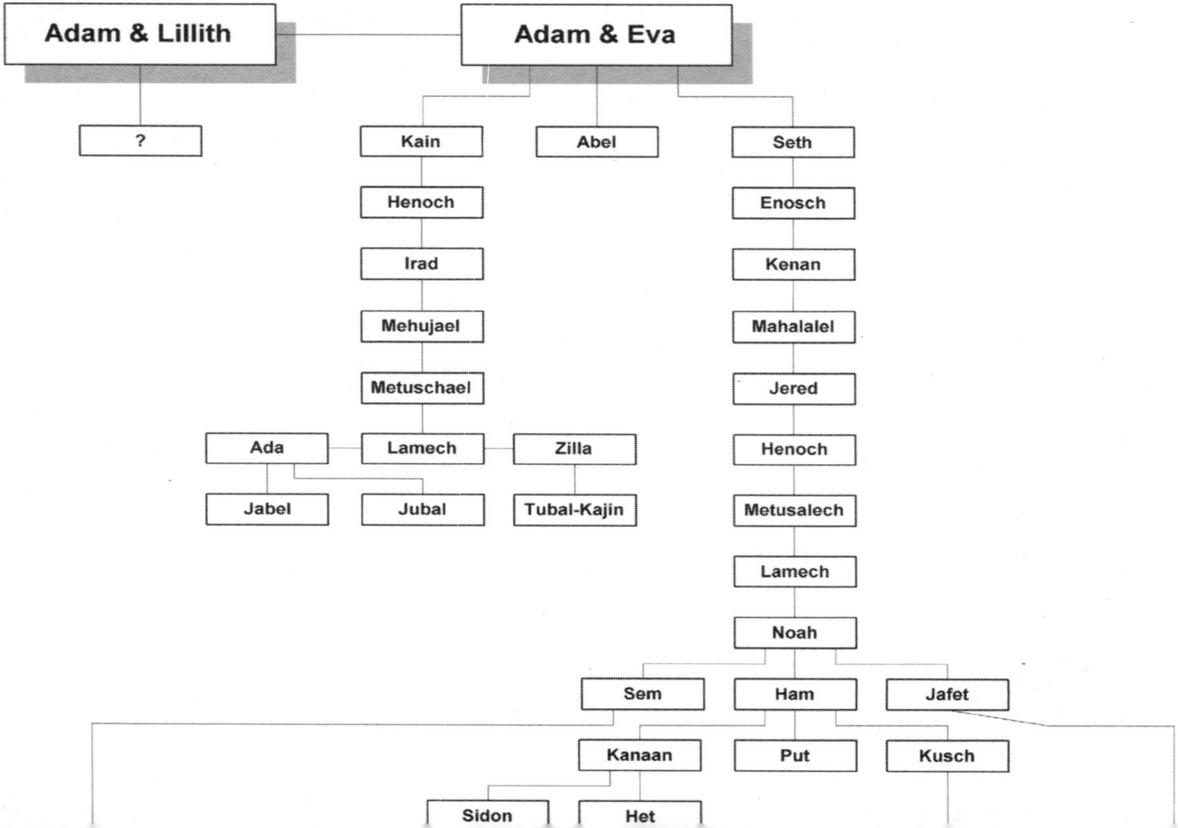

Adam & Lillith
Adam & Eva
?
Kain
Abel
Seth
Henoch
Enosch
Irad
Kenan
Mehujael
Mahalalel
Metuschael
Jered
Ada
Lamech
Zilla
Henoch
Jabel
Jubal
Tubal-Kajin
Metusalech
Lamech
Noah
Sem
Ham
Jafet
Kanaan
Put
Kusch
Sidon
Het

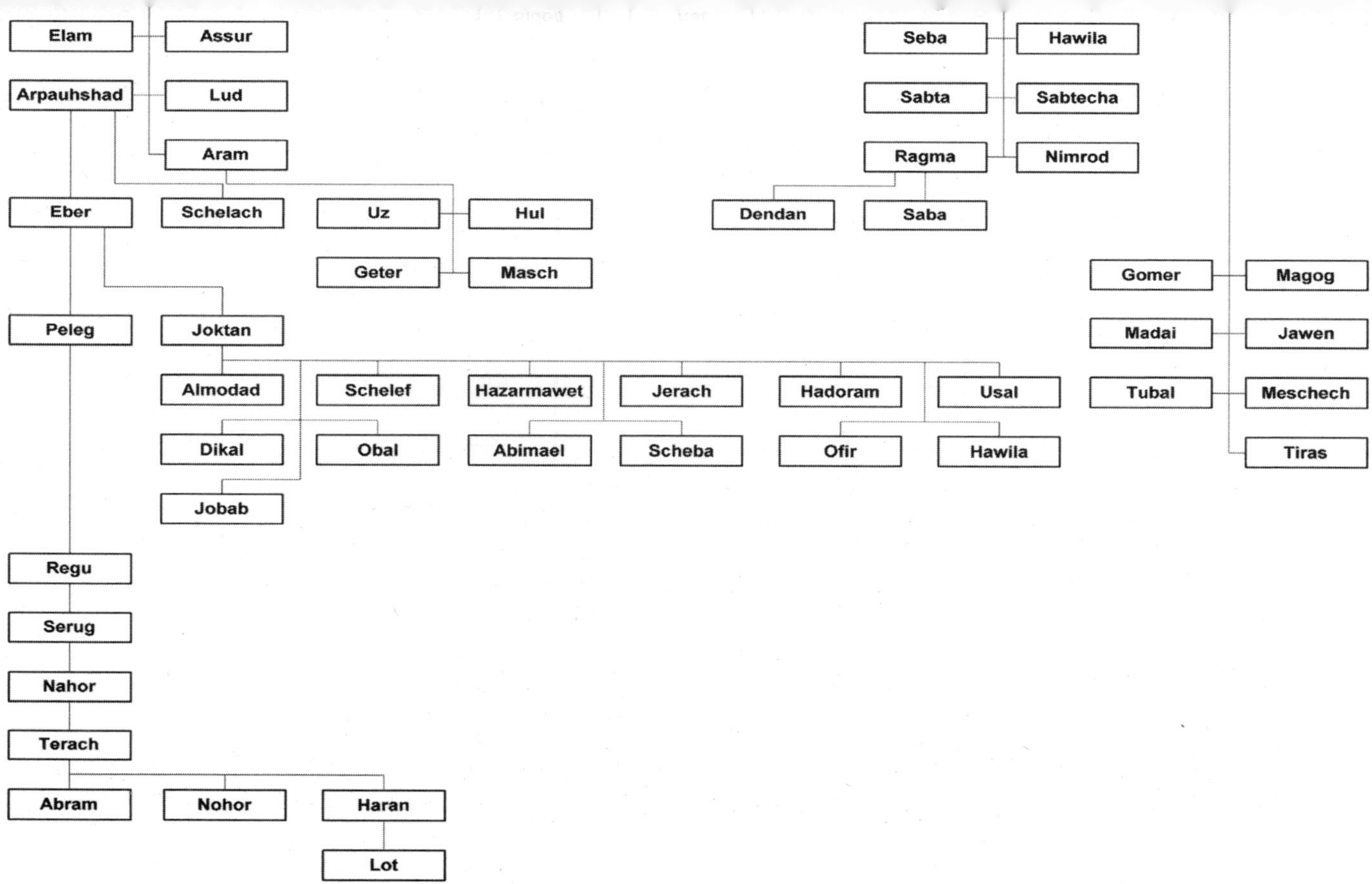
Elam
Assur
Arpauhshad
Lud
Aram
Eber
Schelach
Uz
Hul
Geter
Masch
Peleg
Joktan
Almodad
Schelef
Hazarmawet
Jerach
Hadoram
Usal
Dikal
Obal
Abimael
Scheba
Ofir
Hawila
Jobab
Regu
Serug
Nahor
Terach
Abram
Nohor
Haran
Lot
Seba
Hawila
Sabta
Sabtecha
Ragma
Nimrod
Dendan
Saba
Gomer
Magog
Madai
Jawen
Tubal
Meschech
Tiras

Anmerkungen & Quellen

1 Gen. 5,1 ff.

2 s. a.: Dietz-Otto Edzard, Dietz-Otto (Hrsg.): *Reallexikon der Assyriologie und vorderasiatischen Archäologie; Bd. 6: Klagegesang–Libanon*. Berlin 1980–1983, S. 77 ff. & http://www.ashmolean.org/ash/faqs/q001/ (s. a.: Hasel, Gerhard F.: *The Genealogies of Gen 5 und 11 and their alleged Babylonian Background,* in: *Andrews University Seminary Studies* 16 (1978) 361–74, unter: http://faculty.gordon.edu/hu/bi/Ted_Hildebrandt/OTeSources/01-Genesis/Text/Articles-Books/Hasel-Gen5Babylonian_AUSS.pdf)

3 Schmökel, Hartmut: *Kulturgeschichte des Alten Orient*. Augsburg 1995, S. 181 f.; s. a.: Eberling, Erich, Meissner, Bruno & Edzard, Dietz-Otto: *Reallexikon der Assyriologie und vorderasiatischen Archäologie*, Bd. 6, Berlin 1980–1983, S. 77 ff.

4 Cools, P. J. (Hrsg.): *Die biblische Welt, Band 1: Das Alte Testament*. Olten 1965, S. 478 f.

5 Gen. 5,28 ff.

6 Gen. 5,28–29

7 1. Hen. 106,1–2

8 1. Hen. 106,5

9 1. Hen. 106,10

10 1. Hen. 106,12

11 1. Hen. 106,14

12 Glasenapp, Helmuth von: *Die fünf Weltreligionen*. Düsseldorf 1963, S. 343 f.

13 Fischinger, Lars A.: *Götter der Sterne*. Weilersbach 1997, S. 79 ff.

14 Gen. 6,9

15 Gen. 6,1 ff.

16 Barthel, Manfred: *Was wirklich in der Bibel steht*. Düsseldorf 1980, S. 50

17 Sproul, Barbara: *Schöpfungsmythen der westlichen Welt.* München 1994, S. 147
18 Gen. 6,1–2
19 *Jubiläenbuch*, 5,1
20 Walvoord, John F. & Zuck, Roy B. (Hrsg.): *Das Alte Testament erklärt und ausgelegt*, Bd. 1. Holzgerlingen 2000, S. 29 (dort »bn'lm«)
21 Gen. 6,3
22 Gen. 11,10 ff.
23 Gen. 11,32
24 29. Sure, *»Die Spinne«*, Vers 15 (nach: Ullmann, Ludwig: *Der Koran.* München 1993 (genutzt wird auch: Wilfried, Murad: *Der Koran.* München 2001, darin weichen die Nummerierungen der Verse etwas ab)
25 Schmökel, Hartmut: *Kulturgeschichte des Alten Orient.* Augsburg 1995, S. 180
26 Gen. 6,4
27 Herder Bücher, 1965
28 Mertens, Heinrich A.: *Handbuch der Bibelkunde.* Düsseldorf 1984
29 Freiburg i. Br. 1938
30 z. B.: Losekam, Cluadia: *Die Sünde der Engel.* Tübingen 2010
31 Num. 13,23–33
32 Marcus, Jastrow: *A dictionary of the Targumim, the Talmud Babli and Yerushalmi, and the Midrashic literature, Bd. II.* London 1903, S. 923 f.
33 Henning, Kurt (Hrsg.): *Jerusalemer Bibellexikon.* Neuhausen-Stuttgart 1998, S. 739
34 Losekam, Cluadia: *Die Sünde der Engel.* Tübingen 2010, S. 199
35 Kurtz, Johann Heinrich: *Die Ehen der Söhne Gottes mit den Töchtern der Menschen.* Berlin 1857, S. 84 ff.
36 z. B.: Wilhelm, Gernot (Hrsg.): *Zwischen Tigris und Nil.* Mainz 1998, 32 ff.
37 s. hierzu z. B.: Brown, David: *Mesopotamian planetary astronomy-astrology.* Groningen 2000, S. 254 ff. & Brack-Bernsen, Lis: *Zur Entstehung der babylonischen Mondtheorie.* Stuttgart 1997
38 In meinem Buch *Verbotene Geschichte* habe ich mich 2010 umfassender damit befasst. Ebenso auf meinem BLOG www.Fischinger-online.net am 24. April 2014.
39 XI. Tafel
40 Papke, Werner: *Die geheime Botschaft des Gilgamesch.* Augsburg 1994, S. 58
41 Sproul, Barbara C.: *Schöpfungsmythen der östlichen Welt.* München 1993, S. 93–132
42 Ebd., S. 121

43 München 2006
44 PS. 82,6
45 Nr. 34/1996, S. 34
46 Ebd.
47 Haag, Herbert (Hrsg.): *Bibel-Lexikon.* Zürich 1968, S. 1610
48 *Vatikan erlaubt den Glauben an Außerirdische*, 14. Mai 2008 unter oe12.at, http://www.oe24.at/zeitung/wissen/article304445.ece
49 Hiob 1,6
50 Lurker, Manfred: *Wörterbuch der biblischen Bilder und Symbole.* Stuttgart 1973, S. 294
51 *Neue Jerusalemer Bibel.* Freiburg i. Br. 1985, S. 720
52 Gen. 6,1–6
53 Robert, A. & Feuillet, A.: *Einleitung in die Heilige Schrift, Band I: Allgemeine Einleitungsfragen und das Alte Testament.* Wien 1963, S. 347
54 Dan. 4,10
55 Gen. 6,6
56 Gen. 6,7
57 Gen. 6,8
58 Gen. 6,13
59 Gen. 6,14 ff.
60 Langbein, Walter-Jörg: *Das Sphinx Syndrom.* München 1995, S. 24 f.
61 z. B.: *Herder-Laien-Bibel.* Freiburg i. Br. 1938, S. 9 ff.
62 Barthel, Manfred: *Was wirklich in der Bibel steht.* Düsseldorf 1980, S. 47
63 s.a.: http://www.bibelwissenschaft.de/wibilex/das-bibellexikon/
64 »Je zehnmal zwölf Ellen hoch seine Wände, Zehnmal zwölf Ellen ins Geviert der Rand seiner Decke.«
65 s.a.: Schott, Albert: *Das Gilgamesch-Epos.* Stuttgart 1972, S. 88
66 Gen. 6,19–20
67 Gen. 7,2–3
68 XI. Tafel, Verse 70–71
69 Gen. 7,2
70 Dt. 14,3 ff.
71 z. B.: Gitt, Werner: *Das sonderbarste Schiff der Weltgeschichte*, unter: http://www.werner-gitt.de/down_deu/Das_sonderbarste_Schiff_der_Weltgeschichte.pdf
72 Grimal, Pierre: *Mythen der Völker.* Bd. 2. Frankfurt a. M. 1977, S. 34 f.
73 Kulke, Ulli: *War die Arche Noah rund?,* in: *Welt Online* vom 5. Januar 2010 unter: http://www.welt.de/die-welt/politik/article5730763/War-die-Arche-Noah-rund.html
74 Kennedy, Maev: *Relic reveals Noah's ark was circular,* in: *The Guardian* vom 1. Januar 2010 unter: http://www.guardian.co.uk/uk/2010/

jan/01/noahs-ark-was-circular

75 Lurker, Manfred: *Wörterbuch der biblischen Bilder und Symbole.* Stuttgart 1973, S. 29

76 Cornfeld, Gaalyahu & Botterweck, G. Johannes (Hrsg.): *Die Bibel und ihre Welt.* Enzyklopädiesammlung, Bergisch Gladbach 1988, S. 1283 ff.

77 Freydank, Helmut u. a.: *Lexikon Alter Orient.* Wiesbaden 1997, S. 59 & s.a.: Lambert, Wilfred Georg, Millard, Alan Palph & Civil, Miguel: *Atra-Hasis: The Babylonian Story of the Flood.* Oxford University Press 1969

78 s. a.: Fischinger, Lars A.: *Götter der Sterne.* Weilersbach 1997

79 Wilcke, Claus: *Vom göttlichen Wesen des Königtums und seinem Ursprung im Himmel,* in: Erkens, Franz-Reiner: *Die Sakralität von Herrschaft.* Berlin 2002, S. 67 ff.

80 XI. Tafel, Verse 24–26

81 XI. Tafel, Vers 10 ff.

82 XI. Tafel, Vers 27

83 Der Assyriologe Albert Schott übersetzte und vereinheitlichte das Gilgamesch-Epos 1934. Diese Übersetzung wird – neben anderen – auch von mir in diesem Buch oftmals verwendet.

84 Hasel, Gerhard F.: *The Genealogies of Gen 5 and 11 and their alleged Babylonian Background,* in: *Andrews University Seminary Studies* 16 (1978), S. 361 ff.

85 Uhlig, Helmut: *Die Sumerer.* Bergisch Gladbach 1992, S. 21 f. & S. 113 f.

86 Cornfeld, Gaalyahu & Botterweck, G. Johannes (Hrsg.): *Die Bibel und ihre Welt.* Enzyklopädiesammlung, Bergisch Gladbach 1988, S. 1288

87 Gen. 7,6

88 4Q252, Vers 2 nach: Martínez, Florentino García: *The Dead Sea Scrolls Translated.* Michigan 1996, S. 213

89 Tollmann, Alexander & Edith: *Und die Sintflut gab es doch.* München 1993

90 Ebd. S. 21

91 z.B.: Wagner, Luise & Papirowski, Martin: *Terra X: Die Sintflut kam Punkt 12 Uhr 10 – Protokoll einer Weltkatastrophe.* ZDF & arte 1999

92 Fox, Robin Lane: *Im Anfang war das Wort.* München 1995, S. 286

93 König, Kardinal Franz (Hrsg.): *Der Glaube der Menschen.* Darmstadt 1985, S. 201

94 Ebd. S. 202

95 Papke, Werner: *Die Geheime Botschaft des Gilgamesch.* Augsburg 1993 S. 213 f.

96 s. z. B.: Wilcke, Claus: *Vom göttlichen Wesen des Königtums und seinem Ursprung im Himmel*, in: Erkens, Franz-Reiner: *Die Sakralität von Herrschaft*. Berlin 2002, S. 66

97 XI. Tafel, Vers 19 ff.

98 Sproul, Barbara C.: *Schöpfungsmythen der östlichen Welt.* München 1993, S. 143 ff. & Temple, Robert K. G.: *Das Sirius-Rätsel*. Frankfurt a. M. 1977, S. 144 & S. 320 ff. & Temple, Robert K. G.: *The Sirius Mystery*. Vermont 1998, S. 164 ff.

99 Creuzer, Friedrich: *Symbolik und Mythologie der alten Völker, besonders der Griechen*. Leipzig 1836, S. 59 und 60

100 Borger, Rykle: *Die Beschwörungsserie Bīt mēseri und die Himmelfahrt Henochs,* in: *Journal of Near Eastern Studies*, Nr. 33 (1974), S. 186

101 Creuzer, Friedrich: *Symbolik und Mythologie der alten Völker, besonders der Griechen*. Leipzig 1836, S. 59

102 Borger, Rykle: *Die Beschwörungsserie Bīt mēseri und die Himmelfahrt Henochs,* in: *Journal of Near Eastern Studies*, Nr. 33 (1974), S. 186

103 Tollmann, Alexander und Edith: *Und die Sintflut gab es doch*. München 1993, S. 44 ff.

104 s.a.: Haebler, Konrad: *Die Religion des mittleren Amerika*. Münster 1899

105 Tollmann, Alexander und Edith: *Und die Sintflut gab es doch*. München 1993, S. 44 ff.

106 Berlitz, Charles: *Das Atlantis Rätsel*. Wien 1976, S. 55 ff.

107 Grimal, Pierre: *Mythen der Völker*. Bd. 2. Frankfurt a. M. 1977, S. 162 f.

108 Grimal, Pierre: *Mythen der Völker*. Bd. 3. Frankfurt a. M. 1977, S. 213

109 Seebass, Horst.: *Genesis I. Urgeschichte (1,1–11,26).* Neukirchen-Vluyn 1996, S. 188

110 s.a.: Baumgart, Norbert Clemens, u.a.: *Die Sintflut zwischen Keilschrift und Kinderbuch*. Münster 2005

111 Haag, Herbert (Hrsg.): *Bibel-Lexikon*. Zürich 1968, S. 1597

112 s. z. B.: Gorion, Micha Josef bin: *Die Sagen der Juden*. Frankfurt a. M. 1962, S. 138

113 XI. Tafel, Verse 113–114

114 Bauks, Michael: *»Chaos« als Metapher für die Gefährdung der Weltordnung,* in: Janowski, Bernd & Ego, Beate: *Das biblische Weltbild und seine altorientalischen Kontexte*. Tübingen 2001 (Nachdruck 2004) S. 431 ff.

115 1. Ptr. 3,20 f.

116 Gen. 7,17

117 Gen. 7,24

118 Gen. 7,6

119 Gen. 8,14

120 Laut Gen. 8,1 landete die Arche – anschaulich als modernes Kalenderdatum ausgedrückt – am 17. Juli am »Gebirge Ararat«. Gen. 8,3 sagt, dass das Wasser 150 Tage lang wieder abnahm, und Gen. 8,5, dass das Wasser so lange abnahm, dass am 1. Oktober »die Spitzen der Berge hervor« kamen. In Gen. 8,13 war die Erde am 1. Januar trocken und nur ein Vers weiter am 27. Februar. In Gen. 7,11 f. erfahren wir, dass am 17. Februar das ganze Unheil begann: »An diesem Tag brachen alle Brunnen der großen Tiefe auf und taten sich die Fenster des Himmels auf, und ein Regen kam auf Erden vierzig Tage und vierzig Nächte.« Offenkundig ist es bisher nicht gelungen, dieses biblische »Zahlenrätsel« klar und logisch einzuordnen. Siehe hierzu: Rösel, Martin: *Die Chronologie der Flut in Gen 7–8: Keine neuen textkritischen Lösungen,* in: *Zeitschrift für die alttestamentliche Wissenschaft*, Vol. 110, Nr. 4 (1998), S. 590 ff. & Najm, S. & Guillaume, Ph.: *Jubilee Calendar Rescued from the Flood Narrative,* in: *The Journal of Hebrew Scriptures*, Vol. 5 (2004) *(www.jhsonline.org/Articles/article_31.pdf).* Im Epos des Gilgamesch spricht der Autor von sechs Tagen und sieben Nächten der Flut (Tafel XI, Vers 127), an deren Ende die Arche sieben Tage auf dem Berg ruhte, bis das Land wieder trocken war (Tafel XI, Vers 145 ff.).

121 Gen. 8,20

122 s. z. B.: Ex. 29,18 & Ex. 29,41 oder Lev. 1,9 / Lev. 1,13 & Lev. 1,17

123 XI. Tafel, Verse 156–161

124 Much, Theodor: *Judentum, wie es wirklich ist.* Wien 1997, S. 29; s.a. Stichwort »Elohim« im *Wissenschaftlichen Bibelportal der Deutschen Bibelgesellschaft* unter http://www.bibelwissenschaft.de

125 Vorilhon, Claude »RAEL«: *Das Buch, das die Wahrheit sagt.* Weiden 1985, S. 20 (C. Vorilhon begründete auf der Prä-Astronautik-Idee eine fragwürdige Sekte, durchzogen von kindlichen und wilden Behauptungen ohne jegliche Indizien, dazu: Fischinger, Lars A. & Horn, Roland M.: *UFO-Sekten.* Rastatt 1999, S. 99 ff.)

126 Cools, P. J. (Hrsg.): *Die biblische Welt, Band 1: Das Alte Testament.* Olten 1965, S. 291

127 Gen. 8,21

128 Gen. 8,21

129 Gen. 1,26

130 Much, Theodor: *Judentum, wie es wirklich ist.* Wien 1997, S. 28

131 Gen. 9,5–6

132 *Neue Jerusalemer Bibel.* Freiburg i. Br. 1985, S. 24

133 Num. 35,19 ff.
134 Hein-Mohr, Gerd: *Lexikon der Symbole*. München 1998, S. 264 f.
135 Kanner, Israel Zwi (Hrsg.): *Jüdische Sagen*. Frankfurt a. M. 1992, S. 35
136 Gen. 10,8. Ein umfangreicher Stammbaum findet sich im Anhang.
137 Gen. 10,10–11
138 Drechsel, Joachim, Meyer-Baltensweiler, Elisabeth & Williams, Derek: *Bibel Lexikon*. 1994, S. 300
139 Funk, Gerhard: *Who's who in der antiken Mythologie*. München 1993, S. 231 f.
140 Holzapfel, Otto: *Lexikon der abendländischen Mythologie*. Freiburg i. Br. 1993, S. 293
141 Calvocoressi, Peter: *Who's who in der Bibel*. München 2004, S. 202
142 Falkenstein, Adam & von Soden, Wolfram: *Sumerische und akkadische Hymnen und Gebete*. Zürich/Stuttgart 1953, S. 59 f.
143 Van der Toorn, Karel & van der Horst Pieter Willem: *Nimrod before and after the Bible*. Harvard Theological Review (83) 1990, S. 1 ff. & Speiser, E. A.: *In Search of Nimrod*, in: Hess, Richard S. & Tsumura, David Toshio: *I Studied Inscriptions from Before the Flood: Ancient Near Eastern Literary and Linguistic Approaches to Genesis 1–11*. O. O. 1994, S. 270 ff.
144 z.B.: Lehner, Mark: *Geheimnis der Pyramiden*. München 1999, S. 84 f.
145 Stadelmann, Rainer: *Die ägyptischen Pyramiden*. Mainz 1991, S. 35 ff.
146 Bonnet, Hans: *Lexikon der ägyptischen Religionsgeschichte*. Hamburg 2005, S. 322 ff.
147 Nack, Emil: *Ägypten*. Wien 1996, S. 43
148 Apg. 7,22. Sehr umfangreich dazu: Fischinger, Lars A.: *Götter der Sterne*. Weilersbach 1997
149 nach: Gerhards, Meik: *Die Aussetzungsgeschichte des Mose*. Neukirchen-Vluyn 2006, S. 170 ff.
150 Berner, Christoph: *Die Exoduserzählung*. Tübingen 2010, S. 53
151 Gen. 10,10
152 Gen. 11,1
153 Gen. 10,20
154 Uhlig, Helmut: *Die Sumerer*. Bergisch Gladbach 1992, S. 14 ff. & Nack, Emil: *Ägypten*. Wien 1996, S. 213
155 Gen. 11,2
156 Gen. 11,5
157 Philo 6,1
158 Ebd.
159 Gen. 11,4

160 Philo 6,3
161 Gen. 11,26
162 Philo 6,17
163 21. Sure, 68 f.
164 Jubi. 10
165 Jubi. 10,21
166 Baruch 3,6–8
167 Gen. 11,5
168 Gen. 11,6–7
169 Philo 7,5
170 Philo 7,3 ff.
171 Philo 7,3
172 z. B.: *Neue Jerusalemer Bibel*. Freiburg i. Br. 1985, S. 26 f.
173 Philo 6,1
174 Jubi. 10,22
175 Levin, Christoph: *Der Jahwist*. Göttingen 1993 S. 127 ff.
176 Hartmann, Fred: *Der Turmbau zu Babel – Mythos oder Wirklichkeit?* Stuttgart 1999
177 Trutwin, Werner: *Gesetz und Propheten*. Düsseldorf 1967, S. 70
178 Philo 7,4
179 *Abraham Apokalypse* 8,2 & 8,7
180 Artapanus 1,4–5
181 eigentlich »Baal-Zebul« (לובז לעב) = »Erhabender Fürst«
182 2. Kön. 1,3
183 XI. Tafel, Verse 156–161
184 4. Mos. 25,3 und 5, 5. Mos. 4,3, Ric. 2,13, Ric. 6,31–33, 1. Kön. 16,31–32, 1. Kön. 18,19–26, 1. Kön. 19,18, 1. Kön. 22,54, 2. Kön. 1,2–6, 2. Kön. 1,16, 2. Kön. 10,18–28, 2. Kön. 17,16, 2. Kön. 21,3, 2. Kön. 23,4–5, Jer. 2,8, Jer. 7,9, Jer. 11,13, Jer. 11,17, Jer. 12,16, Jer. 19,5, Jer. 23,13, Jer. 23,27, Jer. 32,29, Jer. 32,35, Hos. 2,10, Hos. 2,18, Hos. 13,1, Röm. 11,4
185 5. Mos. 3,11
186 Gorion, Micha Josef bin: *Die Sagen der Juden*. Frankfurt a. M. 1962, S. 143
187 Jubi. 10,8–12
188 Sach. 3,1–2; auch Hi. 2,1–7
189 Hi. 2,1
190 Luk. 10,18
191 Off. 12,9
192 z. B.: Sprenger, Jakob (Hrsg.): *Der Hexenhammer*. Erfstadt 2005
193 Roskoff, Gustav: *Geschichte des Teufels*. Leipzig 1869
194 Ebd, S. VII
195 18. Sure, *»Die Höhle«,* Vers 50

196 Lev. 16,5 / 7–10 & 16,20–22
197 Frey-Anthes, Henrike: *Unheilsmächte und Schutzgenien, Antiwesen und Grenzgänger*. Göttingen 2007, S. 243 ff.
198 1. Hen. 6,7 / 9,6 / 10,8
199 z. B.: 4Q180 I,7–10; s. a.: Frey-Anthes, Henrike: *Unheilsmächte und Schutzgenien, Antiwesen und Grenzgänger*. Göttingen 2007, S. 218
200 *Apokalypse des Abraham* 23,9 (In meinem Buch *Götter der Sterne* habe ich 1997 hinter diesem Verführer in Eden den Gott Enki vermutet.)
201 Gen. 6,1 ff.
202 Weidinger, Erich: *Die Apokryphen*. Augsburg 1994, S. 10 & Scharbert, Josef: *Sachbuch zum Alten Testament*. Augsburg 1981, S. 117
203 Fox, Robin Lane: *Im Anfang war das Wort*. München 1995, S. 195 ff.
204 EB 79 nach Scharbert, Josef: *Sachbuch zum Alten Testament*. Augsburg 1981, S. 117
205 Rießler, Paul: *Altjüdisches Schrifttum außerhalb der Bibel*. Freiburg/Heidelberg 1988 (unveränderter Nachdruck der Originalübersetzung von 1928), Klappentext. (Diese Übersetzung der alten Texte wird von mir vornehmlich verwendet.)
206 Mertens, Heinrich A.: *Handbuch der Bibelkunde*. Düsseldorf 1984, S. 24
207 Rießler, Paul: *Altjüdisches Schrifttum außerhalb der Bibel*. Freiburg/Heidelberg 1988 (Nachdruck der Originalübersetzung von 1928), S. 1291 f.
208 Gen. 5,18
209 Gen. 5,27
210 2. Kön. 2,11 ff.
211 Gen. 5,22–24
212 Gen. 6,9
213 *Neue Jerusalemer Bibel*. Freiburg i. Br. 1985, S. 21
214 Sir. 44,16
215 Sir. 49,14
216 Hebr. 11,5
217 Laine, Tapio: *Metatron ergänzt Ezechiel,* in: Däniken, Erich von (Hrsg.): *Neue Kosmische Spuren*. München 1992, S. 104
218 Jud. 14–15
219 Thompson, Keith: *Engel und andere Außerirdische*. München 1993, S. 220 f.
220 Ebd. S, 221
221 Martínez, Florentino García: *The Dead Sea Scrolls Translated*. Michigan 1996, S. 246 ff.
222 Mertens, Heinrich A.: *Handbuch der Bibelkunde*. Düsseldorf 1984, S. 59

223 Gen. 6,1 ff.
224 1. Hen. 6,1–2
225 1. Hen. 6,3
226 1. Hen. 6,4
227 Roskoff, Gustav: *Geschichte des Teufels*. Leipzig 1869, S. 232
228 1. Hen. 6,6
229 1. Hen. 6,7
230 1. Hen. 6,7–8
231 z. B.: Bellinger, Gerhard J.: *Lexikon der Mythologie*. Augsburg 1997, S. 39 (s. dazu auch umfassend *Auf den Spuren der Anunnaki,* Teil I & II, auf meinem BLOG www.Fischinger-online.net vom 24. April 2014)
232 Sproul, Barbara C.: *Schöpfungsmythen der östlichen Welt.* München 1993, S. 92 ff.
233 1. Hen. 7,1–4
234 Jubi. 4,22
235 z. B. der »Turm zu Babel« in Jubi. 10,21
236 z. B.: Deut. 1,28
237 1. Hen. 8,1
238 1. Hen. 69,4
239 1. Hen. 69,9
240 1. Hen. 69,10
241 Henoch ebenso wie z. B. der biblische Prophet Ezechiel.
242 1. Hen. 69,12
243 Weidinger, Erich: *Die Apokryphen*. Augsburg 1994, S. 333
244 Alma, 12,28. Hier heißt es im amerikanischen Original *converse* = sprechen (das deutsche *verkehren* ist deshalb vermutlich eher in diesem einfachen Sinne zu verstehen).
245 Alma, 12,29
246 Alma, 12,30
247 1. Hen. 69,11
248 Gen. 18,1 ff.
249 Hen/S. 18,1
250 Gen. 1,26 f.
251 Hen/S. 22,10
252 Hen. 7,6
253 1. Hen. 9,1
254 1. Hen. 9,3
255 1. Hen. 9,6
256 1. Hen. 9,8–9
257 Hiob 4,18
258 Wise, Michael & Abegg jr., Martin & Cook, Edward (Übers.): *Die Schriftrollen von Qumran*. Augsburg 1997, S. 265

259 Ebd.
260 Jubi. 4,21
261 1. Hen. 12,1 ff.
262 1. Hen. 12,1
263 Gen. 5,23–24
264 1. Hen. 12,2
265 1. Hen. 12,3
266 1. Hen. 12,4
267 1. Hen. 12,1–2
268 1. Hen. 8,1
269 Gen. 4,8
270 1. Hen. 13,4–6
271 Niederhäuser, Hans Rudolf: *Fremde Länder – Fremde Völker*. Stuttgart 1960, S. 220
272 Fischinger, Lars A.: *Die Götter waren hier!* Leipzig 2002, S. 73 ff.
273 1. Hen. 14,4–7
274 1. Hen. 14,5
275 1. Hen. 14,6
276 Rießler, Paul: *Altjüdisches Schrifttum außerhalb der Bibel*. Freiburg/Heidelberg 1988 (Nachdruck der Originalübersetzung von 1928), S. 1292
277 1. Hen. 14,8–24
278 Off. 4,5–6
279 1. Hen. 14,13
280 Baruch 2,1
281 z. B.: Ez. 1,4 ff.
282 Jes. 6,1 ff.
283 *Apokalypse des Moses* 33
284 *Leben Adam und Evas* 38
285 *Ezechiel der Tragiker* 68–78
286 *Schatzhöhle* 3,8–9
287 Dies bezieht sich zweifellos darauf, dass Henoch als Diplomat und Bittsteller im Auftrag der Rebellen zum »Höchsten« gesandt wurde.
288 1. Hen. 15,1–3
289 1. Hen. 15,4
290 1. Hen. 15,5–12
291 1. Hen. 16,1
292 1. Hen. 16,2–4
293 Sir. 16,7
294 Fischinger, Lars A.: *Götter der Sterne*. Weilersbach 1998, S. 255 ff.
295 1. Hen. 57,1–3
296 1. Hen. 59,2
297 1. Hen. 59,3

298 1. Hen. 23,1
299 oder: »das alle Lichter des Himmels in Bewegung setzt«, 1. Hen. 23,2–4
300 1. Hen. 12,1–2
301 Hen/S. 1,1–5
302 Hen/S. 1,6–9
303 Hen/S. 1,10
304 Hen/S. 2,1
305 Hen/S. 2,2
306 Hen/S. 2,4
307 Gen. 5,23–24
308 Hen/S. 2,4
309 Hen/S. 3,1
310 Hen/S. 4,1
311 z. B.: Hen/S. 22,11–23,23
312 Ez. 40,4
313 Off. 1,19
314 Hen/S. 5,1 und Hen/S. 6,1
315 Hen/S. 7,1–2
316 Hen/S. 7,3
317 Hen/S. 10,1 ff.
318 Hen/S. 7,4–5
319 Hen/S. 8,1–8
320 Fischinger, Lars A.: *Götter der Sterne*. Weilersbach 1998, S. 50 ff. & 63 ff.
321 Hen/S. 10,4
322 Hen/S. 11,1
323 Hen/S. 11–16
324 1. Hen. 72–82
325 Hen/S. 17,1
326 Hen/S. 33,10
327 Hen/S. 18,1
328 Hen/S. 19,6
329 Die Zahl sieben ist eine der ältesten »heiligen Zahlen« überhaupt.
330 Hen/S. 20,1
331 *Apokalypse des Abraham* 15,6
332 Hen/S. 20,3
333 Hen/S. 21,1
334 *Apokalypse des Abraham* 18,1 ff.
335 PS. 68,18
336 Hen/S. 21,4
337 Hen/S. 21,5
338 Zahlreiche Hinweise legen nahe, dass sich die Wächter des Himmels

(»Engel«) vor allem durch Kleidung, Größe und einige Merkmale wie helle Haare von den Menschen unterschieden.

339 Hen/S. 22,4–9
340 Hen/s 22,10
341 Gen. 5,1
342 1. Hen. 69,11
343 Tob. 5,4
344 Tob. 5,13 ff.
345 Tob. 12,14 ff.
346 Hen/S. 22,11–23,6
347 *4. Buch Esdra* 14,41 ff.
348 *4. Buch Esdra* 40,4
349 Off. 1,11 und Off. 1,19
350 *4. Buch Esdra* 12,38–40
351 *4. Buch Esdra* 12,41 ff.
352 Hen/S. 24,1–25,5
353 Hen/S. 33,3–6
354 Hen/S. 33,8–11
355 Hen/S. 35,1–3
356 Hen/S. 37,1
357 Hen/S. 54,1
358 Gen. 5,24
359 Hen/S. 36,1–2
360 Hen/S. 39,1 ff.
361 Hen/S. 54,1
362 Hen/S. 55,1–3
363 Hen/S. 57,1 ff.
364 Hen/S. 64,1–2. Bonwetsch, G. Nathanael (Hrsg.): *Die Bücher der Geheimnisse Henochs – Das sogenannte slavische Henochbuch.* Leipzig 1922, S. 53, nennt bis zu 2.000 Personen.
365 Hen/S. 65,1–66,1
366 Hen/S. 67,1–3
367 Krassa, Peter: *Gott kam von den Sternen.* Berlin 1995, S. 272 f.
368 Gorion, Micha Josef bin: *Die Sagen der Juden.* Frankfurt a. M. 1962, S. 123
369 Num. 12,10
370 Ex. 34,29 ff.
371 Ex. 19,16 ff.
372 Jubi. 4,23
373 1. Hen. 70,2
374 s. a.: Kramer, André: *Ausgegraben: Bächtold-Stäubli, Hanns; Hoffmann-Krayer, Eduard: Handwörterbuch des deutschen Aberglaubens,* in: *Mysteria 3000* (12. April 2012) unter: http://www.myste-

ria3000.de/2012/ausgegraben-bachtold-staubli-hanns-hoffmann-krayer-eduard-handworterbuch-des-deutschen-aberglaubens/

375 Gen. 11,26 ff.

376 z. B.: Negev, Avraham (Hrsg.): *Archäologisches Bibellexikon.* Stuttgart 1991, S. 462 & Henning, Kurt (Hrsg.): *Jerusalemer Bibellexikon.* Neuhausen-Stuttgart 1998, S. 907 f.

377 *Apokalypse des Abraham* 8,1 ff.

378 *Apokalypse des Abraham* 8,7

379 Gen. 11,31

380 z. B.: Cools, P. J. (Hrsg.): *Die biblische Welt, Bd. 1: Das Alte Testament.* Olten 1965, S. 491 & *Neuen Jerusalemer Bibel.* Freiburg i. Br., S. 1811

381 Woolley, Charles Leonard: *Discovering the Royal Tombs at Ur.* New York 1969

382 Woolley, Charles Leonard: *Beginnings of Civilisation.* London 1963

383 Woolley, Charles Leonard: *Mit Hacke und Spaten.* Leipzig 1951, S. 79

384 s. z. B.: Keller, Werner: *Und die Bibel hat doch recht.* Düsseldorf 1955, S. 32 ff.

385 Rudgley, Richard: *Abenteuer Steinzeit.* Wien 2001, S. 99 ff.

386 Falkenstein, Adam & von Soden, Wolfram: *Sumerische und akkadische Hymnen und Gebete.* Zürich/Stuttgart 1953, z. B. S. 183–213

387 Ebd. S. 201

388 Ebd. S. 189

389 Tafel XI, Verse 108–112. Schott, Albert: *Das Gilgamesch-Epos.* Stuttgart 1972 & Ranke, Hermann: *Das Gilgamesch-Epos.* Wiesbaden 2006 (Original von 1924), schreiben hier klar »Südwind«, Maul, Stefan M.: *Das Gilgamesch-Epos.* München 2008 jedoch: »brachte der Ostwind die Sintflut«. »Es ist nicht geklärt,« so Maul S. 187, »warum ausgerechnet der Ostwind die Sintflut bringt.« Er verweist dabei auch auf Beschädigungen des Textes. Englische Texte nennen »Süden«, z. B.: Tannenbaum, Edward R. & Dudley, Guilford: *A History of World Civilizations.* University of Michigan 1973, S. 20

390 Howard, Theresa: *The Tangible Evidence for the Earliest Dilmun*, in: *Journal of Cuneiform Studies*, Bd. 33 (1981), S. 221 f.

391 Uhlig, Helmut: *Die Sumerer.* Bergisch Gladbach 1992, S. 106 ff.

392 z. B.: Pitman, Walter & Ryan, William: *Sintflut.* Bergisch Gladbach 1999, S. 62 ff. & Wright, Ernest G.: *Biblical Archaeology.* Philadelphia 1957, S. 119

393 Gen. 7,11

394 z. B: Jesaja 51,10 & 63,13 und Jona 2,4

395 Begrich, Joachim & Zimmerli, Walther: *Mabbûl. Eine exegetisch-lexikalische Studie*, in: *Gesammelte Studien zum Alten Testament*,

Bd. 21, München 1964, S. 39 ff.
396 Pollock, Susan: *Ancient Mesopotamia – The Eden that never Was*. Cambridge 1999, S. 29
397 *How much water is there on, in and above the Earth?*, 18. Mai 2012 unter: http://ga.water.usgs.gov/edu/earthhowmuch.html
398 in: Brown, Colin: *The New International Dictionary of New Testament Theology*, Band 1. Patterson 1997, S. 518
399 Gen. 7,19
400 Deut. 9,1
401 Gregory Ryskin: *Methane-driven oceanic eruptions and mass extinctions*, in: *Geology*, Nr. 31 (9/2003), S. 741 ff.
402 s.: Tollmann, Alexander & Edith: *Und die Sintflut gab es doch*. München 1993
403 s. z. B.: Koch, Heinrich P.: *Sintflut*. Wien 2000, S. 22 ff., vor allem: Muck, Otto: *Alles über Atlantis*. Düsseldorf 1976 (Stuttgart 1954)
404 Clarke, Garry K. C., Leverington, David W., Teller, James & Dyke, Arthur S.: *Superlakes, Megafloods and Abrupt Climate Change,* in: *Science,* Nr. 301 (15. August 2003), S. 922 f. & Teller, James und Leverington, David W.: *Glacial Lake Agassiz: A 5000-year history of change and its relationship to the delta 18-O record of Greenland,* in: *Geological Society of America Bulletin*, Nr. 116 (2004), S. 729 ff.
405 *Reisen durch die Zeit – Geschichte der Erde*. BBC, EinsExtra, 9. Dezember 2004
406 Clarke, Garry K. C., Leverington, David W., Teller & J.T. Dyke. Arthur S: *Paleohydraulics of the last outburst flood from glacial Lake Agassiz and the 8200 BP cold event*, in: *Quaternary Science Reviews*, Nr. 23 (2004), S. 389 ff.
407 Pitman, Walter & Ryan, William: *Sintflut*. Bergisch Gladbach 1999
408 Ebd. S, 152 f.
409 Ebd. S. 200 ff.
410 Schulz, Matthias & Zand, Bernhard: *Strafgericht am Bosporus*, in: *Der Spiegel*, Nr. 50/2000 (11. Dezember 2000), S. 266 ff.
411 Pitman, Walter & Ryan, William: *Sintflut*. Bergisch Gladbach 1999, S. 245 ff.
412 Milojčić, Vladimir: *Das vorgeschichtliche Bergwerk »Šuplja Stena« am Avalaberg bei Belgrad (Serbien),* in: *Wiener Prähistorische Zeitschrift*, 1937, S. 41 ff.
413 Gajić-Kvaščev, Maja (u.a.): *New evidence for the use of cinnabar as a colouring pigment in the Vinča culture*, in: *Journal of Archaeological Science* (vol. 39) Nr. 4/2012, S. 1025–1033
414 z. B.: Gimbutas, Marija: *The Language of the Goddess*. London 1989
415 Haarmann, Harald: *Geschichte der Schrift*. München 2002 & Haarmann, Harald: *Geschichte der Sintflut*. München 2003 & Haarmann,

Harald: *Das Rätsel der Donauzivilisation*. München 2011
416 Haarmann, Harald: *Universalgeschichte der Schrift*. Frankfurt a. M. 1991, S. 18
417 Bellinger, Gerhard J.: *Knaurs großer Religionsführer*. München 1992, S. 380
418 *Der älteste Satz in menschlicher Sprache*, in: *Neue Züricher Zeitung*, 15. Juli 2005
419 Schulz, Matthias & Zand, Bernhard: *Strafgericht am Bosporus*, in: *Der Spiegel*, Nr. 50/2000 (11. Dezember 2000), S. 266 ff.
420 *Die Welt*, Nr. 28/2002
421 Aksu, Ali E., Hiscott, Richard N., Mudie, Peta J., Rochon, André, Kaminski, Michael A., Abrajano, Teofilo & Yasar, Dogan: *Persistent Holocene Outflow from the Black Sea to the Eastern Mediterranean Contradicts Noah's Flood Hypothesis*, in: *GSA Today*, Nr. 12 (5/2002), S. 4 ff.
422 Siddal, Mark (u. a.): *Testing the physical oceanographic implications of the suggested sudden Black Sea infill 8400 years ago*, in: *Paleoceanography* (vol. 19) PA1024, 2004 & Tillemans, Axel: *Neues zur Sintflut,* in: *Bild der Wissenschaft,* Nr. 3/2005, S. 45
423 Bojanowski, Axel: *Der Wassersturz am Bosporus*. in: *Süddeutsche Zeitung*, 2. Januar 2006 unter: http://www.sueddeutsche.de/wissen/vor-jahren-der-wassersturz-am-bosporus-1.633396
424 z. B.: Kaiser, Peter: *Vor uns die Sintflut*. München 1985
425 Vor allem seit der Veröffentlichung des Bestsellers: Muck, Otto: *Alles über Atlantis*. Olten 1956
426 Immanuel, Velikovsky: *Welten im Zusammenstoß*. Stuttgart 1952, S. 55 ff.
427 Yahya, Harun: *Untergegangene Völker*. München 2001, S. 38
428 zitiert nach: http://12koerbe.de/arche/cordan-2.htm; s. a.: Bartusch, Jens S. Roark: *Poopol Wuuj*. Magdeburg 2007, S. 36 ff.
429 Koch-Grünberg, Theodor (Hrsg.): *Indianermärchen aus Südamerika*. Jena 1927, S. 229
430 Ebd. S. 179 f.
431 Knortz, Karl: *Märchen und Sagen der Indianer Nordamerikas*. Jena 1871, S. 243 ff.
432 Sproul, Barbara C.: *Schöpfungsmythen der östlichen Welt*. München 1993, S.68
433 Niederhäuser, H. R.: *Fremde Länder – Fremde Völker.* Stuttgart 1960, S. 218
434 Hambruch, Paul: *Südseemärchen*. Jena 1916, S. 100 f.
435 Dähnhardt, Oskar (Hrsg.): *Natursagen. Eine Sammlung naturdeutender Sagen, Märchen, Fabeln und Legenden*, IV Bd. Leipzig & Berlin 1907–1912, Bd. III (1910), S. 96

436 s. z.B.: Andree, Richard: *Die Flutsagen.* Braunschweig 1891

437 1. Hen. 67,1–2

438 Wobei in den letzten Jahren mehrfach darauf verwiesen wurde, dass ein Holzschiff nach biblischen Größenangaben gar nicht seetauglich gewesen wäre; z.B.: http://www.youtube.com/watch?v=OMS8q8g0O8&feature=related

439 s.a. weitere Umfragen hier: http://fowid.de/nc/datenarchiv/uebersicht/themenfeld/was-glaubt-wer-glaubt/

440 »Sanders, Dack«: *Noah's Ark found in Iraq*, in: *Weekly World News* vom 6. Januar 2004, S. 24f. (Es ist von dieser Zeitung abzuraten.)

441 Herner, Christine: *»Creation Science« hat der Evolutionstheorie den Krieg erklärt*, in: *Wiener Zeitung*, 7. September 2001

442 s.a.: Knox, Buch: *James Ussher, Archbishop of Armagh.* University of Wales Press, 1967

443 Voß, Oliver: *Gott schuf die Erde, und sie ward eine Scheibe, Spiegel online*, 19. April 2004, unter: http://www.spiegel.de/schulspiegel/0,1518,295513,00.html

444 Mack, Günther: *Wie entstand die Welt wirklich?,* in: *GEO*, Nr. 2/2001

445 *Die gläubige Nation: Wie die Krieger Gottes das amerikanische Bildungssystem unterwandern*, WDR Kulturmagazin, 4. März 2001

446 Brasseur, Anne: *The dangers of creationism in education. Committee on Culture, Science and Education*, 17. September 2007 (Doc. 11375), unter: http://assembly.coe.int/Mainf.asp?link=/Documents/WorkingDocs/Doc07/EDOC11375.htm

447 *Europarat gegen Schöpfungslehre im Unterricht.* 5. Oktober 2007 unter: http://www.eann.de/europarat-gegen-schoepfungslehre-im-unterricht/148/

448 *Die gläubige Nation: Wie die Krieger Gottes das amerikanische Bildungssystem unterwandern*, WDR Kulturmagazin, 4. März 2001

449 *Sieben bibeltreue Väter müssen ins Gefängnis*, *Spiegel online*, 9. Oktober 2004, unter: http://www.spiegel.de/schulspiegel/0,1518,322314,00.html (2013/14 wurde diese Sekte weithin bekannt, als Journalisten von RTL verdeckt innerhalb der Gemeinschaft Gewalt z.B. gegen Kinder dokumentierten.)

450 *Sieben Väter widerstandslos verhaftet, Spiegel online*, 18. Oktober 2004, unter: http://www.spiegel.de/schulspiegel/0,1518,323695,00.html

451 Die Statistik findet sich auch online: http://fowid.de/fileadmin/datenarchiv/Evolution_Kreationismus_Deutschland_2005.pdf (Ich empfehle die Suchfunktionen unter http://fowid.de/home/, um auch andere Statistiken einzusehen.)

452 *Entwürfe in Gottes Namen*, in: *Die Zeit*, 19/2003

453 Gen. 8,4
454 4Q252, Vers 10 nach: Martínez, Florentino García: *The Dead Sea Scrolls Translated.* Michigan 1996, S. 213
455 2. Kön. 19,37 & Jes. 37,38
456 Jer. 51,27
457 Mertens, Heinrich A.: *Handbuch der Bibelkunde.* Düsseldorf 1984, S. 136
458 XI. Tafel, Verse 140–141
459 Barthel, Manfred: *Was wirklich in der Bibel steht.* Düsseldorf 1980, S. 50
460 Maul, Stefan M.: *Das Gilgamesch-Epos.* München 2006, S. 188 & Keller, Werner: *Und die Bibel hat doch recht.* Düsseldorf 1955, S. 45 f.
461 Gen. 8,11
462 Jubi. 5,27–28
463 Rießler, Paul: *Altjüdisches Schrifttum außerhalb der Bibel.* Freiburg/Heidelberg 1988, S. 1305
464 XI. Tafel, Vers 23
465 71. Sure, 27 f.
466 11. Sure, 44
467 Driver, G. R.: *The dispersion of the Kurds in Ancient Times*, in: *Journal of the Royal Asiatic Society of Great Britain and Ireland*, Nr. 4, 1921, S. 565
468 *Apokryphon des Johannes*, 28,30 ff.
469 Berlitz, Charles : *Die Suche nach der Arche Noah.* Darmstadt 1987, S. 14
470 Yahya, Harun: *Untergegangene Völker.* München 2001, S. 16
471 Hugget, Richard J.: *Cataclyms and Earth History.* Oxford 1989, S. 147
472 Berlitz, Charles: *Die Suche nach der Arche Noah.* Darmstadt 1987, S. 14
473 z. B.: Bailey, Lloyd R.: *Where Is Noah's Ark?* Nashville 1978, S. 55 f. & Balsiger, Dave & Sellier, Charles E.: *In Search of Noah's Ark.* Los Angeles 1976, S. 102 ff. & Teeple, Howard M.: *The Noah's Ark Nonsense.* Evanston 1978, S. 103 ff.
474 Ceram, C. W.: *Götter, Gräber und Gelehrte.* Hamburg 1949, S. 294
475 Sellier, Charles E.: *Noahs Arche – Überraschende Funde am Berg Ararat.* CNN 1992, unter: http://www.youtube.com/watch?v=0FR3sPlS4LI
476 *Creation Magazine*, Bd. 14. Heft 4
477 Mayell, Hillary: *Noah's Ark found?, National Geographic News*, 27. April 2004, unter: http://news.nationalgeographic.com/news/2004/04/0427_040427_noahsark.html & *Die Suche nach Noahs Arche, livenet.ch*, 11. November 2004, unter: http://www.livenet.de/neuig-

keiten/ethik_und_gesellschaft/118717-die_suche_nach_noahs_arche.html & *Neue Suche nach der Arche Noah, livenet.ch*, 30. April 2004, unter: http://www.livenet.ch/themen/wissen/schoepfungs-wissenschaft/115933-neue_suche_nach_der_arche_noah.html

478 Morris, John D.: *The Search for Noah's Ark: Status 1992*, in: *Impact*, Nr. 231, September 1992

479 *Liegt hier die Arche Noah?, Hamburger Abendblatt*, 29. April 2004

480 = Gleterscherforscher

481 z. B.: Berlitz, Charles: *Die Suche nach der Arche Noah*. Darmstadt 1987, S. 18 ff.

482 1. Hen. 67,4

483 1. Hen. 67,5 ff.

484 1. Hen. 6,6

485 Ri. 3,3 ff.

486 Deut. 3,9

487 Haussig, Hans Wilhelm (Hrsg.): *Wörterbuch der Mythologie*. Bd. 1: *Götter und Mythen im Vorderen Orient*. Stuttgart 1986, S. 97 f. & Ebeling, Erich & Meissner, Bruno: *Reallexikon der Assyrologie und vorderasiatischen Archäologie*. Bd. 9: *Nab – Nuzi,* Berlin 2001, S. 127 & Cassin, Elena, Bottéro, Jean & Vercoutter, Jean: *Die altorientalischen Reiche*. Bd. 1: *Vom Paläolithikum bis zur Mitte des 2. Jahrtausends*. Frankfurt am Main 1965, S. 165 ff.

488 XI. Tafel, Verse 57 ff.

489 *Land des Baal*. Mainz 1982, S. 16 ff.

490 z. B.: Biedermann, Hans: *Knaurs Lexikon der Symbole*. Augsburg 2000, S. 427

491 Donnelly, Ignatius: *Atlantis, The Antediluvian World*. New York 1882

492 Churchward, James: *The Lost Continent of Mu*. New York 1926

493 Melchizedek, Drunvalo: *Die Maya der ewigen Zeit – 2012 unddanach*. Live Interarctive Webcast aus Ungarn am 29. Juli 2009, unter http://www.fgk.org/wp-content/uploads/2009/12/maya2012_drunvalo_29709_a.pdf

494 Ebd.

495 Bigazzi, Francesco: *Strane piramidi in Crimea, sono sotterranee,* in: *Panorama*, Nr. 4 (18. Januar 2002), S. 123 f.

496 Muck, Otto: *Alles über Atlantis*. Düsseldorf 1976 (eine erste Auflage erschien in Stuttgart, 1954)

497 Chatelain, Maurice: *Our ancestors cam from outer Space*. London 1980, S. 194 f.

498 Flem-Ath, Rand und Rose: *Atlantis*. Hamburg 1996

499 z. B.: Prachan, Jean: *UFOs im Bermuda-Dreieck*. Wien 1979 & Carnac, Pierre. *Geschichte beginnt in Bimini*. Olten Freiburg i. Br. 1978

500 z. B.: *Atlantis in den Anden*, s. a.: http://www.youtube.com/watch?v=hGs5kGl5o-M

501 Zangger, Eberhard: *Atlantis*. München 1992

502 Spanuth, Jürgen: *Atlantis*. Tübingen 1965

503 z. B.: Luce, J. V.: *Atlantis*. Bergisch Gladbach 1969

504 *Atlantis ›obviously near Gibraltar‹, BBC News*, 20. September 2001 & Naica-Loebell, Andrea: *Atlantis lag vor Gibraltar, Telepolis* vom 23. September 2001 & Naica-Loebell, Andrea: *Atlantis auf Satellitenbildern entdeckt?, Telepolis* vom 13. Juni 2004

505 *Atlantis soll vor Zypern versunken sein, Spiegel online*, 28. April 2004 & *Forscher will Atlantis entdeckt haben, Spiegel online*, 15. November 2004 (Unter http://www.discoveryofatlantis.com/ findet sich die Internetseite dieser Expeditionen.)

506 Franke, Thorwald C.: *Kommentierte Bibliographie zu Platons Atlantis*. PDF-Datei 2008, unter: http://www.atlantis-scout.de

507 Charroux, Robert: *Das Rätsel der Anden*. Düsseldorf 1978 (Zahlreiche »UFO-Sekten« und angebliche »UFO-Kontaktler« sehen bis heute in Atlantis oder auch Mu zum Beispiel eine »erste Kolonie« der außerirdische Siedler vor Jahrtausenden oder einen irdischen Stützpunkt dieser, s.: Fischinger, Lars A. & Horn, Roland M.: *UFO-Sekten*. Rastatt 1999)

508 Bremer, Dieter: *Der verborgene Schlüssel zu Atlantis*. Grimma 2006 & Bremer, Dieter: *Atlantis und das Altersparadoxon*. Grimma 2009

509 Zschaetzsch, Karl Georg: *Atlantis, die Urheimat der Arier*. Berlin 1922, S. 7 (auch Zschaetzsch hat schon damals einen Kometen als Ursache vermutet, z. B.: S. 10); s. a.: Lang, Johannes: *Welt Mensch und Gott*. Frankfurt a. M. 1936

510 Wendt, Victor K.: *Das Geheimnis der Hyperboreer*. Basel 1984, S. 27 f.

511 Sünner, Rüdiger, *Schwarze Sonne*. Freiburg i. Br. 1999, S. 33 ff.

512 z. B.: Prachan, Jean: *Das Geheimnis der Osterinsel*. Wien 1982 & Charroux, Robert: *Vergessene Welten*. Düsseldorf 1974, S. 137 ff.

513 Kohlenberg, Karl F.: *Enträtselte Vorzeit*. München 1970, S. 94

514 Blumrich, Josef F.: *Kásskara und die sieben Welten*. München 1985, S. 19 ff.

515 Kramer, André: *Die Hopi, White Bear und die Kontinuität von Überlieferungen,* in: *Mysteria 3000*, 15. Januar 2011 unter: http://www.mysteria3000.de/2011/die-hopi-white-bear-und-die-kontinuitat-von-uberlieferungen/

516 Wogawa, S.: *Urkontinent Lemuria,* in: *Mysteria 3000,* Nr. 2/2003, unter: http://www.mysteria3000.de/2003/urkontinent-lemuria-von-der-wissenschaftlichen-hypothese-zur-okkultistischen-spekulation/

517 Berlitz, Charles: *Der 8. Kontinent*. Wien 1984
518 Stingl, Miloslav: *Das Reich der Inka*. Augsburg 1996, S. 266f.
519 Arthur Posnansky, *Tiahuanaco, The Cradle of American man*. New York 1958 & Schindler-Bellamy, Hans: *Built Before the Flood*. London 1943.
520 Kiss, Edmund: *Das Sonnentor von Tihuanaku und Hörbigers Welteislehre*. Leipzig 1937
521 Disselhoff, Hans-Dietrich: *Kinder der Erdgöttin*. Wiesbaden 1960, S. 31
522 Wilson, Colin: *From Atlantis to the Sphinx*. London 1997 & Wilson, Colin & Oostra, Roel: *Die großen Rätsel: Die Sintflut*. WDR, 12. August 1998
523 z.B.: Paulwes, Louis & Bergier, Jacques: *Aufbruch ins dritte Jahrtausend*. München 1992, S. 326f.
524 Baumann, Hans: *Gold und Götter von Peru*. Gütersloh 1963, S. 132
525 Helfritz, Hans: *Amerika*. Wien 1996, S. 95
526 Huber, Siegfried: *Im Reich der Inkas*. Freiburg i. Br. 1951, S. 62
527 Ebd., S.108ff. & S. 255 (dort Anm. 37)
528 Kenny, Eimear & Timpson, Nicholas J. u. a.: *Melanesian Blond Hair Is Caused by an Amino Acid Change in TYRP1,* in: *Science,* Vol. 336, Nr. 6081 (4. Mai 2012), S. 554ff.
529 Internetseite des Förderverein Bilzingsleben – World Culture Monument e.V., http://home.arcor.de/Cernunnus/index.html
530 Kulke, Ulli: *Es begann mit der Sintflut,* in: *Die Welt*, 10. Oktober 1993
531 Cavalli-Sforza, L. Luca: *The spread of agriculture and nomadic pastoralism: insights from genetics, linguistics and archaeology,* in: Harris, David R. (Hrsg.): *The Origins and Spread of Agriculture and Pastoralism in Eurasia.* London 2004, S. 51-69
532 z B.: Bürgin, Luc: *Geheimakte Archäologie*. München 1998, S. 73ff. & Charroux, Robert: *Phantastische Vergangenheit*. München Berlin 1966, S. 40ff.
533 Vogel, Dieter: *Fragezeichen zu Burrows Cave*, in: *EFODON-SYNESIS,* Nr. 24/1997 & Friedrich, Horst: *Jahrhundertentdeckung Burrows Cave*, in: *EFODON SYNESIS,* Nr. 3/1994
534 Bürgin, Luc: *Geheimakte Archäologie*. München 1998, S. 25ff. & Bürgin, Luc: *Rätsel der Archäologie*. München 2003, S. 159ff.
535 Dona, Klaus & Habeck, Reinhard: *Im Labyrinth des Unerklärlichen.* Rottenburg 2004, S. 253
536 Email an den Autor vom 26. Dezember 2004
537 Knörr, Alexander: *Hagar Qim*. Groß Gerau 2007, S. 183
538 Maempel, Georg Zammit.: *Ghar Dalam – Cave and Deposits*. Eigendruck (Malta) 1989

539 z. B.: Gau, Hans-Dieter: *Sensationelle Entdeckung: Cart Ruts – Heiße Spuren auf den Azoren!,* in: *Q'Phaze,* Nr. 2/2012, S. 12 ff.

540 Knörr, Alexander: *Hagar Qim*. Groß Gerau 2007

541 s. a.: Winters, C. A.: *Decipherment of the Cuneiform Writing on the Fuernte Magna Bowl*, unter: http://www.bibliotecapleyades.net/arqueologia/esp_boliviarosseta_5.htm & *Fuente Magna – Rosetta Stone of the Americas* (2002), unter: http://www.world-mysteries.com/sar_8.htm

542 Hapgood, Charles H.: *Maps of the ancient sea kings*. Illinois 1996

543 Dutch, Steven: *The Piri Reis Map*. Natural and Applied Sciences, University of Wisconsin, 8. Juli 1998 (update: 2. Juni 2010), unter: http://www.uwgb.edu/dutchs/PSEUDOSC/PiriRies.HTM

544 Hapgood, Charles H.: *Maps of the ancient sea kings*. Illinois 1996, S. 79 ff.; s. a. zum Thema: Hertel, Peter & Klüger-Hertel, Gisela: *Ungelöste Rätsel alter Erdkarten*. Gotha 1986

545 s. a.: O. A.: *Senator Allen Quist, Finaeus, Terra Australis in Global Climate Change,* 11. August 2009 unter: http://www.geographicus.com/blog/rare-and-antique-maps/senator-allen-quist-finaeus-terra-australis-in-global-climate-change

546 Hancock, Graham: *Die Spur der Götter*. Bergisch Gladbach 1995, S. 504 ff.

547 in: Hapgood, Charles: *The Path of the Pole*. Philadelphia 1970

548 s.: *Die Expeditionen der Nazis*, ARD, 17. Mai 2004

549 *Rätsel am Meeresboden*, ZDF Wissen & Entdecken, unter http://www.ZDF.de & *Königreiche der Eiszeit* ZDF, 17. Oktober 2002

550 Ebd.

551 Hancock, Graham: *Spiegel des Himmels*, München 1998, S. 215 f.

552 s. Fischinger, Lars A.: *Historia Mystica*. München 2009, S. 205 ff.

553 Hancock, Graham: *Spiegel des Himmels*. München 1998, S. 216 ff. & *Atlantis im Pazifik?*, ZDF Wissen & Entdecken (13. August 2003), unter: http://www.ZDF.de

554 *Experts skeptical about Govt's claims on Khambat ruins,* in: *The Indien Express*, 23. Mai 2001, *Indian civilisation 9.000 years old, BBC News*, 16. Januar 2002, *Sink or swim with Joshi's »civilisation«,* in: *The Telegraph*, Indien, 3. Februar 2003, *Great Indian Dope Trick,* in: *The Indien Telegraph*, 22. Februar 2004, Kahler, Birgit: *Versunkene Metropole der Industal-Kultur im Meer entdeckt, wissenschaft.de-Newsletter*, 5. Juli 2001 & Marszk, Doris: *9.000 Jahre alte Spuren einer versunkenen Kultur in Indien entdeckt, wissenschaft.de-Newsletter*, 21. Januar 2002

555 Maitra, Ramtanu: *Sensationeller Fund im Golf von Cambay: Fragmente einer untergegangenen Zivilisation,* in: *FUSION*, Nr. 4/2002

556 Badrinaryan, B.: *Der Golf von Khambhat – Liegt die Wiege der Zivi-*

lisation vor der Küste Indiens?, in: Kreisberg, Glenn (Hrsg.): *Das verschollene Wissen der Vorzeit.* Rottenburg 2011, S. 177–203 (umfassende Informationen über die Indus-Kultur hier: http://www.harappa.com)

557 Uhlig, Helmut: *Die Sumerer.* Bergisch Gladbach 1992, S. 14 ff. & Nack, Emil: *Ägypten.* Wien 1996, S. 213

558 Schmidt, Klaus: *Sie bauten die ersten Tempel.* München 2006

559 Gen. 8,20

560 Hancock, Graham: *Underworld.* New York 2002

561 *Afrikas älteste Mumie.* DISCOVERY Channel, 9. Dezember 2004 & *Reisen durch die Zeit – Geschichte der Erde.* BBC, EinsExtra, 9. Dezember 2004

562 z.B.: Haase, Michael: *Das Feld der Tränen.* München 2000, S. 83 ff.

563 Nach Pharao Djoser und vor Pharao Snofru versuchten sich auch Pharao Sechmchet, ebenfalls Sakkara, und Pharao Chaba, Saujet el-Arjan, an dem Bau von Stufenpyramiden.

564 s. z.B.: Müller-Römer, Frank: *Die Technik des Pyramidenbaus im Alten Ägypten.* München 2008 & zur Vermessung der Cheops-Pyramide: Maragioglio, Vito & Rinaldi, Celeste: *La costruzione della piramide di Cheope.* Accademia nazionale dei Lincei (Rom), 1975

565 Lehner, Mark: *Geheimnis der Pyramiden.* München 1999, S. 130 f.

566 Haase, Michael: *Im Zeichen des Re.* München 1999, S. 138 ff.

567 Lehner, Mark: *Das erste Weltwunder.* Düsseldorf 1997, S. 127

568 Stadelmann, Rainer: *Die ägyptischen Pyramiden.* Mainz 1991, S. 125

569 Stadelmann, Rainer: *Die großen Pyramiden von Gizeh.* Graz 1991, S. 172 ff.

570 Lehner, Mark: *Geheimnis der Pyramiden.* München 1999, S. 130 f. & Lehner, Mark: *Computer Rebuilds the ancient Sphinx,* in: *National Geographic,* April 1991, S. 32 ff.

571 s.a.: Horn, Roland M.: *Atlantis.* Grafing 2009, S. 91 ff.

572 Reading Nr. 5748-5, nach: Robinson, Lytle W.: *Rückschau und Prophezeiungen.* München 1979, S.125

573 Bürgin, Luc: *Rätsel der Archäologie.* München 2003, S. 199 ff.

574 Woolley, Leonard: *Ausgrabungen – Lebendige Geschichte.* Köln 1960, S. 91 f.

575 Bauval, Robert & Gilbert, Adrian: *Das Geheimnis des Orion.* München 1994, S. 147 ff.

576 Ebd. S. 223 ff.

577 Ebd. S. 227 & 258 f.

578 Chatelain, Maurice: *Our ancestors came from outer Space.* London 1980, S. 98

579 s. Hancock, Graham & Faiia, Santha: *Spiegel des Himmels.* Mün-

chen 1998 & Bauval, Robert & Hancock, Graham: *Der Schlüssel zur Sphinx*. München 1996 sowie die Internetseite von Hancock unter: http://www.grahamhancock.com/

580 s. z.B.: Zink, David: *Von Atlantis zu den Sternen*. München 1978, S. 22 f.

581 Jaromir, Malek: Orion and the Giza Pyramid, in: *Discussions Egyptology*, Nr. 30 (1994), S. 101 ff. & Legon, John A. R.: *The Orion Correlation and Air-Shaft Theories,* in: *Discussions Egyptology*, Nr. 33 (1995), S. 45 ff.

582 Bauval, Robert & Gilbert, Adrian: *Das Geheimnis des Orion*. München 1994, S. 227

583 Bauval, Robert & Hancock, Graham: *Der Schlüssel zur Sphinx*. München 1996, S. 111 ff.

584 Beckerath, Jürgen von: *Chronologie des pharaonischen Ägypten*. Mainz 1997

585 Schlögl, Hermann Alexander: *Das Alte Ägypten: Geschichte und Kultur von der Frühzeit bis zu Kleopatra*. München 2006

586 Bauval, Robert & Hancock, Graham: *Der Schlüssel zur Sphinx*. München 1996, S. 94 ff. & S. 326 ff.

587 Hancock, Graham: *Die Spur der Götter*. Bergisch Gladbach 1995, S. 485 ff.

588 Ebd. S. 541

589 Bauval, Robert & Hancock, Graham: *Der Schlüssel zur Sphinx*. München 1996, S. 310 f.

590 Nack, Emil: *Ägypten*. Wien 1996, S. 206

591 Hancock, Graham: *Spiegel des Himmels*. München 1998

592 Charroux, Robert: *Vergessene Welten*. Düsseldorf 1971, S. 315

593 Schoch, Robert M.: *Redating the Great Sphinx of Giza,* in: *KMT – A Modern Journal of Ancient Egypt*, Nr 3/1992, S. 52 ff. & S. 66 ff. & Dobecki, Thomas & Schoch, Robert M.: *Seismic Investigation in the Vicinity of the Great Sphinx of Giza, Egypt,* in: *Geoarchaeology*, Nr 6/1992, S. 527 ff.

594 West, John Anthony: *Serpent in the Sky*. Eheatin 1993, S. 184

595 Schoch, Robert M.: *Voices of the Rocks*. New York 1999, S. 95 ff.

596 Ebd. S. 92 ff.

597 Wogawa, Stefan: *Urkontinent Lemuria,* in: *Mysteria 3000,* Nr. 2/2003, unter: http://www.mysteria3000.de/2003/urkontinent-lemuria-von-der-wissenschaftlichen-hypothese-zur-okkultistischen-spekulation/

598 West, John Anthony: *Serpent in the Sky*. Eheatin 1993, S. 190 ff.

599 z.B.: Chatelain, Maurice: *Our ancestors came from outer space*. London 1980, S. 65 ff. (Auch bei Chatelain finden sich die heute wieder aktuellen Thesen von Atlantis im Zusammenhang mit Gizeh.)

600 Hawass, Zahi & Lehner, Mark: *The Sphinx: Who build it and why?,* in: *Archaeology*, Nr. 5/1994, S. 30 ff.

601 s. z. B.: Bauval, Robert und Hancock, Graham: *Der Schlüssel zur Sphinx*. München 1996, S. 131 ff. (Vor allem ist hier Sitchin, Zecharia: *Stufen zum Kosmos*. Unterägeri 1982, S. 284 ff., zu nennen, der durch seine Originalauflage im Jahr 1980 zahlreiche Autoren – darunter auch mich 1996 in meinem ersten Buch – mit der Fälscherthese beeinflusste.)

602 Bonani, Georges, Haas, Herbert, Hawass, Zahi, Lehner, Mark, Shawki, Nakhla, Nolan, John, Wenke, Robert & Wolfi, Willy: *Radiocarbon Dates of Old and Middle Kingdom Monuments in Egypt,* in: *Radiocarbon*, Vol. 43, No. 3 (2001), S. 1297 ff. & Wenke, Robert, Nolan, John & Amran, Ala'a: *Dating the Pyramids,* in: *Archaeology*, Nr. 5/1999, S. 26 ff.

603 Eggers, Stefan (Hrsg.): *Das Pyramidenkapitel in Al-Makrizi's »Hitat«*. Übersetzung von Dr. Erich Graefe 1911, Norderstedt 2003, S. 47

604 Ebd. S. 34

605 Ebd. S. 36 f.

606 Ebd. S. 42 f.

607 Ebd. S. 45 f.

608 Henoch/S. 22,11 ff.

609 Henoch/S. 33,3–6

610 Fischinger, Lars A.: *Mythos Cheops-Pyramide,* in: *Q'Phaze,* Nr. 3/2009 (erschienen am 7. Oktober 2011 als eBook)

611 Armayor, O. Kimball, Armayor: *Did Herodotus Ever Go to Egypt?,* in: *JARCE,* Nr. 15 (1978), S. 59 ff. & O. Kimball, Armayor: *Herodotus' Autopsy of the Fayoum: Lake Moeris and the Labyrinth of Egypt.* Amsterdam 1985

612 Humboldt, Alexander von: *Pittoreske Ansichten der Cordilleren und Monumente americanischer Völker*. Tübingen, 1810 (Tafel 7)

613 Fehling, Detlev: *Die Quellenangaben bei Herodot: Studien zur Erzählkunst Herodots* (Untersuchungen zur antiken Literatur und Geschichte, 9). Berlin 1971

614 Virtue-Carmel, Phyllis: *Planet der Wandlungen*. Güllesheim 1997, S. 205 ff.

615 Meier, Billy: *Die Wahrheit über die Plejaden*. Neuwied 1996, S. 81 ff.

616 *Insel in der Unterwelt, Spiegel online*, 30. Oktober 2000 (und Nr. 44/2000) & Hawass, Zahi, in: *Extra Bladet* (Kopenhagen), 31. Januar 1999, *»Sandpit Of Royalty«* von Dorte Quist

617 z. B.: Abbas, Mohamed (u.a.): *Uncovering the Pyramids Plateau – Giza Plateau in a Search for Archaeological Relics by Utilizing Ground Penetrating Radar,* in: *NRIAG Journal of Geophysics, Spe-*

cial Issue, National Research Institute of Astronomy and Geophysics, Cairo 2006, S. 2

618 *The Mystery of the Sphinx*, NBC 1995

619 *Opening The Lost Tombs*, Fox TV, 2. März 1999

620 Hassan, Selim: *Excavations at Giza, Vol. V: 1933–1934.* Kairo 1944, S. 193 ff.

621 *Gantenbrinks Reise in das Reich der Pharaonen,* Spiegel TV Reportage, 15. August 1995 (Sat1)

622 *Update: Third »Door« Found in Great Pyramid, National Geographic News,* 23. September 2002 unter: http://news.nationalgeographic.com/news/2002/09/0923_020923_egypt.html

623 Lorenzi, Rossella: *Pyramid-Exploring Robot reveals hidden Hieroglyphs. Discovery News*, 26. Mai 2011, unter: http://news.discovery.com/history/pyramids-hieroglyphs-robot-mystery-110526.html (s. a.: Sesen, Shemsu: *The Djedi Project: The Next Generation in Robotic Archaeology*, unter: http://emhotep.net/2012/03/07/locations/lower-egypt/giza-plateau-lower-egypt/the-djedi-project-the-next-generation-in-robotic-archaeology/)

624 Kinnaman, John Ora: *The great Pyramid in the Light of archaeological Research.* Wichita 1945

625 Ercivan, Erdogan: *Imhoteps Grab.* Rottenburg 2007, S. 219 ff.

626 Ebd. S. 222

627 Ebd. S. 223 f.

628 s. hierzu: Zarei, Alireza: *Die verletzte Pyramide*. Groß-Gerau 2011

629 Abbas, Mohamed u.a.: *Uncovering the Pyramids Plateau – Giza Plateau in a Search for Archaeological Relics by Utilizing Ground Penetrating Radar,* in: *NRIAG Journal of Geophysics, Special Issue, National Research Institute of Astronomy and Geophysics*, Cairo 2006, S. 12

630 nach Steven Myers Webseite *Pharaoh's Pump Foundation*, unter: http://www.thepump.org/Joomla/index.php?option=com_content&view=article&id=61&Itemid=61

631 http://www.edgarcayce.org/

632 Hawass, Zahi: *Collin's Cave Controversy*, unter: http://www.drhawass.com/node/303

633 Hancock, Graham: *Underworld.* New York 2002, S. 309 ff. & Knörr, Alexander: *Hagar Qim*. Groß-Gerau 2007

634 1. Hen. 7,1–2

635 1. Hen. 15,3

636 Stingl, Miloslav: *Das Reich der Inka*. Augsburg 1996, S. 266 f.

637 Bierhorst, John: *Die Mythologie der Indianer Nordamerikas*. Augsburg 1993, S. 159

638 Ebd. S. 103

639 Ebd. S. 113

640 z.B. 1. Sam 17,4 ff.

641 Mertens, Heinrich A.: *Handbuch der Bibelkunde.* Düsseldorf 1984, S. 218 ff.

642 s. z.B.: Shefler, Gil: *Are you a descendant of the House of David?,* in: *The Jerusalem Post*, 10. Januar 2012 & Finkelstein, Israel & Silbermann, Neil A.: *David und Salomo.* München 2006

643 Mertens, Heinrich A.: *Handbuch der Bibelkunde.* Düsseldorf 1984, S. 707, gibt eine sehr gute Übersicht, widerspricht aber zum Teil anderen Quellen.

644 Wimmer, Stefan Jakob: *LMU-Forscher kommen biblischem Goliat auf die Spur – Ausgrabungen in Israel zum biblischen Volk der Philister,* 11. November 2005, unter: http://www.uni-protokolle.de/nachrichten/id/108888/ (s.a.: Wimmer, Stefan Jakob u.a.: *A Late Iron Age I/Early Iron Age II Old Canaanite Inscription from Tell es-Safi/Gath, Israel: Palaeography, Dating and Historical-Cultural Significance,* in: *Bulletin of the American Schools of Oriental Research,* Nr. 351 (2008), S. 39–71

645 Jos. 12,4

646 z.B. Deut. 3,1 ff.

647 Deut. 3,11

648 2. Sam. 21,20 (s.a. 1. Chr. 20,5 ff.)

649 2. Sam. 21,18

650 2. Sam. 21,16 f.

651 2. Sam. 21,19 & 1. Sam 17,51 & im Koran: 2. Sure, 251

652 Ex. 21,32 ff.

653 *Apokalypse des Baruch* (Griechisch) 4,10

654 Schwaab, Gustav & Seewald, Richard: *Sagen des klassischen Altertums.* Freiburg i. Br. 1961, S. 470 ff.

655 Saurat, Denis & Streller, Justus: *Atlantis und die Herrschaft der Riesen.* Stuttgart 1955

656 Closs, Walter: *Sie kamen vom Mond.* Berlin 1992

657 *Faulty Peripheral Vision Of Goliath May Have Aided David In His Historic Battle In The Elah Valley*, Pressemitteilung des Department of Public Affairs der Ben-Gurion University of the Negev, Israel, 16. Februar 2000

658 Probst, Ernst: *Gegner der Götter,* in: *Wiener Zeitung*, 31. Juli 1998 & Probst, Ernst: *Riesen im Rhein. Das Fossil als Rätsel: Wie der Blick in die Vergangenheit unsere Vorfahren verwirrte,* in: *Die Zeit*, 20. Dezember 1996

659 *Lebten in der Urzeit Riesen?,* in: *Kölnische Rundschau*, 29. September 1949

660 s. die Webseite des Museums unter: http://www.mtblanco.com/in-

dex.htm

661 Doolan, Robert: *The fossil hunter from Mount Blanco*, in: *Creation*, Nr. 13 (Juni 1991), S. 14 ff. & Email von Reinhard Habeck vom 20. Dezember 2004

662 Däniken, Erich von: *Beweise*. Düsseldorf 1977, S. 318 ff.

663 z. B.: Zillmer, Hans-Joachim: *Darwins Irrtum*. München 1998 (neu 2011) & Zillmer, Hans-Joachim: *Irrtümer der Erdgeschichte*. München 2001 (s. a.: http://www.zillmer.com/index2.htm & Zillmer, Hans-Joachim: *Kontra Evolution*. DVD, Zillmer Filmproduktion 2007)

664 z. B.: Pezzati, Alex: *Mystery at Acámbaro, Mexico,* in: *Expedition* Vol. 47 (Nr. 3/2005), S. 6 f. & McGuinness, Tim: *Acámbra Figures / Dinosaurs*, unter: http://www.ooparts.us/acambaro-figures.htm

665 Bürgin, Luc: *Götterspuren*. München 1993, S. 211 ff.

666 Kunding, Gaing, *Tan Raymond und Banji, Conny: Bigfoot was here!*, in: *The Borneo Post*, 13. Juli 2008

667 Davidson, Desmond: *Bigfoot is someone's idea of a joke,* in: *The New Straits Time*, 16. Juli 2008

668 Deut. 3,13

669 Rosenberg, Stephen Gabriel: *The Wheel of Gigants,* in: *The Jerusalem Post*, 12. März 2009

670 *Goliath, Riese der Bibel*, ARTE, 13. August 2004

671 Kolosimo, Peter: *Woher wir kommen.* Wiesbaden 1972, S. 30

672 Kolosimo, Peter: *Sie kamen von einem anderen Stern.* München o.J., S. 127

673 *Giant stone-age axes found in African lake basin*, Pressemitteilung der Universität von Oxford vom 10. September 2009 unter http://www.ox.ac.uk/media/news_stories/2009/090910.html (s. a.: http://www.geog.ox.ac.uk/research/landscape/output.html & http://www.geog.ox.ac.uk/staff/dthomas.html)

674 Georg, Eugen: *The Adventure of Mankind.* New York 1931, S. 178

675 Kolosimo, Peter: *Sie kamen von einem anderen Stern.* München o.J., S. 126 ff.

676 Hervey, Frederick: *Geschichte der Schiffahrt und Seemacht Groß-Britanniens von den frühesten Zeiten an bis auf das Jahr 1779,* Leipzig 1781, S. 645 f. & *Allgemeine deutsche Real-Encyklopädie für die gebildeten Stände,* Bd. 9. Leipzig 1827, S. 309

677 Bertius, Petrus: *Tabularum Geographicarum.* Amsterdam 1606, S. 672

678 Chandiere, Chez Guillaume: *La cosmographie universelle d'André Thevet cosmographe du roy – Illustrée de diverses figures des choses plus remarquables veues par l'auteur, & incogneuës de noz anciens & modernes.* Paris 1575

679 Bry, Theodore de: *Americae Pars Magis Cognita Chorographia nobilis & opulentae Peruvanae Provinciae, atque Brasiliae.* Frankfurt a. M. 1592

680 *Allgemeine deutsche Real-Encyklopädie für die gebildeten Stände,* Bd. 9. Leipzig 1827, S. 309

681 Dona, Klaus & Habeck, Reinhard: *Im Labyrinth des Unerklärlichen.* Rottenburg 2004, S. 177

682 z. B.: http://www.sobrenatural.org/Site/fotos/foto_descricao.asp?Str_ID=2201

683 Dona, Klaus & Habeck, Reinhard: *Im Labyrinth des Unerklärlichen.* Rottenburg 2004, S. 182 ff.

684 Aym, Terrence: *Nevada's mysterious cave of the red-haired giants,* 25. April 2010, unter: http://www.helium.com/items/1814848-nevadas-mysterious-cave-of-the-red-haired-giants

685 z. B.: Baigent, Michael: *Das Rätsel der Sphinx.* München 1998, S. 130 ff.

686 Ebd. S. 13 ff.

687 Bremer, Dieter: *Atlantis und das Altersparadoxon*. Grimma 2009

688 Cremo, Michael A. & Thompson, Richard L.: *Forbidden Archeology*. Los Angeles 1996, S. 347

Danksagung

Ich habe über viele Jahre hinweg an dem vorliegenden Buch gearbeitet und recherchiert. Begonnen habe ich mit diesem Buchprojekt bereits im Jahr 2003/4 – noch zu Lebzeiten meines am 11. Oktober 2005 verstorbenen Freundes und Autorenkollegen Peter Krassa aus Wien. Mit diesem habe ich viele auch hier dargelegte Ideen sehr oft hitzig diskutiert. Damals begann ich dieses Buch noch unter anderen Umständen, mit anderen Inhalten, mit wechselnden Voraussetzungen und Details. Ein Buch wächst mit seinen Aufgaben.

Nun ist es Dank der freundlichen Hilfe, dem Zuspruch und Unterstützung vieler Kollegen, Freunde, »Informanten« und meines Verlags AMRA zu einem erfolgreichen Ende gekommen. Und an dieser Stelle soll den zahlreichen Unterstützern gedankt werden:

Alexander Knörr, André Kramer, Andreas Kirchner, Angelika Reher, Anke Campe, Anna Cremer, Barbara Gronau, Beate Mainka, Christian Niemann, Christian Wellmann, Claudia & Peter Fiebag, Clemens Struffert, Cornelia von Däniken, Dieter Bremer, Dieter Peters, Dirk Eversmann, Doris Russo, Erdorgan Ercivan, Erich von Däniken, Erika Schubert, Ewá Gyur, Frank Dörnenburg, Frank Schäfer, Graham Hancock, Hans-Dieter Gau, Hans-Joachim Zillmer, Hartwig Hausdorf, Hellena Katharina Kestermann, Hubert Schweers, Hubert Zeitlmair, Iris Scharfenberger-Roth, Iwonka Komuda, Julz Bremer, Karina & Marius Kettmann, Kalli, Karsten Sturm, Klaus Dona, Kolja Brand, Kurt Heering, Leonard Kiepe, Lisa Merfeld, Luc Bürgin, Marcel Richard, Marianne & Tina Schartner, Marc Pätzold, Marie-Luise Sievers, Mario Grimm, Mario Rank, Mariossi Ringmann, Marita Schubert, Martin Schädler, Michael Hesemann, Michael Kran, Mike & Harald Bökenkröger, Moni, Nadine Stange, Nick Schattner, Patrick Reher, Patritzia Nix, Peter Kaschel, Peter Krassa, Petra Frey, Prä-Astronautik Österreich & Team, Rafael Videla Eissmann, Reinhard Habeck, Roland M. Horn, Roland Roth, Sonja Ampssler, Stefan Erdmann, Tanja Begerack, Thomas Weiner, Ulrich Dopatka, Ulrich Magin, Walter-Jörg Langbein und Werner Betz …

Mein Dank gilt natürlich auch den Familien Fischinger, Boer und Reiling.

Ebenso meinen Leserinnen und Lesern, den an den »Rätseln der Welt«-Interessierten und den Diskussionen mit diesen sowie meinem Verlag, Lektor und Verleger.

Gerald R. Clark
DIE ANUNNAKI
Vergessene Schöpfer der Menschheit

Auch als eBook

224 Seiten, Hardcover, blaues Leseband
Amra Verlag, € 19,95 [D]

ISBN 978-3-95447-191-1

»Eines der besten Bücher zum Thema. Gerald Clark hat Informationen zusammengetragen wie noch niemand vor ihm. Ich kann dieses Werk nur jedem empfehlen!« – In den USA ein Amazon-Bestseller!

Auch als eBook

Frank Joseph
LEMURIEN
Aufstieg und Fall der ältesten Weltkultur

488 Seiten, Hardcover mit Farbfotos, weißes Leseband
Amra Verlag, € 24,95 [D]

ISBN 978-3-939373-18-6

Eine längst überfällige historische Aufarbeitung aller Quellen über das sagenumwobene Inselreich im Pazifik. Das umfassendste und vermutlich wichtigste Buch über die Urheimat der Menschen.

Tom Kenyon & Judi Sion
LICHTBOTEN VOM ARCTURUS
Mitteilungen einer aufgestiegenen Zivilisation, eingeleitet von den Hathoren

Auch als eBook

224 Seiten, Hardcover, silbernes Leseband
Amra Verlag, € 19,95 [D]

ISBN 978-3-95447-144-7

Arcturianer sind schon lange unsere Wächter und Beschützer. Woher sie kommen und wie sie uns unterstützen, schildern hier acht von ihnen, darunter ein Arzt und ein Wissenschaftler.

Textauszüge, Videos und Hörproben auf www.AmraVerlag.de